U0142428

第三冊

周氏易經通解

周鼎珩 遺著　陳素素 等記錄

五南圖書出版公司 印行

鼎公相關資料

一、

乾初易舍主人

吾師三元道人，潛修於九華山也，初常雲遊，半載方歸，晚乃不出山門，鎮日靜坐，未嘗稍輟。修道六十餘年，九十七歲始化，遺蛻尚存九華山九子寮方特造之木塔內。師博修多能，理事雙絕，預知死期，臨化不亂，證此勝緣，殆已即身成道歟？

九華山在安徽青陽西南，上有九峰，為中國四大名山之一。此地盛產黃精，相傳黃精九蒸九曬，可以辟穀，服至五六月以上，即飽而不思食矣。余少從吾師學道於九華，試之良然！

坐時自動，乃習靜者應有之過程，因人之經絡關節往往發生障礙，自動工法有先天性打通障礙之效能，其益非淺也。

吸收日精月華之法，可以輔佐坐功，惟涼體人宜吸日精，熱體人宜吸月華，此又當分別適應者也。

雪花紛紛，金光閃閃，則陽神將出矣。惟出神以後尚須做一段「換骨」工夫耳，然出神匪易，換骨尤難，吾師嘗云：「換骨工夫約需五百年，故古來仙真，不耐久候，道成之後，多委殼而去。」吾師民國十三年所以羽化者，即不願做此長期之換骨工夫也。

王先生贊斌所授之自然呼吸法，即吸時鼓腹，呼時凹腹，謂之腹呼吸，又名內呼吸。行住坐臥，皆可行之，非特可以根治胃病，疏通

大便，甚且可使丹田發暖，積氣通關也。

　　嘗聞諸滿清某王公云：「修士靜坐，苟至鼻孔之息，其熱力如蒸飯之蒸氣時，即須暫時休息，否則必咯血而傷生也。」

　　綿綿不絕之內呼吸，久而行之，可以練成胎息，胎息若成，則結丹有望矣。全無雜念，始為築基成功，針石子之言甚是。

　　崆峒山在甘肅平涼，從西安乘火車至平涼下車，再騎馬入山，僅三十里而遙。崆峒雖在荒外，然遠望蔥蘢，頗有江南景象。又自崆峒至山西五臺一帶，如地球之卵黃，復卦所在地，最富靈陽，最易靜定，洵修道之聖地也。修士其嚮往而潛修於「洞天福地」乎！

　　本文原載於李樂俅主編之《訪道語錄》（臺北：真善美出版社，1978年10月第3版）

二、

道人王顯齋

李樂俅

（聞楊先生閒話道人，因感而述此）

　　道人王顯齋，甘肅天水人也。初流寓北平馬相胡同，後常居倉頡祠，懸壺濟世，尤長傷科。相傳為明人，亦有稱為清末人者，未知孰是？第親見其人者，大都頌之為高士云。

　　今在臺精通《周易》，現任政工幹校兼東吳大學教授周鼎珩先生，曩就學北京大學時，與道人常相過從，道人性詼諧，喜調侃人以為樂。一日，偶至其徒家，見徒妻彌留，舉家皇皇，不知所為。道人

視之曰：「無妨，何惶遽乃爾！」即命以高粱酒半斤，灌之立蘇，而頰頰口燥，神猶不寧。曰：「姑俟之！」起而出，須臾，道人背一大西瓜返。令汁以飲之，俄，頰渴頓消，遂霍然而愈。時方隆冬，北國雪地冰天，何以致此炎夏特產之西瓜？見者莫不嘖嘖歎異焉。

由是北平聞人，益慕其名，每有宴集，必邀致道人。某歲重陽熊希齡柬約名流，登高西山，兼以攬勝。乃驅汽車迓邀道人，欲載而共詣之。道人辭不與俱，請熊先往，己即隨至。迨熊車抵西山，道人已先至，而笑迎於道左矣。西山在北平西郊，距城約四十里而遙，道人何以先汽車而至，熊甚訝之，而終不解其故。

道人夙嫻武藝，遐邇馳名，武術界皆尊之為泰斗，故著譽大江南北之武術家杜心五先生，亦不遠千里，往拜其門。今在臺前交通部航政司司長楊青藜先生，民國三十四年乙酉抗戰勝利，奉令離蜀，途經劍閣、潼關，由北平而晉京，楊先生嚮慕高風，已非一日，是役道出北平，竊喜天假良緣，乃塵裝甫卸，即詣西山參謁道人，時道人正寓居西山也。初參道人，楊即尊稱道人為師，道人反詰楊曰：「我未錄君為弟子，何以遽稱我為師？」楊對曰：「我既拜杜心五師為師，曩者杜師嘗拜師為師，尊吾師之師為師，諒無不宜。」道人笑而頷之。於是談論之次，益形親切，而慨然點化楊先生曰：「耳順以後，自有真師尋君，幸勿慮也。蓋師尋弟子易，弟子尋師難，古來多係師尋弟子，今日豈不然哉？」楊因懇求示以修道之途徑，道人又剴切垂教曰：「修道首須知所擇別，陰陽雙修，成少敗多，不可學也；金石草木，藥易誤人，不可學也；怪誕不經，跡近迷信，不可學也。惟諸家服氣之法，弊少而效速，初入玄門者，不妨擇一調身；至聖聖相傳性

命雙修天仙之道，則難遽隮，必先做到克己修心，健康長壽，表裡俱真，俯仰無愧之人仙，然後漸進於天仙，庶幾本立而道生。不依此而教人、師人，皆罪也，人且難保，寧望仙哉？」

楊先生又言：抗戰期間，日寇謀脅道人參加偽組織，一日，逮道人至，環一鎗口曰：「願從則生，不從則死。」道人大笑曰：「真心修道者，素來不問政治，況余為中國人，尤不應參加反對中國政府之組織！」院內適有大樹一章，道人言訖，即以手向樹畫一圓周，而滿樹枝葉，便立剪為原形，整齊若新理之髮然。道人劍法之神，日寇見之，舌撟不能下，於是羅拜謝罪，並護送歸山焉。

道人體不魁梧，髮撮於頂，貫以竹簪，與常見之道士無異，所不同者惟神采奕奕、目光炯炯而已！

弘道子曰：愚讀葛洪《神仙傳》，每飄然有出塵之想，然於諸仙修煉之法，便闕而不言，深以為憾。繆俊德先生，從遊頗久，嘗報導道人之傳授曰：「道人之功法不分層次，煉精化氣，煉氣化神，煉神還虛，三者同時皆做，蓋至簡至易之上乘工夫也。」敘次道人仙蹤既竟，故又將其修煉之方法，簡介如此，或亦足補古人略而不言之闕歟？

本文原載於李樂俅主編：《訪道語錄》（臺北：真善美出版社，1978年10月第3版），頁103-105。

我手中有《訪道語錄》一書，該書除「乾初易舍主人」外，另有「道人王顯齋」一篇，亦係周鼎珩老師所述事，我曾親聆周師談及部分內容，頗值一讀。《訪道語錄》之編述者李樂俅先生，係周師北大同學，畢業後曾任教江西瑞金師範學校，來臺後奉職於臺大總務處。

中國堪輿學會理事長曾子南即其師範學校高足，曾因李先生之因緣，曾求得周師「踏踏歌」墨寶一幅。我曾數度在曾理事長公館有陪侍李先生讌飲數次，恂恂長者也。

弟子林鴻基謹誌

民國一一〇年十二月六日

三、詩作

午睡

兒時歷歷都如夢，老大翻驚夢轉空，睡起每疑身不是，半竿紅日半窗風。

西安道上

自昔西秦地，衣冠稱帝鄉。關河天險在，人物霸陵荒。亂塚眠卿相，殘碑識漢唐。我今悲往古，後此更茫茫。

春日憶內

一度思量一斷魂，黯然猶記別黃昏。三春織錦何無字，兩袖啼紅尚有痕。風絮愁人人漸老，雲天邀夢夢難溫。遙知獨自傷懷處，小院花飛深閉門。

歲暮山村即景

浮蹤海外老窮經，四面山環一屋青。落木臨溪流倒影，遠燈照眼亂疏星。百年但看雲來去，萬象空餘夜窈冥。節屆殘冬春在望，乾坤消息不曾停。

奉和韋仲公兄半卷樓原韻

湖山百刼流離久，萬里雲天客倚樓。世局安危書半卷，時賢搖落序三秋。盱衡中外將誰語，馳騁乾坤與道謀。剝復往還應不遠，待看風雨會神州。

奉和申鳳蓀兄海岸逭暑即景原韻

心到源頭思卻空，飄然雲際逐飛鴻。詩懷淡泊推雙穗，道業精純造九重。避帝情趨煙水外，臨流人在畫圖中。年來獨得窮通理，聞聽漁歌入海東。（申君近曾學道其書屋名雙穗樓）。

天理歌

天理無或爽，盈虛透消息。泰從何處來，來自否之極。一反斯一正，萬物同此律。君不見青山木，秋凋冬落春又茁。嗟彼濁世流，滔滔徒自辱。我生何所自，我自宇宙出。宇宙迄未滅，我生必與立。胡為乎衰亂草蟲吟，胡為乎悲憤長沙哭。但求此生機，奔流流萬斛。磅礴奪長空，空明生虛室。放懷天地間，天地落胸曲。手掬太平洋上水，重洗乾坤見白日。

以上七首錄自易君左編《四海詩心》（1977年2月臺灣商務印書館出版）

前四首載於頁159，後三首載於頁160。

校對鄧敦琉謹誌

民國一一〇年

十二月二十一日

韋仲公曾任東吳大學校長室主祕，並在中文系、哲學系兼課；嘗從鼎公學《易》。申鳳蓀名丙，東吳大學中文系第二任系主任，與鼎

公比鄰而居。〈天理歌〉蓋致梁寒操先生。〈春日憶內〉蓋隔海思念夫人徐氏，其詳請參閱第一冊〈周鼎珩先生事略補遺〉。

弟子陳素素謹誌

民國一一〇年十二月二十日

四、墾殖普濟圩

銅陵的普濟桑田和古徽河（銅陵市市民論壇）

發表於 2015-06-01 16:55

　　普濟桑田明、清之際的普濟桑田，西起樅陽的王家滧，東抵無為之土橋，時為長江中下游的第一糧倉。普濟圩之土橋原屬於省府安慶的古桐城，後土橋以西劃入樅陽縣，土橋集鎮等地劃入無為洲。近年的普濟圩一直處在三縣一市三不管地段。部分財政和單位等屬於樅陽，土地屬於銅陵市，農場歸屬省農墾廳省直管，且設有農場監獄。2014年才整制將普濟圩全部規劃銅陵市管轄。土橋姑娘成了銅陵兒媳（土橋集鎮仍屬於無為縣管轄）廣袤的普濟桑田，撐起了幾百年皖江北岸濱江城（又稱糝潭鎮，今無為縣土橋鎮）和無為徽河鎮（今銅陵市灰河鄉）的一派繁華—— 這裡上達重慶、九江、安慶，下接南京、蕪湖、舒城、廬江、廬州（合肥）、南通，商賈流連雲集。普濟沒于澤國，徽河歸於灰河，連接陳瑤湖、楓沙湖、竹絲湖、甚至廬江等地眾多湖泊，經土橋河直通長江。又位於無為第一高峰：三公山腳下。滄海桑田之變，恰恰一個世紀。

　　清道光29年（1849年），濱江長江奇水，桑田浸沒，屋舍盡

毀。（濱江，即現在土橋一帶古稱）

《清史紀事本末》載：「夏四月，江蘇、浙江、安徽、湖廣大雨五旬餘，水驟漲，田盡沒。水之大，為百年所未有。」安徽巡撫王植奏稱：「安徽省本年自春徂夏，雨水過多，江湖增漲……半月以來，大雨如注，連宵達旦。兼之上游諸水下注，來源甚旺，江水較上年盛漲之時，尤大尺許。」桐城、無為等「州縣紛紛稟報，圩堤壩梗均被漫潰，田廬漂沒……」重災的桐城縣，「節次大雨，山洪奔注，水勢浩瀚，田廬盡在水中。」

天災之後，太平軍興起。桐城普濟圩恰處太平軍的天京與安徽省會安慶之間，連年的戰禍，水底的普濟桑田，終於蓮葦茂盛，魚鱉橫行。在土橋設有官僚收取百姓租金。

普濟生民經歷半個多世紀的水深火熱之後，迎來辛亥革命後的民國。安徽都督柏文蔚，此時意欲復墾普濟，澤惠民眾。因遭袁世凱免職，討袁失敗，柏文蔚在安徽政壇幾乎是曇花一現，普濟桑田夢想，隨風而逝。

再10年，許世英主政安徽，倡議修復普濟圩。不久，許世英亦匆匆去職，普濟桑田計畫再度擱淺。此後的10年間，30萬畝的普濟圩，民間自發圈築的，只有王家滄附近的千畝孫家小圩。

普濟圩今天的框架規模，起于吳忠信的大手筆圈定。吳于1932年任安徽省主席，他命省建設廳編制普濟圩修復計畫，動用救災款物修復了王家滄至土橋的江堤，並擬報中央財政撥款修築內河防洪堤。但吳忠信不久調離安徽，此後的二十餘年，走馬安徽政壇的，多是魚肉百姓的非皖籍政客，普濟圩修復計畫無人問津。加之日軍侵入，普

濟淪為戰場，水圩一役，地方軍民遇難700。此間民生凋敝，普濟彌荒。

　　普濟圩的桑田夢想，抗戰之後險成現實。1946年，經國民黨中央任職的周鼎珩（周潭鎮人）不懈努力，柏文蔚、許世英、吳忠信三大元老人物的鼎力支援，普濟墾殖社成立並投入實質性工作，重點是修築內河防洪堤（今橫埠河後河）。1947年清明節，工程開工，歲末進入青山一帶（今陳瑤湖鎮高橋、花山村），因涉及地方周氏祖墳，工程停工。待爭議解決，1948年夏汛已至，工程不得不停。汛期結束，渡江戰事迫近。次年，普濟墾殖社事務草草交與蕪湖市人民政府接管。

　　普濟桑田浸沒的一百年間，江山經此世變，人民水深火熱。新中國成立後，旋即展開圍湖造田的，是中國人民解放軍農墾五師。這些最終血盡朝鮮的英勇男兒，在這裡開出了第一犁新土——是為普濟圩國營農場的前身，普濟圩重現桑田的後話。

　　此篇錄自網路，鼎公墾殖普濟圩見「普濟圩的桑田夢想」一段，蓋先師平日所津津樂道，其詳請參見〈周鼎珩先生事略〉。

弟子陳素素謹誌

民國一一〇年十二月十三日

凡　例

一、本書包括先師周鼎珩先生之定稿、手稿、講稿及講習大綱。

二、定稿計有易例及〈乾〉、〈坤〉、〈屯〉、〈蒙〉四卦，此盡收錄於《周氏易經通解》第一冊。

三、手稿計有〈需〉、〈比〉、〈小畜〉、〈履〉、〈泰〉、〈否〉六卦。

四、講稿係門弟子據錄音帶所記錄並加整理，除定稿之四卦外，其餘六十卦、〈說卦〉皆是。

五、講習大綱係先師為便於「易經講座」之聽眾所擬，在講授現場分發，計有第一卦〈乾〉卦至第二十卦〈觀〉卦。

六、除定稿之四卦外，其餘均以講稿為主，另有手稿、講習大綱者附於其後。

七、本書凡《易經》正文部分，悉以《武英殿十三經注疏》之《周易正義》為準。

八、本書除易例、〈說卦〉之外，其通解六十四卦之體例，依次為總說、卦辭、爻辭、彖傳、大象、小象。「總說」之下又分卦序、卦體、卦義三項。

九、本書講稿記錄原則，先師嘗指示曰：「按錄音帶逐字記錄，然後去其重複者。」弟子等謹遵遺訓，不敢踰越，並著記錄者、整理者姓名，以示負責。

目錄

第十五卦

謙卦

周鼎珩講　陳永銓記錄

—— 此係〈兌〉宮五世卦，消息十二月，旁通〈履〉，反對〈豫〉。

《長短略》講的「退進」，是說退是為了進，就是以退為進。同樣的，謙是為了發揮作用而謙，並非只是消極的修持自己而已。《孫子兵法》以「虛實」為略，虛就是故布疑陣，隱藏目標，讓敵人不知道要如何進攻。

〈謙〉在六十四卦中最美，其他的卦多多少少都有悔吝凶咎，〈謙〉卦爻辭則多吉，而且卦辭一謙便亨，孔子在〈謙〉卦的〈象傳〉裡對謙的讚美特別多。首先，「謙是謙虛」，〈謙〉卦本為坤體，虛而有容，乾陽入坤，不居上而居下，就是謙虛；〈謙〉卦內體艮為山，山本在地上而屈居地下，也是謙虛；乾陽本性是向外發展，而今向內收斂，也是謙虛。器物空始能容，滿則不能容，這是自然現象的謙虛。人事現象也是這樣，一個自滿的人，別人不會向你進言，

你就吸收不到好意見，如同關閉知識的門戶，社會關係也會日漸孤立無援。相反的，一個謙虛的人，平易近人，虛懷若谷，大家都喜歡向你進言，就是敞開知識的門戶，同時也能在社會廣結善緣，所以說「滿招損，謙受益」。

　　其次，「謙是謙退」，〈謙〉卦九三之陽與上六之陰相應，易例：陽上陰下，乾陽與坤陰交接，是由乾陽來發動指使，所以〈坤〉卦上六「龍戰于野，其血玄黃」，而在〈謙〉卦，則是陽不居上而居下，這是退讓。凡事退後一步，莫為物先，就像拳術家出拳，是拳頭先回縮再擊出，這樣才更有力量，所以退就是進，炮彈或弓箭的原理也是這樣。退並非消極的退讓，而是積極的增進力量，又如開會時最好不要搶先發言，先聽聽別人發表意見，說不定他山之石可以攻錯。

　　再次，「謙是謙遜」，凡事總是表現自己沒什麼能力，這是涵養，並非真的無能。〈謙〉卦是以九三之陽為主，在人來說，陽代表才華能力、智慧計謀，一個有涵養而謙遜的人，其才華能力絕不會精光陸離、鋒芒畢露。例如有涵養的拳家，不會隨便輕易地展露身手，有涵養的書家，不會到處賣弄筆墨，倒是有人初學詩詞，就以今之李白、杜甫自居，真是貽笑大方。總之，越有才華越要含蓄，總是感覺自己還不夠好，如果在品德學養上自認為不足，那才更有進步的空間，這就是謙遜的好處。

　　最後，「謙是謙和」，〈謙〉卦地山〈謙〉，旁通〈履〉卦，天澤〈履〉，《爾雅·釋言》解釋：「履，禮也。」履是向前行進，禮則是向前行進的規則，因為人與人在行進互動的過程中，難免有摩擦衝突，必須運用禮節來加以規範，所謂以和為貴，以讓為本，這就是謙和。中國古代有三禮：《周禮》、《儀禮》、《禮記》，其中《周

禮》與《禮記》是規範人民日常生活的，以防範人與人之間的失和，就是以節度之禮來培養社會和諧。我們會用臉孔來比喻待人處世的態度，春臉快樂，夏臉熱情，秋臉肅殺，冬臉寒縮，那麼，謙和的人當然是春天面孔。

壹、總說

佈卦的次序

〈謙〉在〈大有〉之後，〈大有〉以九五之陰為主，集中五陽來發揮作用，五個陽爻的功用已經發揮到淋漓盡致，最後必有用盡而難以為繼的時候，所以一定要及時收斂，縮小自己，含蓄不露。〈謙〉卦以九三之陽為主，九三居內體，是不向外而向內。〈謙〉之內卦坤體也是向內，這個體象是乾陽藉著坤陰來涵養，同時自己也是勁氣內斂，道家修煉的功夫就是這樣。因為大有之時，事業已經昇華膨脹，接著一定要涵養，否則昇華必定落空，所以在〈大有〉之後繼之以〈謙〉。

成卦的體例

〈謙〉卦外坤為地，內艮為山，山不居地上而反居地下，是有縮小自己，卑以自牧的體象。再者，對外是坤體的柔順，對內是艮止的穩定；對外柔順就是待人接物非常謙和，凡事退讓而不與人爭；對內穩定就是克己復禮，不越雷池一步。在社會現象來看，人與人之間的衝突，大多起於沒有保持適當距離，如果大家都縮小自己，彼此的空間自然加大，就能和諧相處。此外，〈謙〉卦旁通〈履〉卦，踐

履的規則就是禮，人事社會行為的規則就是禮節，所以謙讓和諧也要合乎節度，所謂「和而不流」是也。一陽五陰的卦，陽爻居首尾，是為〈復〉卦與〈剝〉卦，陽爻居二五，是為〈師〉卦與〈比〉卦，陽爻居三四，是為〈謙〉卦與〈豫〉卦。可見，〈謙〉、〈豫〉二卦，不但體象相近，而且彼此相反對，所以乾陽在〈謙〉卦的內在畜養，一反就成了〈豫〉卦的向外宣洩，而當〈豫〉卦乾陽逐漸弱化，到〈隨〉卦就只好隨和地陽隨陰了，其間的差別在於，〈謙〉卦謙和是主動積極的，〈隨〉卦隨和是被動消極的。我們看〈謙〉卦乾陽累積如山，到了五上兩爻，力量大到可以「侵伐」、「行師」，而仍表現謙和，那是可進則進，可退則退。

立卦的意義

宇宙運行，有張有弛，有起有伏，地球一如人身，有呼有吸，春夏為呼，秋冬為吸，一奔放而一收斂也。人則是日出而作，夜入而息，在一段勞動之後，就要一段修補整編以調和氣脈，因為不斷的發揮是有時而窮的。整編休息是為了將來再發揮，證明「謙」不是永久休息，而是為了將來再發動。

貳、彖辭（即卦辭）

〈謙〉：亨，君子有終。

〈謙〉之卦體為坤上、艮下，艮為山，艮又伏兌，而兌為澤，有山澤通氣之象，亨者通也，故曰「謙亨」。山與澤是地球的高處與低處，人身是地球的具體而微，山與澤在人身就是脈與穴，脈穴通暢

是人身之亨。孔子〈文言〉解釋〈乾〉卦之卦辭說：「亨者，嘉之會也。」嘉是美好的意思，謙具有謙虛、謙讓、謙和的美德，這樣待人處事，大家都樂於與其往來，社會基礎自然越來越雄厚，事業也會越來越順利，可以說是所到皆亨，所爲皆亨，一謙就亨。

君子取象於〈謙〉卦主爻九三，〈乾〉卦九三「君子終日乾乾，夕惕若，厲无咎」，故〈謙〉之九三有君子之象。「有終」取象於〈謙〉卦外體之坤，「乾知大始，坤代有終」是宇宙化生的法則，宇宙萬物的一切開端，都是靠乾陽的能力去開化創造而成，這就是「乾知大始」。但是，乾陽是無形的能力，必須藉由坤陰實質的形體來表現其開化與創造的成果，所以說「坤代有終」。此外，〈謙〉卦內體艮，艮在〈說卦傳〉爲「成始成終」，同樣是「有終」之象。「君子有終」的意思，是必須是君子才能有最後的成果。〈謙〉卦本是坤體，坤陰的本性是縮小自己、向內收斂、向後退讓，這樣的表現看似謙退，卻沒有謙德。〈謙〉卦的君子是指九三之陽，陽氣化本是向外擴張，現在則是自居內體而且向內收斂，繼續努力修持自己，以累積更大的力量，等待發揮的機會，這才是謙德的表現。乾陽君子是有學養的人，有向外發縱指使的能力，卻能謙遜地保留實力，一旦向外發揮，則力量更大，所以說「君子有終」。至於坤陰小人，本來就沒有知識與能力，其向內收斂是本性使然，而非有意謙讓，當然談不上有終。

參、爻辭

初六：謙謙君子，用涉大川，吉。

「謙謙」就是謙而又謙，謙之至也。初六以柔順之姿居於〈謙〉卦之最下位，是自處卑下之象，卑而又卑，故稱「謙謙」。在卦辭「君子有終」是指九三，爲何初六也稱「君子」？因爲〈謙〉卦的特性是陽居下且向內收斂，初六以陰居陽位，又處在〈謙〉卦最下，是謙而又謙，所以也有君子的德行而稱君子。「用涉大川」取象於〈謙〉卦初爻與四爻相應，四居外體坤，而坤爲用；三、四、五互震，而震爲木、爲行；二、三、四互坎，而坎爲水、爲大川，震木行於坎水之上，有涉大川之象。在〈謙〉卦一開始，就要謙之又謙，卑而又卑，完全做內部克己復禮的功夫，表現盡量縮小自己的態度，這樣社會公認你是個好人。那麼，你就可以運用這個形象，來渡過許多險難，因爲自居卑下，謙而又謙的處世態度，能引起別人同情而樂意幫忙，就像嬰兒到處受人疼愛一般，這樣當然是吉。重點是，謙而又謙，卑以自牧，並非沒有能力，君子本有才智德行，而能謙虛退讓，才是謙謙君子，孔子說：「人不知而不慍，不亦君子乎。」（《論語·學而》）

六二：鳴謙，貞吉。

「鳴」字取象於二與五應，三、四、五互震爲鳴。此外，我們前面提到：〈謙〉卦是〈兌〉宮五世卦，一世是澤水〈困〉、二世是澤地〈萃〉、三世是澤山〈咸〉、四世是水山〈蹇〉、五世是地山〈謙〉，接下來遊魂卦是雷山〈小過〉。〈小過〉的卦辭是「亨利

貞，可小事，不可大事，飛鳥遺之音，不宜上，宜下，大吉」，可見「鳴謙」之鳴也是取象於〈小過〉之飛鳥善鳴。附帶一提，依照《易經》卦例，卦體陰爻在外而陽爻在內，所謂「陰包陽」，像〈小過〉卦初二五上之陰包住三四之陽，這樣的卦體就有飛鳥之象，鳥之所以能飛，靠的是陽氣在內發動而使陰體飛升。

　　「貞吉」是守正方能獲吉的意思。〈謙〉卦固然要卑以自牧，卻並非永久如此消極地約束自己，而是在培養自己內在的力量，進而樹立雄厚的社會基礎，所以到了六二的階段，應向外有所表現而「鳴謙」，但必須很穩定而正當，很合乎道理才吉。因為易例：二爻是陰的正位，五爻是陽的正位。六二以陰爻居陰位，是為得位，所以守正則吉。六二「鳴謙」是謙德已聞名於外，雖然可以對外有所表現，還是要謙虛為懷，不可自鳴得意而譁眾取寵。

九三：勞謙，君子有終，吉。

　　九三居坎，後天八卦「致役乎乾」、「勞乎坎」，是則坎為勞卦，故九三稱「勞謙」，勞是辛苦勤勞的意思。〈乾〉卦九三「君子終日乾乾，夕惕若，厲无咎」，也有勞之象；再者，〈謙〉卦是一陽五陰的卦，一陽要帶領五陰發揮謙德，也是備極辛勞。〈謙〉卦九三爻辭「君子有終」，這跟卦辭相同，因為九三是〈謙〉卦之主，所以卦辭與爻辭都出現「君子有終」。〈謙〉卦是九三在內卦穩定修持始能成其為謙，但是謙是有限度的，經過初爻「謙謙君子」的涵養，二爻已初試啼聲而謙德聞名於外，到了三爻，社會基礎逐漸擴大而有所作為，這時因為受到社會大眾的擁戴與求助，必須努力為民服務以發揮謙德，這當然是勞苦艱辛的事。問題是，「勞謙」未必終吉，而是

「君子有終」才吉。這怎麼說呢？必須是君子，才能在勞謙之際，**繼續修持自己的陽剛之氣**，同時保持謙虛謙讓的態度，這樣才能持續到最後而有好的結果。因為〈謙〉卦旁通〈履〉卦，履者禮也，表示勞謙也要以合乎禮節為依歸。君子是知書達禮有學養的人，當然能以謙虛的態度為社會大眾提供服務，而且任勞任怨，勞而不伐，這樣才能有終而吉。換成小人，其不知禮節為何物，勞則自伐其功，為民服務時沒有保持謙虛的態度，所以小人勞謙不會有終吉。

六四：无不利，撝謙。

六四爻辭不說「撝謙，无不利」，卻反過來說「无不利，撝謙」，這是加強語氣，意思是若能做到「撝謙」，則沒有不利。關於「撝」字，漢易與宋易有不同的解釋，鄭玄認為「撝」是分裂的意思，根據《說文》：「撝，裂也。」指的是一卦分成內外二體，六四已進入外體，是有別於內體的不同階段。朱熹認為「撝」通「揮」，並解釋為向外發揮，意思是〈謙〉卦到了六四，必須再進一步發揮謙的作用，這樣就沒有不利的了。若比較以上二種解釋，分裂較發揮為佳。〈謙〉卦在九三階段，辛辛苦苦地為社會大眾貢獻勞務，已經有了功勛與勞績，到了六四，心理難免志得意滿而閒散鬆懈，這時仍要有功不伐，把過去的功勛與勞績拋在一邊，不要掛在心上，應該勞而不伐，有勞而不居功，還是謙虛地屈居人下，這樣做就沒有不利。

六五：不富以其鄰，利用侵伐，无不利。

易例：陽富，陰不富。我們看〈小畜〉卦九五爻辭「有孚攣如，富以其鄰」，因為九五是陽爻，所以稱富；〈謙〉卦六五爻辭

「不富以其鄰，利用侵伐」，因爲六五是陰爻，所以稱不富。世俗的看法是，擁有資產財物者富，《易經》則認爲能支配資產財物者才是富，否則徒擁億萬資財也不能稱富。爲什麼陽富而陰不富？才者財也，有內在才華的人，才能掌握住外在的財富。《易經》的觀點是：有力量主宰財富者爲富，有力量主宰眾人者爲貴，而才華與能力都屬於乾陽，所謂「一分精神，一分事業」，〈謙〉卦六五陰爻沒有主宰的能力，而且位在外卦坤體之中，上下皆陰，沒有主宰支配的能力，故稱「不富」。「以」訓爲「因之」也、「用之」也，前者是指起因，後者是指利用。我們剛才解釋因爲六五是陰爻，而且上下相鄰的也都是陰爻，看來「不富以其鄰」的卦象都有了源頭。但若將「以」字解釋爲「利用」，那又是不同的見解。《易經》首見「以」字是在〈乾〉卦〈大象〉：「天行健，君子以自彊不息。」意思是由天行健的自然現象，引申而至於社會現象的君子自彊不息，就是利用天行健來告誡君子應自彊不息。同樣的，〈謙〉卦六五陰爻固然不富，但易例：三五同功，是則六五可利用九三陽爻之富，那麼，這個「鄰」字是指九三而言。「鄰」字取象於〈謙〉卦三、四、五互震，而震居東，〈謙〉旁通〈履〉，且五與二相應，〈履〉卦初、二、三互兌，而兌居西，震東、兌西有鄰之象。六五居四上之間，是以四上爲其鄰，六五與四上都是陰爻，沒有主宰能力，所以說「不富以其鄰」。前面提到「三、五同功」，則「不富」是指六五本身之陰，而「其鄰」則指九三之陽。五爻是陽位，六五卻以陰爻居之，不具備主宰的力量，必須利用九三陽剛之氣來發用。至於爲什麼「三、五同功」？六畫卦的初、三、五是陽位，〈乾〉卦初九「潛龍勿用」，九三「終日乾乾」，九五「飛龍在天」，可見乾陽在三爻與五爻都能發揮作用，所以說「三、五同功」。

　　「用」字取象於謙本坤體而坤爲用，「侵伐」取象於三、四、五互震，而震爲行，二至上有〈師〉卦體象；震又爲雷、爲鼓、爲鳴，有鳴鼓而攻之象，行師動眾且鳴鼓而攻，就是侵伐。陽之能力開化陰，等同侵伐陰體，例如陽能開化花苞而使之開花，開化等同侵伐，是陽來化陰。六五陰爻不富，利用九三「終日乾乾」剛猛之陽來開化坤陰，就像用精神意志來指揮五官百骸，發揮乾陽開化侵伐的功能。〈謙〉卦經過初六「謙謙」、六二「鳴謙」、九三「勞謙」、六四「撝謙」，到了六五，謙德已經成熟，可以利用九三陽剛之氣，發揮開化侵伐之功，當然沒有不利的。物理現象，壓力越大則反彈越大，拿人類來說，在開創事業之前，必有內在的陽剛之氣在鼓動其創業的欲望。歷史上的人物像是劉備、李世民、朱元璋之輩，並非有過人之資，但憑較多的陽剛之氣開創新局，成者爲王，敗者爲寇，成敗的關鍵在於謙德之有無。

上六：鳴謙，利用行師，征邑國。

　　「鳴謙」取象於上與三應，三、四、五互震爲鳴，就是將謙德表現於外而發揮出來。〈謙〉卦本是坤體，坤爲用，故稱「用」；震又爲行，坤又爲眾而有師象，二至上亦有〈師〉卦體象，故稱「利用行師」。行師、侵伐有「征」之象，坤爲邑國，故曰「征邑國」。前面提到「三五同功」，乾陽發用，不在三則在五，六五已利用九三來侵伐，上六更是與九三正應，當然也會利用九三來「行師征邑國」，因爲〈謙〉卦九三是開化坤陰的唯一陽能。

　　〈謙〉卦到了上六還要「鳴謙」，表示謙德不會有修養到功德圓滿的時候，就像丹鼎派的修煉丹田眞氣，要不斷地修持，沒有圓滿

的境界，所謂：謙上有謙、三十三天之上還有天，即使上六已能利用九三來「行師征邑國」，還要繼續鳴謙修持謙德。「征邑國」在丹鼎派來說，就是運用丹田眞氣，打通每一條氣脈；在社會現象來說，即使是唐堯盛世，社會上仍有盜跖等梗頑不化之徒，需要征服感化，可見修持謙德是沒有止境的。德者道也，得道爲有德，有德並非齋生布施、解衣推食，這種施捨恩惠是德的作用，而非德的本身。孔子畏於匡，說「天生德於予，桓魋其如予何？」（《論語・述而》）孔子的意思是智慧才能是德，有德就有業，一技之長爲小德，能知宇宙大道才是大德。

肆、彖傳

彖曰：謙，亨，天道下濟而光明，地道卑而上行。天道虧盈而益謙，地道變盈而流謙，鬼神害盈而福謙，人道惡盈而好謙。謙尊而光，卑而不可踰，君子之終也。

「彖曰：謙，亨，天道下濟而光明，地道卑而上行。」「天道下濟而光明」，天指乾而言，乾陽不居上卦之五，反而居於下卦之三，是爲「天道下濟」；〈謙〉卦二、三、四互坎，坎月伏離日，有日月光明之象；九三不居上而居下，因其下濟，而使原本幽暗的坤體受到鼓舞而化爲光明。例如男女種胎，胎兒在母體內是幽暗的，嬰兒出生始見光明，而且立即展現天德之本能，哭出生命力，顯得既光輝又明朗。

「地道卑而上行」，地指坤而言，地原本處於卑下，但因九三不居上而居下，則三爻之陰必須配合上居，以至原本處於內卦的坤體，

變成上居外體，這就是「地道上行」的卦象源頭。正由於天道下濟而地道上行，使得天地二氣相互交通，因而構成謙亨的條件。

「天道虧盈而益謙。」易例：陽大陰小、陽多陰少。這是自然法則，也就是所謂「天道」。〈謙〉卦主爻九三以陽爻下居內卦坤體，就是以大就小，以多就少，拿陽來補陰，消化陽來補助陰，是哀多益寡的意思，〈彖傳〉稱爲「虧盈而益謙」。這裡的「虧盈」是動詞，現代商業講「盈虧」是名詞，二者的意義差別很大。自然現象的虧盈益謙，例如晴朗天氣持續一段時日，一定會變成陰天或下雨，同樣的，陰雨綿綿一段時日，還是會放晴。又如人類日出而作，日落而息，一晝一夜相互爲用。再如人的身體愛靜，所以要運動，人的頭腦愛動，所以要運靜，這就是以陽養陰，以陰養陽的道理。至於「益」是增加的意思，〈謙〉旁通〈履〉，〈謙〉三、四、五互震，〈履〉三、四、五互巽，以巽臨震，則成風雷〈益〉卦。

「地道變盈而流謙。」地面有低窪之處，則流水聚之，因爲水往低處流，不會往高處流，〈謙〉卦二、三、四互坎，有「流謙」之象。〈謙〉本坤體，九三陽爻入居坤體，是陽來改變陰，坤爲地，本爲陰虛之體，因乾陽九三來開化而變成滿盈，這是「變盈流謙」之體象。例如，崇明島本爲小沙灘，如今因爲流沙淤積面積增大，而成爲崇明縣，可見要有智慧，必須先空虛，才能吸收知識而增長智慧，如果先有成見，故步自封，那是不行的。自認爲沒有智慧的人，才是眞正的智者，凡物萬象都能體察吸收的人，始能成就大智，必須效法地道謙虛地安居於低窪處，才能「曲則全，枉則直，窪則盈，敝則新，少則得」（《老子·二十二章》）。

「鬼神害盈而福謙。」「鬼神」取象於〈兌〉宮五世卦是

〈謙〉，四世〈蹇〉為游魂卦，三世〈咸〉為歸魂卦，〈謙〉卦四爻（四世）是陰，陰為鬼，三爻（三世）是陽，陽為神。例如，懸樑自盡者，在其懸樑之地下，挖不盈尺即可見一烏黑之腳印，就像四爻重濁之氣下墜於地，稱之為鬼。又如西洋雜誌的文章談到人死之際，腦門有煙冒出而嫋嫋，逾刻而斷，就像三爻輕清之氣上浮於天，稱之為神。中國歷來都敬畏鬼神，《儀禮》有靈車，是載鬼的，不是載棺材的，鬼是入地的，不能離開地球，神是騰空的，所以舉頭三尺有神明。崔憬認為「朱門之家，鬼闞其室」是講鬼，「黍稷非馨，明德惟馨」是講神（見《周易集解纂疏》），神明在意的是祭拜者的德行，而非祭品的豐盛或簡陋。「害盈而福謙」是指滿盈則氣鬱而濁，會遇鬼而招損；謙虛則氣暢而清，會遇神而受益。所謂「滿招損，謙受益」，是因為滿則氣濁而鬼至，謙則氣清而通神明之德，故稱「鬼神惡盈而福謙」。

「人道惡盈而好謙。」就一般人情事理來說，大家都厭惡自滿自大者，而喜好謙虛為懷者，孔子說：「如有周公之才之美，使驕且吝，其餘不足觀也已。」（《論語·泰伯》）好、惡是從陰、陽二體之義而來，陽為好，例如樂觀者有春天面孔，是為陽盛；陰為惡，例如悲觀者有秋天面孔，是為陰盛。

「謙尊而光，卑而不可踰，君子之終也。」「謙尊而光」，是說有謙德的人，愈居高位愈能有所作為，愈能光大謙德。「卑而不可踰」，是說有謙德的人，即使位居卑下，亦能確乎其不可拔也，人家也不敢輕蔑，更別想移動他的情操。「踰」是移動的意思，取象於謙之內體艮為山，穩定如山不動搖也。「君子之終」是說，有謙德的君子，無論其位居尊貴或卑下，都能獲得最終的成果。

伍、大小象傳

象曰：地中有山，謙。君子以裒多益寡，稱物平施。

　　〈謙〉之卦體，外坤為地，內艮為山，此為「地中有山」之象。山退居地內，不居高而居卑，將陽剛之氣的才華內凝而不發動，將來才可以「利用侵伐征邑國」，有大事業與大作為。山能突出地面，其中必有陽，〈謙〉卦地中有山，是地裡涵養著一股突出的陽氣，山屈居地下，是處在人下涵養自己的德行。〈謙〉卦以九三為主爻，〈乾〉卦九三「君子終日乾乾，夕惕若，厲无咎」，所以「君子」是指九三而言。「以」是因之、用之的意思，君子運用〈謙〉卦地中有山的自然現象，做為管理社會大眾的法則，所以有「裒多益寡」與「稱物平施」等等措施。「裒多益寡」之「裒」是減少的意思，有些《易經》本子的「裒」作「捊」，則是取的意思，取象於內體艮為手，有取之象。多寡是指陰陽，陽大陰小，陽卦多陰，〈謙〉卦是拿陽來化陰，故稱「裒多益寡」。宇宙法則是「不患寡而患不均」，移民戍邊之政策是根據「裒多益寡」的道理而來。陽為精神，陰為物質，精神與物質應求平衡，減少多的來就小的，九三陽爻入於坤體之內，是以多就少，就是燮理陰陽。

　　「稱物平施」取象於〈謙〉卦二、三、四互坎為水平，有「稱」與「平」之象；陽施陰受，「施」指〈謙〉卦九三之陽；乾知大始，坤作成物，「物」指〈謙〉之〈坤〉體。治國者不能讓陰陽過於偏頗，一偏頗，無論是偏陰或偏陽都有毛病。例如，西方國家偏陰，物質豐盛而心靈空虛，東方國家偏陽，心靈充實卻物質貧窮，治國君子必須法地中有山之象來燮理陰陽，做到「裒多益寡」與「稱物

平施」。

初六象曰：謙謙君子，卑以自牧也。

　　初爻居卦之最下，有「卑」之象，「以」是因之、用之，〈謙〉卦本爲坤體，坤爲「自」，九三乾陽來入坤體，是乾陽開化坤陰而有「牧」之象，「牧」在《說文》是指「養牛人也」。「卑以自牧」的意思是處在卑下之位的時候，要謙之又謙來涵養自己。

六二象曰：鳴謙貞吉，中心得也。

　　二與五相應，五與三、四互成震，震爲鳴，二爻本爲離爻，離爲雉，亦有鳴之象，所以說「鳴謙」。「中心得也」的意思是當事有所成，內心會有喜悅之情，是一種悠然自得的境界，一個人對一種現象眞正有所體會，那才是「得」。

九三象曰：勞謙君子，萬民服也。

　　九三爲〈謙〉卦之主爻，一陽要開化群陰，是很辛苦的，所以稱「勞謙」。此外，二、三、四互坎，九三居坎中，坎爲勞卦。〈謙〉卦本是坤體，坤爲眾爲民，有萬民之象，「服」是順服的意思。九三以一陽來開化眾陰，萬民信服其德而擁戴他，所以說「萬民服也」。

六四象曰：無不利撝謙，不違則也。

　　「撝」是分離、分開的意思，三爻「勞謙」已有事功而萬民服了，四爻接在三爻之後要能「撝謙」，將過去的事功分離開來，置之

度外而不去貪戀，還是像往常一樣繼續謙虛下去，這才是謙的眞義。「則」取象於坎，四與二、三互坎，坎爲法律，所以稱「則」。「不違則也」是說，「撝謙」才不違背謙之法則。

六五象曰：利用侵伐，征不服也。

三五同功，五爻利用三爻陽剛之氣來開化坤陰，一陽化群陰，難免有遺漏之處，也許是開化的工作不徹底，也許是陰體有特殊結構而開化不了，對於梗頑不化者，更要設法予以開化。

上六象曰：鳴謙，志未得也，可用行師，征邑國也。

上體坤而應三，三之上以化坤，坤爲邑爲國，故曰「征邑國也」。上六「鳴謙」，是因爲還沒有達到〈謙〉的志願，就是還沒有普天同化，這時如有不受開化者，還要利用「行師」去「征邑國」，征服冥頑不化的群體。

第十五卦

謙卦

講習大綱

——此係〈兌〉宮五世卦，消息十二月，旁通〈履〉，反對〈豫〉。

《尚書·大禹謨》云：「滿招損，謙受益。」謙為滿之反，滿則溢，謙則有容，而能進益不已。蓋凡君子，愈自卑而人愈尊敬，愈自晦而德愈光輝，故〈謙〉卦無危辭，而六爻皆美。

壹、總說

佈卦的次序

高而不危，所以長守貴也，滿而不溢，所以長守富也。〈序卦傳〉曰：「有大者不可以盈，故受之以〈謙〉。」所有既大，如不謙遜律己，是高而忘危，滿而至溢，自遺其咎矣。〈大有〉之後，承之

以〈謙〉，乃理所固然。

成卦的體例

　　〈謙〉以坤、艮成卦，坤爲地，艮爲山，山本高於地面，而居地上，茲反屈居地下，是即謙遜之象也。又卦以九三一陽爲主，陽下居三，而構成內體之艮，艮者止也，所以止其陽德於內，故〈謙〉之爲卦，在於內充其德。

立卦的意義

　　《老子》曰：「高下相傾。」是高之與下，其間有相互影響的關係，高固可以傾其下，下亦可以傾其高，故成其爲高者，必先有其下，而有其下者，終亦成其爲高。謙之退處卑下，蓋即所以成其爲高也，觀乎〈謙〉卦六爻，始則「謙謙君子」，終則「利用行師」，即可知矣。

貳、彖辭（即卦辭）

〈謙〉：亨，君子有終。

　　〈謙〉通〈履〉，內體艮伏兌；〈謙〉又爲〈兌〉宮五世卦，內體亦由兌變艮，艮爲山，兌爲澤，山澤通氣，通則亨，故「謙亨」。蓋以謙道處世，不與人爭，雍雍穆穆，一團和氣，此其所以亨也。卦以九三爲主，而有君子之象；所謂君子，以其明情達禮，樂天而不競，又能存養內充，退讓而不矜，安行固守，終身不懈，一般人或亦勉能謙讓，但不能持久，而惟「君子有終」。

參、爻辭

初六：謙謙君子，用涉大川，吉。

乾陽下入於坤陰內體而居三，卑以自牧，是以謙矣。由〈謙〉息〈履〉，三再下降居初，則是謙而又謙，君子取象於三，三再降初，故曰：「謙謙君子。」「謙謙」固然爲平時存養的德行，但即用以涉險濟難，亦可獲吉，故曰：「用涉大川，吉。」

六二：鳴謙，貞吉。

二承三，三體震，三降初亦爲震，二居上下兩震體之中，震善鳴，故爲「鳴謙」。意思是說〈謙〉至二，已經有所表現，鳴則聲聞於外，非如初爻只在默默存養，但仍須守正，方能獲吉。

九三：勞謙，君子有終，吉。

三居坎，坎爲勞卦，勞就是勤勞的意思。〈謙〉由初爻的默默存養，演進而爲二爻的聲聞於外，更由二爻的聲聞於外，演進而爲三爻的勳業勞績，既經有了勳業上的功績，當然可以獲得最後的成果，所以「君子有終」而「吉」。

六四：无不利，撝謙。

撝有二訓，一訓分裂，一訓發揮，以前者爲是。因爲〈謙〉在九三，已經發展而有勳業上的勞績，到了四爻，交進外在環境，應該撇開過去的勳勞，而仍謙遜自處，有功不伐，要不然，便前功盡棄

了，所以『撝謙』，纔能『无不利』。」

六五：不富以其隣，利用侵伐，无不利。

請看「講習大綱」：「五居外體坤中，上下皆陰，陽富陰不富，故「不富以其隣」。因〈謙〉至五，其內充九三之陽，已有較大的功能，可以開化坤陰，而宜乎用作侵伐荒野地區，亦無不利。

上六：鳴謙，利用行師，征邑國。

上與三應，三體震，震善鳴，是爲「鳴謙」。謙至上，其象雖亦爲鳴，但非六二可比，三得上應，而作最後之發揮，可用以「行師」，從而「征服邑國」，邑國是取象於上六所居之坤體。

肆、象傳

象曰：謙，亨，天道下濟而光明，地道卑而上行。天道虧盈而益謙，地道變盈而流謙，鬼神害盈而福謙，人道惡盈而好謙。謙尊而光，卑而不可踰，君子之終也。

謙之所以亨，則因爲乾陽下降而居內體〈坤〉三，所謂「天道下濟」是也，坤陰自下而上行居於外體；所謂「地道上行」是也，不僅中爻互坎伏離，而有日月光明之象，且天地二氣互相交通而亨；月盈則虧，日中則昃，任何自然現象，都是損有餘而補不足，故天道是「虧盈益謙」。《老子‧二十二章》曰：「枉則直，窪則盈。」地面所呈現的狀況，高岸崩陷而爲谷，深谷塡塞而爲陵，故「地道變盈

而流謙」。神之氣清，鬼之氣濁，盈則氣鬱而濁，鬼即趨之，故「鬼神害盈而福謙」。人之好惡生於感能，感能者乾陽之所司也，乾之〈坤〉三成〈謙〉，三為主爻而居人位，故「人道惡盈而好謙」。君子具有謙德，內秉乾剛，居尊位而愈顯光輝，居卑位亦不至逾越而改變操守，故能獲得最後成果而有終也。「謙，亨」是一謙就亨，〈謙〉卦旁通〈履〉卦，〈謙〉之內體艮為山，〈履〉之內體兌為澤，山澤通氣，因而稱亨。就自然現象來說，山澤是地球的穴道，雲自山起，風從海來，氣通則亨，亨者通也。從人事現象來說，能以謙遜的態度待人處世，人際關係必然和諧亨通。

伍、大小象傳

象曰：地中有山，謙。君子以裒多益寡，稱物平施。

　　「地中有山」，山不居高而居卑，以成為謙，〈謙〉本由乾入於〈坤〉三，以陽之多，益陰之寡，故君子取以為法，在使物得其平，不致偏頗，而利均衡之發展，故曰：「地中有山，謙，君子以裒多益寡，稱物平施。」

初六象曰：謙謙君子，卑以自牧也。

　　初六居〈謙〉之始，其位最下，故曰：「卑以自牧也。」

六二象曰：鳴謙貞吉，中心得也。

　　〈謙〉之六二居中，承主爻九三，陰陽相得，故曰：「中心得也。」

九三象曰：勞謙君子，萬民服也。

九三以陽開化坤陰，坤爲民，故曰：「萬民服也。」

六四象曰：無不利撝謙，不違則也。

六四繼九三「勞謙」之後，有功不伐，仍以乾德自守，故曰：「不違則也。」

六五象曰：利用侵伐，征不服也。

六五謙道將成，其內斂之陽剛，可以發之於外，以至於侵伐，故曰：「征不服也。」

上六象曰：鳴謙，志未得也，可用行師，征邑國也。

上六居〈謙〉卦之終，而猶「鳴謙」，故曰：「志未得也。」

第十六卦

豫卦

周鼎珩講　陳永銓記錄

豫

坤震
下上

── **此係〈震〉宮一世卦，消息三月，旁通〈小畜〉，反對〈謙〉。**

　　諸家釋豫，皆謂之舒暢而悅樂，卦以九四一陽爲主，而成外體雷震之象，蓋陽剛之氣，內養已充，發之於外，氣暢神舒，猶如春雷奮發，萬物隨之而欣欣向榮，故以悅樂之豫名卦。

　　今天有新同學問：「消息三月」是指什麼？我們在六十五年（1976）第一次「易經講座」曾講過「卦氣消息」，其中「消息」是指陰陽消長的各種動態，消是〈坤〉卦之陰一層層地消陽，息是〈乾〉卦之陽一層層地息陰。「三月」則要從〈河圖〉之數說起，三與八爲東方震木司春，〈震〉之五爻值清明，大約在三月初。今天只能簡單說明，將來有時間，我們再詳細講解。

　　漢儒鄭玄注《易》：「豫，喜佚悅樂之貌也。」歷代先儒大都

持相同見解。〈豫〉卦與〈謙〉卦相異之處在陽爻的位置，陽在三爻是〈謙〉卦，陽在四爻是〈豫〉卦。〈謙〉卦一陽居三而成艮止之內體，是穩定如山，在內涵養存養自己；〈豫〉卦一陽居四而成震雷之外體，是向外奔放，在外發動開化。陽氣化在內存養期間，談不上喜佚悅樂，等到陽氣化發之於外，則氣暢神怡，而有喜佚悅樂之氣象。氣發之於外，自然暢快，例如一個人十年寒窗苦讀是爲謙，一旦三考及第而富貴臨門，當然是悅樂之極。根據八宮卦變，〈豫〉是〈震〉宮一世卦，至三世則內體變巽爲妻爲婦爲長女，此時外體震爲夫主外，內體巽爲妻主內，家庭必然和暢而悅樂。

　　喜佚悅樂可以分成三個層次：一、舒豫。古代有小象稱爲豫，此獸秉性寬舒溫厚，不會爭食，還會讓牛羊先吃草，現在好像絕種了。河南古稱豫州，因爲河南居中國版圖之中原，有寬舒厚重之象。豫象與豫州之所以稱豫，都是取其寬舒溫厚，此即舒豫。二、樂豫。先王取豫之卦象以作樂崇德，因爲豫氣舒暢則心曠神怡，在人事社會或自然現象皆然，例如氣候鬱結則人心發悶，一旦氣通則暢快而悅樂，此即樂豫。三、佚豫。人在快樂的時候，常不知不覺地手舞足蹈，這就是豫樂的表現。大凡陽氣向外奔放到相當地步，難免會情不自禁地放縱，最後通常有樂極生悲的後果。從舒豫而樂豫而佚豫，到了佚豫盡情放縱，則陽剛之氣有時而盡，總有無以爲繼的時候，所以會樂極生悲，人太高興了反而會流淚。

　　〈豫〉卦在卦變是從〈復〉卦來，〈復〉是陽氣在地心內存養埋藏，到了相當充實的時候，則因初四相應而上居四爲〈豫〉，豫氣向外奔放，有時而窮，必通〈小畜〉，由四回來居初而息成〈復〉，再逐漸息成〈小畜〉，把陽氣一點一點地再畜積起來，例如有人笑得腰

挺不起來，是氣不夠了，若不養氣則必害無疑，可見〈豫〉卦必須與〈小畜〉旁通以利調劑，否則氣化窮矣。人逢暢快得意之時，必然陽氣精華發散過度，但不可一洩到底，要學會控制自己的情緒，而慢慢地畜積陽氣。〈豫〉爲一陽入坤體，坤順也，乾陽在柔順的環境中，可以很自然地開化坤陰，而形成外體的動態，鼓舞整體的坤陰，此乃因順而動也。

壹、總說

佈卦的次序

〈序卦傳〉曰：「有大而能謙必豫。」所有既大，還是謙虛內斂，其陽剛之氣當然充沛異常，陽使人樂，陰使人悲，陽既充沛，故悅樂與而豫，豫次於謙者以此。

有大是指大有，〈大有〉以六五之陰凝聚所有陽能，並且發揮陽能之作用，陽旺極矣。在〈謙〉之時，猶能謙虛以存養收斂，其陽氣化必然飽滿到了極點；至〈豫〉之時，則是很舒暢悅樂地向外發動出來，〈謙〉惟一陽在內卦存養，但氣滿則沖舉飛昇，就是〈豫〉之一陽奮發於外卦。陽氣化在國家而言，是爲人才、技術、智慧、科技、教育、文化，若陽氣化充實至極點，則物產必然豐庶，各行各業欣欣向榮，這時表之於外者，自然通暢悅樂，而爲〈豫〉卦之現象。

《易經》六十四卦從〈乾〉〈坤〉開始，到〈泰〉之陰陽均衡，〈否〉之二氣不交，到〈同人〉將亂否之陽再找回來，〈大有〉凝聚群陽而大，再到〈謙〉卦內在涵養畜陽。〈謙〉之內體是艮爲

止，陽停頓在內體之中涵養充足了，則躍躍欲試，如人四肢發暖而精神喜悅，這時陽能必須發動於外，故在〈謙〉卦之後繼之以〈豫〉卦。

成卦的體例

《漢書・五行志》：「雷以二月出，其卦曰〈豫〉。」〈豫〉外體震為雷，萬物隨著雷之發動而欣欣向榮，先王於是根據〈豫〉卦氣暢神怡之現象來作樂，再拿音樂來薦之神祇祖考，而與天地同樂。

鄭玄解釋豫為佚樂之狀，〈豫〉卦以九四一陽為主爻，陽已出於外體而有發動之象與佚樂之狀，就像兒童對任何事物都興趣濃厚，長輩看了卻覺得可笑。兒童也沒有憂愁煩悶，整個表現就是佚樂，因為兒童是純陽之體，陽氣很旺，自然對周遭事物都興趣濃厚而表現佚樂。一般來說，樂觀者大多是陽旺者，悲觀者大多是陽衰者，所以當一個人思想悲觀而鬱悶不樂時，必須注意涵養陽剛之氣，同樣的，國家在哀鴻遍野而民心不安時，更要注重教育文化，就是要畜陽養陽。

孔子贊《易・象》曰：「豫順以動，故天地如之。」因為〈豫〉卦外體震，震為雷主動，內體坤，坤為地主順，內體順而外體動，這就是孔子說的「順以動」，孔子又說「天地如之」，為什麼順以動才能合乎天理宇宙的法則呢？我們且從人事來看天理。例如身體健康的人，必然氣脈調和而順行通泰，是順之象，這樣才能發揮才智而有所作為，是動之象。又如一個國家能夠上下和諧，各適其所且各盡所能，是為順，這樣國家就能富強康樂而躋入強國之林，是為動。總之，「順以動」是順著環境而動、順著性情而動、順著方法而動。

又據卦變，一陽五陰之卦來自〈復〉卦，一陽伏之於下爲〈復〉，一陽出之於四爲〈豫〉。換個角度看，初四相應，〈復〉初之四爲〈豫〉，〈豫〉四之初爲〈復〉，所以〈豫〉卦與〈復〉卦有往來關係。〈復〉卦消息十一月，是冬至一陽生之時，〈豫〉卦消息三月，是雷出地之時。復內體震，表示雷在地中，能量尙埋藏地下，雖有雷之體象，卻不能發揮雷的作用，〈豫〉外體震，表示時機成熟，雷可發之於外。凡人身、事業、社會、國家皆然，剛有一點生機，不可大肆擴張，要等到生機逐漸充實，感覺豐盈飽滿之後，才可以發動。

立卦的意義

豫固然是悅樂，但如何構成氣暢神舒之豫？又如何接濟此豫？這要分二個層面來講：一、在豫之前，凡氣化向外必先有所準備，如〈小畜〉密雲不雨，熱則生風，這是氣化發動之前的準備。我們要發動一個現象，必先作內在〈謙〉卦的存養，所以〈謙〉卦到了上爻才能「利用行師，征邑國」。二、在豫之後，雖已氣暢神舒，如果一直向外發洩，就有窮盡之時，所以要能發能收，那麼要如何收？〈豫〉來自〈復〉，且通〈小畜〉，所以〈豫〉卦要以〈小畜〉作後盾，把已經耗散出去的陽氣化，再一點一滴的畜積，一代一代的綿延下去，必須培養下一代的陽能，以免一代不如一代。

孔子贊〈大象〉曰：「雷出地奮豫。」「奮」字意即陽已充足，應該奮發，但必須尋找一個正當的途徑作爲奮發之道。若只知奮發而不循正途，就像水勢豐盈，卻不能疏導以盡水利，反而造成洪水氾濫成災。又如熱血青年，卻耽溺於聲色犬馬，雖有聰明才智，反而

危害社會。個人如此，國家亦然，一國人才濟濟社會富庶之時，爲政者必須將人力物力導入正途，向外開拓市場，否則易成內亂，《孟子‧告子下》說：「出則無敵國外患者，國恆亡。」就是這個道理。

鄭玄解釋豫爲喜佚悅樂的狀態，大凡喜佚悅樂之境，最容易使人沉迷其中而流連忘返，孔子在〈大象〉特別提出「奮」字，就是要我們在喜悅佚樂之際，不要忘了奮發有爲，否則競逐無謂的豪華與奢侈，容易使人心萎靡不振。所以當權者在人民豐衣足食之時，要指導大家共同奮發的目標，這才是富國強民之道。此外，豫的發展過程不宜持久，必須有時間性，軍事家發動戰爭，必明「久戰雖勝亦敗」「速戰速決爲上」的道理，政治家治理國事，必知「使民勞苦一時之後，繼而休養生機」，總之，久戰必敗，久動必疲，這是我們處豫之時應有的認識。

貳、彖辭（即卦辭）

〈豫〉：利建侯行師。

卦辭是建侯在先，行師在後，其中寓有深義，更是讀經的要訣。〈謙〉卦上六之「利用行師」，係指九三之陽本是在內卦存養，要到了上六才可利用九三之陽來發揮力量，但是〈豫〉卦本身就是發動的，所以不必講用，而直接說「行師」，因爲本來就是要發動運用的。建侯是指內在的秩序，行師是指外在的擴張，「建侯行師」是先奠定內在的秩序，才能向外擴張。「建侯」首見於〈屯〉之卦辭，〈屯〉卦內體震爲長子，以前家族祭祀祖先時是由長子主器，若用現代法律說法，主器者就是繼承人，所以主器是建立傳承的秩序。

　　〈豫〉卦外體是震，〈豫〉來自〈復〉，〈復〉卦內體爲震，震爲侯；〈豫〉卦以九四爲主爻，四爻是諸侯之位，震又爲雷，雷聲震驚百里，古代諸侯稱百里侯，皆有侯之象，建侯就是在剛開始要先建立奠定內在的秩序。〈豫〉卦四爻上居五則變爲〈比〉卦，〈比〉之〈大象〉「建萬國，親諸侯」，國家大勢已成，〈豫〉四尙未上居五，是還在建設階段，所以稱「利建侯」。〈豫〉當佚樂之時，最怕陽氣化消耗到無以爲繼，這樣卦的氣數就竭盡了，所以在得意時要懂得收斂，以免變成不得意。同樣的，在佚樂之後，〈豫〉更要將陽氣收回來息成〈復〉，這就是「利建侯」，內在有確乎其不可拔的穩定，外在始可擴張，先穩定內在秩序，則陽氣化不至於窮。

　　〈豫〉卦內體坤爲眾，外體震爲行，坤眾有師之象，〈豫〉卦由三至上有〈師〉卦體象，合起來看就是行師之象。另有一說，〈豫〉是九四一陽入於坤體而開化坤陰的大眾，故稱行師。進一步說，利建侯是奠定內在建設的頭緒，主要是爲民興利；行師是抵禦外侮並討伐害群之馬，主要是爲民除害。所以建侯是內在的興利，行師是外在的除害，這是〈豫〉卦的二個必要途徑，就像個人修養，必須先奠定內在和諧的基礎，才能向外求發展。我們再以武王伐紂來說明卦辭，〈豫〉以九四爲主爻，四爻是諸侯之位，武王伐紂時還是諸侯，利建侯也，以諸侯之位而行師討伐天子，完成統一天下的大業，是爲豫樂也。

參、爻辭

初六：鳴豫凶。

初與四相應，四體震爲雷而聲大，故震善鳴。〈豫〉卦體象近似〈小過〉，其卦辭「飛鳥遺之音」，亦爲善鳴。〈豫〉卦初六「鳴豫，凶」，〈謙〉卦六二「鳴謙，貞吉」，爲什麼同樣是鳴，卻是〈豫〉凶而〈謙〉吉呢？因爲鳴者聲聞於外也，謙德聲聞於外，表示謙謙君子之德性寬厚，社會樂於與其往來也，這樣守著謙德，當然是吉。

相反的，在〈豫〉卦喜佚悅樂之初，就表現出喜不自勝之情與豪放狂歡之態，這樣自鳴得意，在豫之始即如此沈迷放縱，豈不是要樂極生悲，所以鳴豫必凶。例如社會剛開始有一點小康的基礎，不可以奢侈浪費，否則難以脫貧，當然是凶。

六二：介于石，不終日，貞吉。

虞翻是根據義理注解「介」爲纖介之介，是指心裡有芥蒂疙瘩。另有學者根據象理解說：〈豫〉卦外體震而內體坤，一陽居於群陰之中，所以介是居間之介。〈豫〉卦二三四互艮爲石，有稱爲小石，因爲心存芥蒂，就像心中有小石；有稱爲堅石，意即石頭堅硬而無法移動或改變其形態，所以不會隨波逐流地被喜佚悅樂的環境所動搖。

艮在後天八卦方位是「成終成始」，二居內體坤，坤「代有終」，都是終之象。二爻變則二三四互離，離爲日，二爻本無離象，

合起來看就是「不終日」，意思是不會沉緬在愉悅的環境中。處在佚樂環境，仍然像磐石堅硬不移，是即居佚樂之間而不溺於佚樂，任何佚樂的環境都不能動搖其心志，能有此正直態度則爲吉。所以「介于石，不終日」是處和暢佚樂之境所應有的態度。前面提到介爲纖介，纖細如小石，表示明察秋毫之末，體察入微且知機甚早，所以能夠擺開快樂的場合而守正，所謂當機立斷、適可而止。

六三：盱豫悔，遲有悔。

二爻不終日，不耽溺於喜悅佚樂，所以貞吉；三爻流連忘返，遲疑則有悔。〈豫〉旁通〈小畜〉，〈小畜〉三四五互離爲目，三居離下，目必上視，故有盱象，張目爲盱，翕目爲瞑。三爻張目仰望著四爻，因爲四爻爲〈豫〉卦之主，盱豫是指三爻仰慕四爻喜悅佚樂的狀況，我們羨慕人家豪華享受的當下就是盱豫，這樣的表現容易招人輕視，所以說「盱豫悔」。

易例：「陽樂陰悲」，陽代表喜悅，陽不發動則不喜，例如生病的人會愁眉苦臉。六三以陰爻居陽位，就像一個陰氣沉沉的悲者強顏歡笑，而且張眼發愣作白日夢，想像著快樂的境界，卻打不起精神來快樂，這樣自己傷害自己，當然有悔。又如有人商場失意而債臺高築，卻上舞廳去尋歡作樂麻醉自己，沒有快樂的環境，卻癡想著快樂，這是很糟的，這時如果能像二爻不終日，當機立斷而回頭是吉，若是一再延遲不悟則有悔。有是加重語氣，有者尤也，遲遲不改則傷害更大。

三本爲陽爻之位，可當機立斷，〈豫〉卦卻是六三陰居陽位，則拖泥帶水而不乾脆，故遲有悔。此爻辭戒示我們不能恣情放縱於聲

色犬馬之喜佚悅樂場合，如果像三爻沒有這樣的條件，還一直執迷不悟，更加有悔。

九四：由豫，大有得，勿疑，朋盍簪。

「由豫」之由，其義爲自，取象於〈豫〉本坤體而坤爲自，因爲〈豫〉卦之能成佚樂，是來自九四一陽入於坤陰之體，而使氣化通暢，所以四爻爲〈豫〉卦之根由，故曰由豫。〈豫〉卦旁通〈小畜〉，〈小畜〉從初爻到五爻爲〈大有〉體象；易例：「陽大陰小」，〈豫〉之九四陽爻入坤體，五陰均爲其所用，合而言之即爲「大有得」。〈豫〉卦三四五互坎爲疑，五個陰爻應毫無疑慮地順著九四一陽，故稱「勿疑」。

〈坤〉之卦辭「東北喪朋，西南得朋」，〈豫〉之內體坤有朋象，〈豫〉旁通〈小畜〉，其二三四互兌亦爲朋；盍通闔，「闔戶謂之乾，闢戶謂之坤」，〈豫〉內體坤有盍之象。簪是束髮之具，古人兒時是散髮童子，自十二歲開始以簪束髮，二十歲入冠戴帽以示成年。附帶一提，中國過去是五經立國、六藝施教，五經是《詩》、《書》、《禮》、《易》、《春秋》，六藝是禮、樂、射、御、書、數，能通五經六藝的始爲學者，絕對不是文弱書生。回到正題，由於簪字在〈豫〉卦裡找不出體象，所以後人認爲這是三國時期王弼注解《易經》所造成的錯字。王弼的意思是〈豫〉之群陰要一起歸附九四一陽，就像以簪束髮般的穩定。

虞翻改簪爲戠（埴），膩也，水土交融之黏土謂之埴，是製作陶器的泥土，取象於三四五互坎爲水，內體坤爲土，有黏土之象。「朋盍埴」的意思是，〈豫〉至九四，群陰歸附，有如水土交融之黏土。

《京房大傳》：簪作撍，取也，〈豫〉二三四互艮爲手，有取之象。

　　九四是〈豫〉成卦之主，無論是共同奮發或耽於佚樂皆然，故稱「由豫」。五個陰爻均來歸附，九四陽爻爲大，故稱「大有德」。在四爻之時位，無須猜疑，因爲群陰皆心悅誠服地歸附，自己本身又爲陽可以主宰，群陰合起來集中力量有如水土交融，所以九四表現出喜悅佚樂之境界，是佚樂之所由來。我們處豫之樂境，要以九四作爲審察標準，符合則樂，不符則不樂。此外，在大有得時，氣魄要放大，就像武王伐紂之後，沒有猜疑功臣，所以能夠四方歸附而統一天下。反之，歷來誅殺功臣而爲王者，多因猜忌使然，就是氣魄不夠大，所謂：「飛鳥盡，良弓藏；狡兔死，走狗烹。」（《史記・越王勾踐世家》）最後不是水土交融，而是分崩離析。

六五：貞疾，恆不死。

　　六五居內卦坎體之上，坎爲疾。〈豫〉卦是陽氣化發動，從〈謙〉卦內體爲艮之九三，奮出成爲外體震之九四，固然因而構成佚樂之情狀，但陽氣化若發散過度，必然有時而窮，樂極生悲而窮則成疾。「貞疾」是以正守疾，就是有疾病時不要張惶失措，而應以常態處之。

　　「恆」之象來自〈豫〉之外體爲震，旁通〈小畜〉之外體爲巽，震雷與巽風構成〈恆〉卦。五與二應，二居內體坤，坤爲死，六五已不在坤體之內，故稱「不死」。〈豫〉卦四爻之樂不言而喻，到了五爻則衰弱不繼而有疾，重點是要以正守疾。六五凌駕九四之上，有主弱臣強之象，是陰陽不調而有疾，所以要守正，日常生活起居不失常軌，以正守疾就不至於死。陰陽失調的現象，在國家來說，

例如美國是陰旺陽虛，印度是陽旺陰虛，世界各國陰陽失調者比比皆是，都要想辦法調合陰陽，這樣才不會有滅亡之虞。

上六：冥豫，成有渝，无咎。

易例：「上與三應」，〈豫〉卦六三曰「盱豫」，張目爲盱也，上六曰「冥豫」，翕目爲瞑也，冥通瞑。六三盱豫是指三爻仰慕四爻喜悅佚樂的狀況，自己沒有快樂的條件，卻張眼發愣作白日夢，想像著快樂的境界。上六冥豫是指上爻爲陰之極位，陰暗到了極點，冥者晦也，月亮到了三十無光而暗就是晦，用來比擬一個人閉著眼睛，盲目糊塗地追求快樂，環境不值得快樂，卻自以爲快樂，例如吸毒或嫖賭成癮者，是以自我戕害爲樂。處豫之際，初爻自鳴得意，三爻流連忘返，上爻冥頑不靈，都有毛病。

「成有渝」之成是取象於艮，上與三應，三居艮，在文王八卦之位，艮爲「成始成終」，孔子〈說卦傳〉曰：「成言乎艮。」渝者變也，上三相應，六三以陰居陽，其位不正，故盱豫悔，變而之正，則二三四互艮爲止，不再貪圖享樂則無悔；上爻位在一卦之極，處在卦變的階段，變則无咎，因爲〈豫〉卦到了最後，若還睡眼惺忪昏昏沈沈地盲目追求快樂，那就沉淪陷溺不可自拔了，這時必須變而之正，方能有所成就。

冥豫的境界，就像曲終人散時，回味喜悅佚樂，那種悵惘若失的心情，又如在功名事業即將完成之際，難免患得患失，有莫名其妙的苦惱。此時〈豫〉體已成，就應有變，能變就沒有毛病。

講到這裡，我們可以將〈豫〉卦與〈履〉卦對照來看。履者禮

也，豫者樂也；〈履〉卦之禮以三爻之陰為主，禮由陰生也；〈豫〉卦之樂以四爻之陽為主，樂由陽出也。陰縮始能成禮，因為克己復禮，人人始有迴旋餘地，大凡陰旺的人，比較不會作奸犯科至罪大惡極。陽旺的人則敢殺人越貨，為非作歹，因為作樂或吹奏樂氣，都是靠陽氣化激動才能發聲。我國講禮樂之教，實本乎此。

肆、象傳

象曰：豫，剛應而志行，順以動，豫；豫順以動，故天地如之，而況建侯行師乎；天地以順動，故日月不過，而四時不忒，聖人以順動，則刑罰清而民服；豫之時義大矣哉。

「象曰：豫，剛應而志行，順以動，豫；豫順以動，故天地如之，而況建侯行師乎。」「剛應而志行」、「順以動」是豫的二個主要條件。九四之陽剛為〈豫〉卦主爻，其餘五個陰爻都順應九四，故稱「剛應」；〈豫〉之二三四互坎為志，外卦震為行，故稱「志行」。陽剛之氣開化坤陰，像雷發動鑽入萬物而開化之，重點是要有開化的對象，才不會空自鼓舞。剛應是有合適的對象才能應，假使沒有目標，那麼陽氣化的發動就是浪費，所以有了剛應的目標對象，才能達到開化萬物的志向。

〈豫〉之內體坤為順，外體震為動，卦氣是由下往上的，所以「順以動」是內順而後外動，意即內在有順暢的基礎，外在才有發動的力量。例如人體氣脈調和之後，精神自然旺盛，而能對外有所作

爲；一個國家也要先做好安內的工作，在國泰民安之後，才有向外發動的力量。此外，順以動乃順其性而爲之，因事制宜，就是《老子‧三十七章》說的「無爲而無不爲」，例如各人稟賦不同，順其性之所趨而教之，則有事半功倍之效。〈豫〉卦陽剛之氣是順著天地形勢與人的性情而發動的，意義很廣，道理卻很簡單，例如人向前行很容易，倒退著走卻很困難，開車也是一樣的道理，還有時間如水，不會倒流，這些都是順以動的現象。

　　「天地如之」的意思是天地也是順以動，如果依照卦象做解釋，〈豫〉卦旁通〈小畜〉，〈豫〉卦內體坤爲地，外體震爲動；〈小畜〉卦內體乾爲天，外體巽爲順，合起來看，有天地順動之象。〈豫〉卦外體震爲侯，往來之〈比〉卦〈大象〉：「建萬國，親諸侯。」故稱「建侯」；〈豫〉卦外震爲行，內坤爲眾而有師之象，〈豫〉卦三爻至上爻有半師之象，故稱「行師」。建侯是建立內部的頭緒，即先奠立內部穩健的基礎，才能行師而向外發動，換句話說，須先內求其順，然後外求其功。

　　〈豫〉卦是陽氣入坤體，而陰陽和諧通暢，氣化既是如此，天地也要和諧才能化生萬物，更何況要建侯行師，樹立秩序，建設地方，當然更要順以動，才能發動群眾去征服梗頑不化。在上位者策動百姓，是要順著人民去發動，孟子說：「國人皆曰不可，然後察之；見不可焉，然後去之。左右皆曰可殺，勿聽；諸大夫皆曰可殺，勿聽；國人皆曰可殺，然後察之；見可殺焉，然後殺之。」（《孟子‧梁惠王下》）、「天視自我民視，天聽自我民聽」（《孟子‧萬章上》）、「桀紂之失天下也，失其民也；失其民者，失其心也。得天下有道，得其民，斯得天下矣。得其民有道，得其心，斯得民矣。」

（《孟子・離婁上》）這是孟子解釋建侯行師必須順以動。

「天地以順動，故日月不過，而四時不忒，聖人以順動，則刑罰清而民服；豫之時義大矣哉。」「天地以順動」按照《易經》對天文的解釋，太陽的運行是左旋，向外擴散，所以太陽的光與熱能夠擴散得很遠，即使遠在地球也能感受其光與熱。我們地球的運行則是右旋，向內收斂，所以產生地心引力，能讓萬物各暢其生。太陽就像個巨大的齒輪左旋運行，地球像個微小的齒輪，沿著太陽運行的軌道，右旋運行（如圖）。

左右運行圖

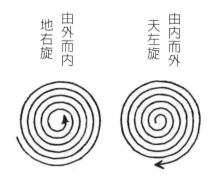

地右旋
由外而內

天左旋
由內而外

「日月不過」「四時不忒」，日月之卦象來自〈豫〉之三四五互坎為月，旁通〈小畜〉卦之三四五互離為日。四時之卦象來自〈豫〉卦息成小畜所經過的階段，依序為〈復〉卦內體震為春、〈泰〉卦二三四互兌為秋、〈需〉卦外體坎為冬、〈小畜〉卦三四五互離為夏，所以〈豫〉卦息成〈小畜〉的過程有四時之象。

鄭玄解釋，過為失度，忒為差別。所以不過就是沒有過失，日月運行，日往則月來，月往則日來，晝夜盈虧，萬年如斯，絲毫沒有錯

誤；不忒就是沒有偏差，每年四時，都是春生夏長秋收冬藏，很順暢地循環不已。所以說：「天地以順動，故日月不過，而四時不忒。」

　　「聖人」是指九四居震而「帝出乎震」，帝者主宰也，就是在上位的統治者。震動在上而坤下為萬民，在上位者以順的原則而策動百姓，故稱「以順動」。〈豫〉卦三四五互坎為罰，坎又有平準之象，即一般所稱之水準，所以有清之象；〈豫〉通〈小畜〉，〈小畜〉二三四互兌為刑，合起來看就是「刑罰清」的卦象由來。清是明朗的意思，刑罰明朗，則該刑則刑，該罰則罰，而且乾為輕清之氣上浮於天，所以刑罰輕清而不雜，幾乎刑措矣。〈豫〉本坤體，坤為眾為民，九四入坤體而成〈豫〉，群陰皆歸附之，有「民服」之象。例如唐太宗貞觀之治，就是聖人以順動則民服。

　　在上位統治人民的聖人，遵循著宇宙自然的秩序而動，因勢利導，因事制宜，施政合乎天理，則刑罰清明。天理在於民心民情，因為人的是非標準係根據天理而來，天理之所在，即為民心之所趨，聖人若能賞得其功，罰得其紀，則民心歸服。因為聖人以順動，所有施政舉措必然合情合理，老百姓自然心悅誠服。

　　「豫之時義大矣哉」，類似這樣的贊辭，在《易經》六十四卦中計有十一個卦，首見於〈豫〉卦之〈彖傳〉，分列如下：〈豫〉卦、〈頤〉卦、〈遯〉卦、〈姤〉卦、〈旅〉卦等五個卦的〈彖傳〉是「時義大矣哉」；〈坎〉卦、〈睽〉卦、〈蹇〉卦等三個卦的〈彖傳〉是「時用大矣哉」；〈大過〉卦、〈解〉卦、〈革〉卦等三個卦的〈彖傳〉是「時大矣哉」。

　　豫是一種喜悅佚樂，處豫之時，必須適當控制悅樂，不可過於

放縱。但要如何控制？有什麼標準或尺度呢？「時義」就是要合乎時宜、合情合理，應為則為之，不應為則不為也，有些地方不妨放鬆，有些地方必須控制。處豫之道，師法天地，故稱「大矣哉」。

伍、大小象傳

象曰：雷出地奮豫，先王以作樂崇德，殷薦之上帝，以配祖考。

〈豫〉與〈復〉為往來卦，〈豫〉來自〈復〉，〈復〉卦內體震，是雷在地內，〈豫〉卦外體震，是有「雷出地」之象，雷出地之後應奮發有為才能成〈豫〉，故曰「奮」。換句話說，〈豫〉卦四爻之雷，是由〈復〉卦初爻之電光體奮出地面而形成，奮是指陽剛之氣自地底奮出的境界。

「先王」是指〈豫〉卦內體之坤伏有〈乾〉卦，乾為王，但因伏而不見，故為先王。「作樂」取象於〈豫〉卦外體之震，震雷善鳴有聲為樂之象，震又為起，有作之象，故稱「作樂」。古樂分成文樂與武樂，所謂：文籥舞，長而悠，武萬舞，短而壯。古代帝王奮發有為而成事功，則作樂以紀念之，例如紀念武王伐紂的音樂是「太武之樂」。「崇德」為最高的德性，乾陽為德，崇為增進或充滿，九四已出居高位而有崇德之象。

殷者盛也，薦者進也，〈豫〉卦二三四互艮為手，手舉有薦之象，「殷薦」表示很隆重盛大的薦進，「上帝」之象來自外體震為帝，主爻九四居內體之上，故稱上帝。「祖考」是指〈豫〉卦內體坤伏乾為父，父伏而不在，則有祖考之象。

祭祀天地上帝的典禮稱爲郊祀，是在京城的南郊舉行，古禮郊祀是在四月，以〈乾〉爲主。〈豫〉通〈小畜〉，〈小畜〉三四五互離爲南，內體乾爲郊，有南郊之象，現在北京南郊的天壇，就是古代祭祀天地上帝之處，故稱「殷薦上帝」。

祭祀祖考的典禮稱爲宗祀，舉行宗祀的場所稱爲明堂，就是祭拜祖先牌位的宗祠，古禮宗祀是在十一月，以〈復〉爲主。〈豫〉卦二三四互艮爲宮闕，有明堂祖廟之象，上的帝者生物之宗，祖考者人之始也，故稱「以配祖考」。宗祀有一定的禮制與章法，所以罵人做事沒有章法，就說是不成明堂。

初六象曰：初六鳴豫，志窮凶也。

初六與九四相應，三四五互坎，坎爲心志，所以有「志」之象。〈豫〉卦從初爻到四爻，有〈剝〉卦的體象，剝就是滿極而窮，所以有「窮」之象。初與四應，初六以陰爻居陽位，是爲不當其位，卻自以爲得到九四主爻的寵幸，於是志得意滿；但是處於逸樂之初，就自鳴得意，這樣志窮而鳴豫，必然招凶。

六二象曰：不終日貞吉，以中正也。

處豫之時，不可安逸沉溺，就是「不終日」，六二以陰爻居陰位，是爲正位，二又居於內卦之中，所以有「中正」之象。六二以中正自守，其介如石，所以能夠不終日而貞吉。所謂「凡事豫則立，不豫則廢」，六二中正，就是處豫之道。附帶一提，蔣總統名介石字中正，〈豫〉卦六二的爻辭「介于石」、〈小象〉「以中正」，就是蔣總統名字的出處。

六三象曰：盱豫有悔，位不當也。

六三跟初六一樣，都是陰爻居陽位，所以說「位不當也」。初六「志窮凶」，是因為自以為得到九四主爻的寵幸，於是志得意滿而大鳴大放；六三「遲有悔」，則因為與九四主爻相親近，於是仰慕其喜豫悅樂而流連忘返；可見處豫之時，初爻太過而三爻不及，都不妥當，必須像六二「介于石」始能獲吉。

九四象曰：由豫大有得，志大行也。

前面提到四爻與三五互坎，坎為心志，所以有「志」之象；易例：「陽大陰小」，九四陽爻有「大」之象；四居外體震卦而震為行，所以有「行」之象。〈豫〉卦的體象是以九四一陽而統領其他五個陰爻，群陰都來附和而心悅誠服，正是奮發有為之時，九四能夠當天下之重任，致天下於豫樂，所以說「志大行也」。

六五象曰：六五貞疾，乘剛也。恆不死，中未亡也。

六五以陰爻居陽位，又位在陽爻且為主爻的九四之上，所以有「乘剛」之象。六五居外體震卦之中，雖然以陰爻居陽位，是才德不配其位，但是五爻畢竟是君王的尊位，整體看來，可說是權雖失而位未亡，所以說「中未亡也」。一般學者是以周公當權來說九四「志大行也」，而以成王幼主來說六五「中未亡也」。

上六象曰：冥豫在上，何可長也。

上六冥豫就是冥豫在上，處在〈豫〉卦之最上一爻，卻還昧於豫

樂，就好像席終人散，卻還迷不知反，所以卦辭說「成有渝」，能夠改變就能「无咎」。因爲上六在〈豫〉卦之終，當然不能再耽溺於逸樂，有渝才能无咎，故曰：「何可長也。」

第十六卦

豫卦

講習大綱

豫

坤　震
下　上

—— 此係〈震〉宮一世卦，消息三月，旁通〈小畜〉，反對〈謙〉。

　　諸家釋「豫」，皆謂之舒暢而悅樂，卦以九四一陽爲主，而成外體雷震之象，蓋陽剛之氣，內養已充，發之於外，氣暢神舒，猶如春雷奮發，萬物隨之而欣欣向榮，故以悅樂之豫名卦。

壹、總說

佈卦的次序

　　〈序卦傳〉曰：「有大而能謙必豫。」所有既大，還是謙虛內斂，其陽剛之氣當然充沛異常，陽使人樂，陰使人悲，陽既充沛，故悅樂與而豫，〈豫〉次於〈謙〉者以此。

成卦的體例

乾居〈坤〉四以成外體之震，震爲雷，其陽剛之氣已發動於地上，非如〈謙〉三，只能內艮止，專重存養，就由於存養既久，遂發動於外以成〈豫〉，惟卦本坤體，雖動而順，坤爲順也。

立卦的意義

豫之涵義，固爲豫樂，但亦有豫怠之義存乎其間，〈雜卦傳〉曰：「〈謙〉輕而〈豫〉怠也。」因爲陽發於外，氣極舒暢，舒暢之餘，難免趨於懈怠，故當豫樂中，須有處豫之道，其道爲何？〈豫〉通〈小畜〉，即在指示：豫之另一面，應求所以畜。

貳、彖辭（即卦辭）

〈豫〉：利建侯行師。

乾由〈謙〉三升至〈豫〉四，整個之坤體，得乾陽開化而動於外，坤爲眾，三至上又體〈師〉，以人事而言，是有行師動眾之象，在〈謙〉上六亦曰「行師」，因〈謙〉重內在存養，到了上六，其陽剛之氣方能發揮作用而行師，〈豫〉承〈謙〉之存養，乾已升居於四，陽增強而構成外體震，震爲侯，不僅可以行師，作消極的征服，更進一步，可以奠定地方體制，分別建立諸侯，以化民守土，也就是卦辭上所講的「利建侯行師」。

參、爻辭

初六：鳴豫凶。

鳴者聲聞於外也，處〈豫〉之初，其豫樂之情，即已聲聞於外，未免過於放縱，故凶，初應四體震善鳴，是爲「鳴豫」。

六二：介于石，不終日，貞吉。

二居中，介之象也，介訓爲堅確，「介于石」，義即堅確如石，雖處豫樂，不爲所動，二本離爻，但猶未成離日，是「不終日」之象，言不沉溺於豫樂，見幾之早，無須待至終日也，故能守正獲吉。

六三：盱豫悔，遲有悔。

盱爲張目仰視，向秀曰：「佞媚之貌。」（《周易集解》）盱豫是說三不中正，爲耽戀豫樂，不惜出之以佞媚仰承，必然是悔，如能速改猶可，遲遲而囿於豫樂，則更有悔。

九四：由豫，大有得，勿疑，朋盍簪。

豫之所以爲豫，由於九四，故於九四曰「由豫」，四爲豫主，眾陰歸順，而大有所得，如春雷發動，萬物莫不欣欣，且體剛心直，無用置疑，一陽合五陰，五陰朋從，有若簪之固髮也。

六五：貞疾，恆不死。

四已大行其志，而奮發於外，奮發之後，其陽能必有損耗，故至好六五而疾，乃理所固然，既經有疾，即不能恣情豫樂，而應守之以正，庶可保持常態，不至於死。

上六：冥豫，成有渝，无咎。

〈豫〉本坤體，上則陰暗已極，昏晦不明，故爲「冥豫」，言昧於豫樂之情也，但上與三應，變而爲艮，艮者所以成終而成始，渝者變也，是則上應三變正，便可以成其終始而无咎。

肆、象傳

象曰：豫，剛應而志行，順以動，豫；豫順以動，故天地如之，而況建侯行師乎；天地以順動，故日月不過，而四時不忒，聖人以順動，則刑罰清而民服；豫之時義大矣哉。

陽剛無應，便無開化之對象，〈豫〉則九四陽剛動於坤體之內，群陰皆順其動而與之相應，故陽剛得施其開化之功，而大行其志；〈豫〉以坤震成卦，坤順而震動，故爲「順以動」，在〈豫〉對內奠定秩序而建侯，固然需要順以動，就是對外展開征服而行師，也得需要順以動，推而至於天地化育，亦莫不如此；試看自然現象，如日往則月來，月往則日來，其運行之躔度，從無過失，春而夏，夏而秋，秋而冬，周而復始，四時演進，從無差忒，是即天地之順動也。

再說人事現象如繩之以罰，民皆改過而自新，勸之以賞，民亦樂善而向上，一賞一罰，莫不心悅誠服，是即聖人之順動也。六十四卦，各有其時，〈豫〉之為時，涵義頗深，非言辭所能盡，故贊之曰「豫之時義大矣哉」。

伍、大小象傳

象曰：雷出地奮豫，先王以作樂崇德，殷薦之上帝，以配祖考。

　　震在坤上，震為雷，坤為地，是雷已奮發而出於地上，氣極暢遂，以至於豫樂，「樂者樂也」，先王因即用之作樂，殷盛莊嚴，薦祭上帝，以宣揚功德，並以配享祖考，故曰：「雷出地奮豫，先王以作樂崇德，殷薦之上帝，以配祖考。」

初六象曰：初六鳴豫，志窮凶也。

　　初六豫樂之始，而即自鳴得意，其志太短，必至於凶，故曰：「志窮凶也。」

六二象曰：不終日貞吉，以中正也。

　　六二居中得位，明辨趣舍，不待終日而一本乎正，故曰：「以中正也。」

六三象曰：盱豫有悔，位不當也。

　　六三以陰居陽，只憑佞媚承順，取得豫樂，故曰：「位不當

也。」

九四象曰：由豫大有得，志大行也。

九四以一陽而統五陰，可以盡其開化之功，故曰：「志大行也。」

六五象曰：六五貞疾，乘剛也。恆不死，中未亡也。

六五之須以正守疾，因承九四之後，而位居其上，故曰：「乘剛也。」又以五居中位，雖疾而不至於死，故曰：「中未亡也。」

上六象曰：冥豫在上，何可長也。

上六昧於豫樂，又在卦終，當然不能持久，故曰：「何可長也。」

第十七卦

隨卦

周鼎珩講　陳永銓記錄

隨

震　兌
下　上

——此係〈震〉宮歸魂卦，消息二月，旁通〈蠱〉，反對〈蠱〉。

　　今天講〈隨〉卦，歷來先儒對於〈隨〉卦的卦義與意境，都沒有講得透澈，而且有穿鑿附會之處，以致內容變得很複雜。漢易學者虞翻認爲〈隨〉卦的隨是陰隨陽，說隨是陰隨陽，我覺得有商量的必要。隨的意思是隨和，也就是不固執己見，凡事遷就馬虎。爲什麼會固執？因爲精神意志與個性使然，精神意志是陽，所以固執是隨陽，跟固執相對的就是隨和，所以隨和是隨陰。由此可見，虞翻說〈隨〉卦是陰隨陽，這樣的說法是錯誤的。

　　陰隨陽是身體隨著精神意志去行動，〈隨〉卦正好相反，是陽隨陰，精神意志隨著身體去行動。例如過去有一陣子風行穿烏龜殼厚底鞋，其實既不好看又不好穿，但是，大家都趨之若鶩，很多人就是自己沒有意志，只會跟著別人跑。又如現在提倡早起床做晨操，流行

早安晨跑，也是莫知其然而然地蔚成風氣，這些都是隨和的表現。這不僅是個人行為表現，更是普遍的社會現象。例如看見別人家有豪華的裝潢設備，自己也跟著鋪地毯、裝美術燈，忘了自己居家的環境條件，喪失自己的主宰，跟著人家跑，就是隨和的現象。

我國自從五四運動後，將線裝書丟進毛屎坑，相激成風，一味從洋，全盤西化，這也是隨和，甚至把慘無人道的馬列思想也搬了進來，成了今天的共產黨的禍亂。所以我們一定要切記，必須要在自己的文化基礎之下，來建設自己的國家，千萬不可以用西洋的藥渣子來醫治中國的毛病。不過，隨和不見得都是負面的，像是現在講《易經》蔚成風氣，這樣的隨和是好的。

六十四卦都是講應，也就是說初與四應，二與五應，三與上應，只有〈隨〉卦六爻不講相應，而是講相隨，也就是說初隨二，五隨上，三、四兩爻是三隨四。宇宙化育萬物，都是陽氣化去找陰氣化開化而成，陰氣化是靜止的，得到陽氣化的開化而能活動。初爻隨二爻、五爻隨上爻，都是陽氣化去隨陰氣化，只有居中的三爻與四爻不同，是陰隨陽，〈隨〉卦的著眼點就在這個地方。人事社會的陽是指精神意志而言，陰是指環境風氣而言，如果精神意志不能自主，而跟隨著外在環境的社會風氣跑，那豈不是被人牽著鼻子走，就喪失了自己存在的意義？所以我們人要逆修，要以陰隨陽，把自己的身體與環境，放在自己的頭腦主宰之下，去表現出我們的行為與做法。

我們在前面提到，〈隨〉卦六爻之中，初隨二，與五隨上，都是陽隨陰，只有三隨四是陰隨陽，這是〈隨〉卦的重點所在。我們進一步來看，六三是陰，爻位則是陽；九四是陽，爻位則是陰，這個意思是，六三的本位是陽，所以在發揮陰氣化的作用時，不可以喪失靈能

的主宰。接著看，九四的本位是陰，所以在發揮陽氣化的作用時，不能超越現實環境，也就是不能脫離本位，不能只顧冥思空想，孔子說要「素其位而行」（《中庸・第十四章》），就是這個意思。

　　再就卦體來看，〈隨〉卦是從〈否〉卦來，〈否〉卦乾陽入於坤下而成震，坤陰躍居乾上而成兌，有乾坤往來之象，乾來居坤，坤往居乾，而成〈隨〉卦。震為行動，兌為和悅，〈象傳〉稱為「動而說」，表示凡有行動，都是和顏悅色，這就是隨和的表現。我們通常把人臉分成春天面孔與秋天面孔，隨和的人必然是春天和悅的面孔，如果與他人相處時，老是擺出秋天面孔，愁眉苦臉悲縮縮的樣子，那麼大家都會望望然而去，這絕不是隨和，應該稱做反隨和。

壹、總說

佈卦的次序

　　〈隨〉卦是接在〈豫〉卦之後，〈豫〉卦的氣化已經通暢無阻，氣化一經通暢而向外發動，人心必然暢快而成喜豫悅樂。但是，氣化一經通暢，氣化本身就鬆懈而不緊密了，一旦氣鬆了勁，人就隨和啦！我們看有些行為乖張的人，他內在的氣化必定不純，又如人在生病、養病的時候，最容易發脾氣，一旦痊癒，氣化又通暢了，性情又變得隨和。反過來看身體健康的人，大多是和顏悅色，這也是喜豫之後必然隨和的道理。

成卦的體例

〈隨〉卦的卦體是內震、外兌，內震爲動，外兌爲悅，既然動而悅，彼此往來的情形必然融洽。因爲從人情來看，你有和顏悅色的表現，人家必然願意跟你往來，於是，人我之間相處得非常融洽，人我相隨，都很隨和。但是，天地之間的現象，可概略分爲自然的與人爲的，例如棉花與蠶絲是自然的，人造棉與人造絲則是人爲的，有時並不容易分辨其間的差異。我們看隨和的現象，有自然形成的，也有人爲造就的，當然人造的不如自然的，不過表現出來的現象都是隨和。倒是有二種隨，是不可取的：一是盲目的隨行，包括風尙、潮流、時髦、趨勢；二是受到外力壓迫而不得不追隨。

通常我們稱〈隨〉卦爲「澤雷隨」，因爲〈隨〉卦的外兌爲澤，內震爲雷，兌澤代表滋潤之氣，震雷代表奮發之氣。有滋潤之氣，必有奮發之氣，反之，有奮發之氣，必有滋潤之氣；天地之間任何一種隨行的現象，都必須有奮發之氣與滋潤之氣相調和才能形成。例如一部汽車之所以能夠發動，除了需要電瓶之外，還必須油箱有油，水箱有水才行，那電力就是奮發之氣，油水就是滋潤之氣，光是有電瓶的動力，若沒有油水的滋潤，那就只能空轉。又如挑夫的力氣很大，但是皮膚乾燥沒有潤澤，可說是奮發之氣有餘而滋潤之氣不足。再如銀行職員大多長得斯文秀氣，但是少了冒險犯難的勇氣，可說是滋潤之氣有餘而奮發之氣不足。

三陰三陽的卦，就卦變來說，都是從〈泰〉卦與〈否〉卦來，〈隨〉卦是三陰三陽的卦，是來自〈否〉卦。〈否〉卦的初爻與上爻互易其位，也就是〈否〉卦的初六上居上爻，上九下居初爻，那麼天地〈否〉就變成澤雷〈隨〉。內體震卦初爻有乾陽之龍德，外體兌卦

爲言爲悅，內在動之以德，外在悅之以言，有這樣的言行，普天下的人當然樂於歸隨，這是就人事社會的現象來說。進一步而言，隨的現象有人隨我與我隨人之分，「人隨我」是指革命者登高一呼，標榜伸張公理正義；「我隨人」是指追隨革命者的有志之士，二者有內在心心相印，外在和悅相隨的現象。

〈隨〉卦的內體是震，震爲剛，外體是兌，兌爲柔，針對這樣的卦體，宋《易》與漢《易》有不同的詮釋。宋《易》的朱子說：〈隨〉卦體象是剛來而下柔，其內體爲震剛，外體爲兌柔，剛居柔下，是爲以剛隨柔。漢《易》的虞翻卻說：宇宙間沒有陽隨陰的道理，只有陰隨陽的現象。他認爲人的精神意志是陽，人的身體五官百骸是陰，每個人的身體都是聽從精神指揮的，所以〈隨〉卦的隨是陰隨陽，也就是說六二隨初九，六三隨九四，上六隨九五。綜合朱子與虞翻的見解，我個人的看法是：宇宙間固然是陰隨陽，例如我們人類是屬陰的身體隨著屬陽的精神，但是一個人如果沒有健康的身體，也就沒有完整的精神意志，因此有時也會有陽隨陰的現象，所以我的看法是陰陽相隨，也就是初爻與二爻相隨、三爻與四爻相隨、五爻與上爻相隨。

前面提到〈隨〉卦內震爲剛而外兌爲柔，所以卦體是剛居柔下或剛來下柔，這就是孔子所說的「以貴下賤，大得民也。」（〈屯〉卦初九〈小象〉）貴爲人君，而願屈居貧賤之下，是貴而能隨於百姓，則百姓亦樂於隨其君。再就人事社會來說，剛是指個人內在的精神意志，柔是指個人外在的環境遇合，大家都知道，社會人士的精神意志，必須放在社會環境之下，隨著環境變化而轉移，但並不是說環境現象變壞，我們就要跟著變壞。重點是不能逆著環境現象而作爲，

所以要做到應避則避，應進則進，自己要有個陽剛的精神意志做為主宰。清朝的樸學告訴讀書人，研究精神文明的君子，必須有一套基本的謀生能力，有自己賴以維生的技藝，不可以把作官公職當成唯一的謀生途徑，學而優則仕固然好，但不能把做官謀生當成唯一本領，應該另有一樣謀生技藝才行，因為這樣才有退路。

立卦的意義

俗語說「擇善固執」，所以固執不一定就是壞，其反對的隨和也不一定就是好，我們必須審酌當時的社會風氣是好是壞，而以端正的理性去衡量是該固執或是隨和，千萬不可盲目地人云亦云。至若像太保、太妹感染了社會的不良風氣，那是詭僻之隨；養鳥、養蠶相隨成風，那是盲目之隨，所以我們在隨和的當下，要用端正的理性去衡量。

〈隨〉卦各爻有陽隨陰的，有陰隨陽的，魚與熊掌不可兼得。從國家社會來看，陽隨陰的國家就像美國，追求物質文明，但是精神層面的人情道德相對的淡泊而難以維持，這是追隨陰而損失了陽。至於陰隨陽的像是一些佛教國家，只求精神生活，相對的物質生活就窮匱乏，這是追隨陽而損失了陰。所以在人事社會，隨陽的不能忘了自己的本位是陰，隨陰的也不能忘了自己的本位是陽，這是六三與九四的爻辭所要告誡我們的。

就人事社會現象來說，通常談到家庭，大家習慣講「男主外，女主內」，就是說家門之外是先生做主，所以交際應酬要夫唱婦隨，但是家門之內，則由太太做主，負責烹飪調理布置，所以家庭運作，不是單純的陰隨陽或是陽隨陰，而是陰陽相隨。事實上，革命建國也是

這樣，國民黨同志跟隨國父孫中山先生起義，就同志而言是我隨人，就國父而言則是人隨我，所以是陰陽二隨。

　　總之，我們學習〈隨〉卦有三大要點：一、在隨的現象發生時，先要分辨這個現象，是自然之隨或是人造之隨？人造之隨雖可亂真，但是它可能是受到外力壓迫，也可能是受騙盲從，這樣的隨是不長久的。若屬於自然而真的隨，則可以跟從，若屬於人造亂真的隨，則必須揚棄。二、人們常被切近的現象所迷惑，為圖近利而失去大原則，結果為小利而喪失了遠大的志向與利益。例如現代校長聘請系主任，大多聘年輕學者，雖無德望，但易於指使，因為校長貪圖近利，便於安插教席。但因系主任沒有德望，無法敦聘學有所成的好老師，以致系的教學水準無法提高。三、隨是須要二方面的利益相調合才能達成的，無論是人隨我或是我隨人，都必須雙方面的利益兼顧，而且必須將元亨利貞四德貫徹到底，這樣才會有成果。

貳、彖辭（即卦辭）

〈隨〉：元亨利貞，无咎。

　　〈隨〉卦是由乾陽坤陰往來，而成內震外兌的體象。震為長男，兌為少女，震為乾之始，兌為坤之終，始震終兌，是包括了整個乾、坤所生的六子。〈乾〉卦之初為震爻、中為坎爻、上為艮爻；〈坤〉卦之初為巽爻、中為離爻、上為兌爻，所以〈隨〉卦跟〈乾〉、〈坤〉二卦的卦辭一樣有「元亨利貞」四德，因為始震終兌，徹頭徹尾，有始有終。

　　〈乾〉與〈坤〉是純陽純陰的卦，本身沒有毛病，〈隨〉卦則是陰陽和合，初二、三四、五上各成陰陽相配，難免會因為配合不當而有毛病；就像人的精神是陽，肉體是陰，因為陰陽配合的問題，就有善惡、智愚的差別。大凡陰陽配合之體，會因為下列三個因素配合不當而出毛病：一、份量（陽多陰少或陰多陽少），二、火候（時間），三、方位（空間或位置）。既然〈隨〉卦有好的隨與壞的隨，我們要如何判別目前這隨和的好壞？「元亨利貞」四德就是判別的標準，無論是人隨我或我隨人，能具備這四德就可以「无咎」。

　　首先，「元者，始也、大也」，隨的開始，必須有完善周密的開頭，不可以有空隙漏洞，因為隨的現象之所以失敗，大多是一開始就有疏漏所致。其次，「亨者，通也、暢也」，孔子〈文言〉說：「亨者，嘉之會也」，隨的現象應該是一種美好且巧妙的會合，無論是人隨我或我隨人，都能往來通暢。再次，「利者，義也、宜也」，隨的現象必須是適宜且諧和，人我相隨，各得其宜，這樣才能諧和地發展下去，不會中途夭折。最後，「貞者，正也、固也」，隨的成果必須正確的、穩固的。〈隨〉卦是陰陽配合，必須具備「元亨利貞」這四個條件，才不會有毛病，稱得上「无咎」。

　　隨之現象，有如社會風氣之所趨，每當一種風氣興起來了，我們必須審慎地依據元亨利貞四德，分辨這是好現象，或是壞現象，絕對不能盲目地隨從，即使決定隨從，還要在隨從的過程中，思考如何做到元亨利貞。

參、爻辭

初九：官有渝，貞吉，出門交有功。

初爻是震卦的主爻，震爲長子，長子主器，器是一種神器，在周代是一種酒鼎，長子主器有侯之象，侯是主宰者，所以稱爲「官」。根據納甲，震卦初爻庚子爲水，根據卦變，〈隨〉卦來自〈否〉卦，〈否〉卦內體坤爲土，土剋水，所以水以土爲官，這也是「官」字的卦象源頭。渝者，變也，就是變化，〈隨〉卦是由否卦上九下居初爻而成卦，內體由坤變震，所以稱渝。「貞吉」是斷辭。〈隨〉之內體震爲「出」，二、三、四互艮爲「門」，初與四相應，初往應四則有出門之象。震爲二月建卯，卯的古字爲夘，也有門之象，古人說二月天開門。上九下交坤，初六上交乾，於是〈否〉卦變成〈隨〉卦，所以有陰陽相「交」之象。易例：五爻多功，〈隨〉卦內體震之初爻，出了二、三、四之艮門，而與五爻相交，所以稱「出門交有功」。

初九爲〈隨〉之開始，這時自己的主宰若要隨和，那麼要有所變化才是正途。因爲不論是人隨我或我隨人，都是二相情願，所以一開始出門就能與人交往而有功，但必須穩定而正確，意思是主宰雖有變化，但還需要守正。「有功」的意思是可以發揮隨和的功用，「出門」之交，表示初九的隨和，是坦蕩光明的，不是詭僻陰邪的，這樣才能發揮隨和的功用。但是，初九所能發揮的功用還很有限，只能化六二之陰，以養初九自身之陽。

六二：係小子，失丈夫。

「係」通繫，〈隨〉卦二、三、四互艮為手，二與五相應，三、四、五互巽為繩，以手執繩，有繫之象。因為二、五相應，六二原本要上應九五，但卻就近隨著初九，易例：初爻為小，而有「小子」之象，五爻為大而有「丈夫」之象，六二隨著初九，稱之為「係小子」；六二不去與九五相應，稱之為「失丈夫」。虞翻的解釋正好相反，他說：初爻居震為長子、為大，有「丈夫」之象，五爻居兌為少女為小，有「小子」之象。

隨是追隨，係是維繫，例如喜愛收藏古董的人，心志總是追隨著古董，所以天下的奇珍異寶都是他維繫的對象。但是，追隨與維繫是有差別的，六二既已係初九，就不能追隨九五，所以係小子而失丈夫，這就是不能既要追隨這個，又要維繫那個，例如不可以既做官又經商，這是很淺顯的道理。

另有一說，小子是指陰，丈夫是指陽，六二已經被陰所繫，就不能隨陽。例如喜愛收集古董的人，容易玩物喪志，因為古董是陰，志向是陽。六二爻辭沒有戒辭，也就是沒有指出「係小子」、「失丈夫」的結果是吉是凶？是悔或吝？只是告誡我們不能兩面追隨，還有不能玩物喪志。

六三：係丈夫，失小子，隨有求得，利居貞。

六三的爻辭「係丈夫，失小子」正好跟六二的爻辭「係小子，失丈夫」相反。六三與初九同屬內卦，依據陰隨陽之例，三爻之陰應隨初爻之陽，但是因為三爻之陰與四爻之陽相近，所以捨初而隨四，初

爻爲小，四爻爲大，故稱之爲「係丈夫，失小子」。

「求」取象於二、三、四互艮爲求。此外，三與上應，三互艮爲山，外體兌爲澤，是爲山澤通氣，同氣相求，這也有求之象。「得」取象於三爻與四爻互異其位，則〈隨〉卦變成水火〈既濟〉，這是六十四卦的最終目標，所以有所求就有所得，「隨有求得」就是隨其所願而有所得。

「利居貞」，是說三爻爲陽位卻陰爻居之，四爻爲陰位卻陽爻居之，都不當位，宜乎三、四易位，變爲九三與六四，則三爻與四爻各得其正，所以說「利居貞」。

六三與初九不相應，就近隨著九四而放棄初九，因爲追隨四爻，就要放棄初爻，二者不能兼得。但是，能夠繫住九四的丈夫，即使喪失了初九的小子，也是大得而小失，所以三爻隨著四爻，是爲「有求得」。

三爻「係丈夫，失小子」，是得大而失小；二爻「係丈夫，失小子」，是得小而失大，相較之下，三爻比二爻好。六三之陰得到了九四之陽，固然能夠強化智慧靈能，有利於向外發展，可說是「有求得」。但是，千萬不可自以爲能力增強，就趾高氣昂，還是要守住陽氣，所謂「利居貞」。

六三、九四的爻辭都有「隨」字，這是其它各爻所沒有的，因爲〈隨〉卦的重點是在人位的這二爻。三爻、四爻也是最難講解的，因爲我們人要順應自然法則，還要做到逆修，反過來修持自己的陽能。這並非違背自然，而是合乎自然，例如地球自轉與公轉是相反運行，太陽在黃道十二宮的運行，也是如此。〈隨〉卦的二爻、三爻是我隨

人，初爻、四爻是人隨我，三隨四是追隨有權位的人，所以有求必得，但必須守正，否則反而會得到不好的結果。

九四：隨有獲，貞凶，有孚在道以明，何咎。

九四有「獲」，是片面之益，因爲四爻之陽只會往上走，不會往下去開化三爻之陰，這是只顧自己的利益。相對的，六三有「得」，是兩利之益，因爲三爻以陰承陽，陽在上而陰在下，陽開化陰而陰滋潤陽，所以陰陽二爻均能獲益。另有一說：得者仰求於人，獲者以力取之。《儀禮‧鄉射禮》註：「射者有所獲」，就是有所斬獲的意思。獲是古代的畋獵，相當於現代的軍事演習。九四「有獲」是因爲獲得六三追隨，在人事社會來說，六三之陰是人民群眾，九四之陽是在上的領導者。「有獲」是說，領導者受到人民群眾的擁戴。

「貞凶」，是說九四只爲己利的片面獲益，若不能改變爲大家利益均霑，一直執迷不悟，那就會遭凶。反過頭來看，六三因爲人我兩利，這是好的行爲，所以「利居貞」。「有孚」是指如果三爻與四爻異位，則二、三、四互坎，坎爲孚，有孚之象。「道」是指四爻與初爻相應，初居震爲大途，有道之象。「以明」是指如果三、四易位，則三、四、五互離爲明。此外，四爻一變則外卦也跟著變成坎體，坎伏離而離火爲明。

前面提到，九三之陰隨九四之陽，三爻、四爻的爻辭都談到隨，但是就六三來說是「我隨人」，就九四來說是「人隨我」，同樣一個「隨」字，意義卻完全不同。人之隨我，有因爲我的權位而追隨，有因爲我的人品而追隨。如果只爲招來群眾，以壯大自己的聲勢，鞏固自己的權位，而不顧眾人的利益，那就有「貞凶」之患。但

若能以「有孚」的至情至性，與追隨的群眾膽肝相照，言行又能「在道」地合乎正確的軌道，光明正大地「以明」表明自己的理念與功績，這樣的話，「何咎」之有？

再針對爻位而言，四爻是諸侯之位，五爻是天子之位；九五才是〈隨〉卦的主爻一如天子，九四則是輔弼天子的大臣，以現在的國家體制來說，九五是總統，九四則是行政院長。九四若以為受到六三群眾的追隨擁戴，就將三爻之陰據為己有，那就有凶象。為人臣者應該明白，天子是人民群眾的領導中心，這樣才能做到君臣有孚。我們看最近美國國務卿海格（1924-2010）下臺的事件，就是因為他攬權跋扈，有強臣欺主的態勢，才會被雷根總統（1911-2004）炒魷魚。

進一步說，九四是陽爻居陰位，其位不正，若三爻與四爻互異其位而變正，那麼，四變為陰爻，仰承九五之陽，彼此融洽相處，有相孚之象。且與初九之陽也成正應，所謂「上孚於五，下應於初」，甚至因為三爻、四爻異位，使整個卦體變成水火〈既濟〉大定。這樣的九四，才能與九五「有孚在道」明哲自處，達到「何咎」，也就是沒有毛病。

九五：孚于嘉，吉。

易例：五為坎爻，所以九五本身就有坎為「孚」之象。我們在九四提到：三爻是陰居陽位，四爻是陽居陰位，都是失位，若三、四互異其位，則各得其正，而外卦變成坎，也是有「孚」之象。孔子在〈文言〉解釋：「亨者，嘉之會也。」所以「嘉」就是最美好的會合。為什麼九五能夠「孚于嘉」？因為九五與六二是正相應，易例：「三、五同功」，可見九五與六三氣質相通，上六則因與九五相近，

也就拘係於九五，合起來看，〈隨〉卦的三個陰爻都會追隨九五之陽，而且有如風雲際會一般，彼此相處得極為融洽通暢，這當然是美好的會合，結果必然是「吉」。

我們先看三、四兩爻，六三有得，九四有獲，都有毛病，直到五爻才「孚于嘉，吉」。九五之陽本著至情至性，與六二、六三與上六等三個陰爻互動往來，相處得非常融洽，則四面八方的人民，不分遠近都來追隨歸順，這樣的形勢大好，所以爻辭稱之為「孚于嘉，吉」。〈隨〉卦就是「長短略」，幾微很深奧，我們研究〈隨〉卦，要了解各個時空環境所流行的風氣，更要創造可隨之流行。

上六：拘係之，乃從維之，王用亨于西山。

「拘係」取象於上與三應，二、三、四互艮為手，三、四、五互巽為繩，以手執繩有拘係之象。「從」取象於內體的震卦，虞翻解釋震為從。「維」是指上六在九五「孚于嘉吉」，隨已圓滿之後，卦氣至此，上已無所隨，只好下來被五所維係住，像是古董被喜愛古董者珍藏，就不會毀損。維者兩係也，彼此相係為維，通常我們稱之為「維持」。

「王」是指五爻居天子之位，有王者之象。〈震〉為三陰三陽之卦，自〈否〉卦來，〈否〉卦的內體是坤，坤為用，故有「用」之象。「亨」就是「享」，〈隨〉卦二、三、四、五互為〈觀〉卦體象，〈觀〉之卦辭有「盥而不薦」，盥禮是用來祭祀祖先的，祭祀就是享。「西山」的卦象來自外卦兌為西，上與三應，三與二、四互艮為山，西山位在岐山之西，是文王發跡的地方。

　　就卦氣來說，〈隨〉卦到了上爻已經沒有隨的對象了，孤懸在外，卦氣到了上爻，已經快要散了，必須很吃力地把它維繫住，只好反過來往下隨著五爻，「拘係之」指的是五爻。「從維之」指的是上爻，這時眼看就要散失的卦氣，因為上爻被五爻拘係，終於能夠維持下去。

　　前面講九五時提到，五爻之陽與二爻之陰為正應，三爻因三、五同功而與五爻親和，九五得到六二與六三這二個陰爻的追隨，已有嘉吉的美好形勢。現在孤懸在外的上六，也由外反而向下而反隨於九五，這個時候，〈隨〉卦的三個陰爻都被九五之陽爻所維繫，象徵天下百姓殊途同歸於九五天子，則天子之德業已達到飽滿豐隆。這樣的厚德，可以享祀祖宗，所以在周朝祖先發祥地西山舉行郊祀大典。

　　〈隨〉卦是陰陽相隨，但還是以陽爻九五為主爻。初九「出門交有功」，因為不管是我隨人或人隨我，都要向外踏出第一步，這是好的開始。六二「係小子，失丈夫」是得小失大；六三「係丈夫，失小子」是得大失小；九四「有獲，貞凶」，則有所偏差；直到九五「孚于嘉吉」，固然是美滿的會合，但是，必須再有上九自上而下反隨，「拘係從維」，〈隨〉卦的任務才算圓滿完成。我們人與人之間的相隨相處，就有這六個不同的境界。

肆、彖傳

　　彖曰：隨，剛來而下柔，動而說，隨。大亨貞，无咎，而天下隨時，隨時之義大矣哉。
　　（一本作「隨之時義大矣哉」，非是。）

「彖曰：隨，剛來而下柔，動而說，隨。」〈隨〉的外卦是兌，兌爲少女，所以稱柔；內卦是震，震爲長男，所以稱剛；震卦之剛居下，兌卦之柔居上，有「剛來而下柔」之象。易例：三陰三陽的卦，都是從〈泰〉卦或〈否〉卦來。〈隨〉卦是從〈否〉卦來，〈否〉卦的上九下來居初爻之位，初六上去居上爻之位，於是〈否〉卦變成〈隨〉卦，同樣有「剛來而下柔」之象。

陽剛本來居於主動的地位，應該在上面發縱指使，現在則是不居在上的尊位，反而屈居在下的卑位，這個現象，就是孟子所說的：「民爲貴，社稷次之，君爲輕。」（《孟子·盡心下》）君王之所以能夠高高在上，是因爲他得到民眾的擁戴，如果君王居尊位而趾高氣昂，那麼人民就望望然而去之，不敢接近他，人民不隨君王，這樣的統治基礎是有問題的。如果居於尊位的君王，能夠謙虛待人，以卑下的姿態對待民眾，那麼人民都樂意追隨，所以「剛來下柔」是構成隨的主要條件。

陽的本性是向外、向上走的，陰的本性是向內、向下走的，但是我們觀察自然現象，陽能必須進入陰體之內，陽才能發揮開化陰的作用。例如太陽的光輝照射到花苞，就是陽能被花苞吸收了，才會開花結果，也就是陰體得到陽能的開化，而能向外綻放。進一步說，必須陽剛來居下位，而陰柔去居上位，陰陽才能夠相互爲用，這就是〈隨〉。反之，如果陽居上而不下來，陰居下而不上去，那又回到〈否〉卦天地不交，就沒有生機可言。

「剛來下柔」在自然界來說，是陽剛之氣隨著春雷發動，進入萬物體內而加以開化，這是陽隨陰。在人類社會來說，陽是人的精神意志，陰是現實的社會環境，人類要立足於社會，有時必須委屈自己的

意志靈能，而去遷就現實的環境，這也是陽隨陰。再就國家來說，治理國家的君子，爲國謀政者，必須運用陽剛之氣去發動策劃，但是制定國策，必定要以陰柔人民的意願與需求爲張本根據，也就是謀政君子要跟著百姓走，最後老百姓才會心悅誠服地追隨統治的君子，第一先是我隨人，第二接著是人隨我。例如朱家、郭解，布衣而能號召千萬群眾，是因爲他們平日就解衣推食而奮不顧身濟人之難，所以人人樂於追隨。

　　〈隨〉卦佈在〈豫〉卦之後，〈豫〉卦的〈象傳〉是「順以動，豫」，接著〈隨〉卦的〈象傳〉稱「動而說，隨」。〈隨〉卦內體是震卦，震爲動，外體是兌卦，兌爲悅；外體是代表外在的環境，內體是代表自身的條件。動在內而悅在外，是表示凡有動作，人我之間必定非常和悅融洽，人我相隨而凝聚成一體。例如成湯放桀，南面而征，北狄怨，東面而征，西夷怨，曰：「奚爲後我？」《孟子・梁惠王下》所謂「簞食壺漿，以迎王師」，這就是「順以動」且「動而悅」的現象，因爲這個革命行動，是大家共同的需要，所以會有喜悅，而且有皆大歡喜的結果。反觀人民對夏桀的態度是「時盍喪，吾與汝偕亡」，這是一種反動的現象。

　　「大亨貞，无咎，而天下隨時。隨時之義大矣哉。」「大亨貞，无咎」是解釋卦辭「隨，元亨利貞，无咎」。處在〈隨〉卦的時候，要元亨利貞四德皆備，才可以无咎，孔子特別強調「大亨貞」。「大」是解釋卦辭的「元」，〈隨〉卦來自〈否〉卦，〈否〉卦上九之陽爻下來與初六之陰爻互異其位，有陽剛來而下陰柔之象，易例：陽大陰小，所以稱爲「大」。〈隨〉卦內體是震，震爲雷，震旁通巽，巽爲風，震雷與巽風聲氣相通，有「亨」之象。「貞」有二種說

法，一是〈否〉卦上九下來居初，初六往而居上，則陰爻與陽爻各當其正位，有「貞」之象。二是〈隨〉卦六三、九四易位，則成水火〈既濟〉，〈既濟〉卦的六爻都是陽爻居陽位、陰爻居陰位，各得其正位，也是貞正之象。

〈隨〉卦雖已大亨，但仍需貞正，才能「无咎」，若不貞正則有咎。宇宙之間，有時也有隨而不正的現象，正乃是一切事情合情合理，天理之所在就是「貞正」。至於「天下」是取象於乾為天，震在下。「隨時」是指〈隨〉卦之外卦兌為秋，內卦震為春；〈隨〉卦之三爻與四爻如果易位而成〈既濟〉卦，則外卦坎為冬，內卦離為夏，這樣震春、離夏、兌秋、坎冬四時皆備，是有「隨時」之象。

天下隨時的境界最為美好，例如武王伐紂、成湯放桀，這時天下不分遠近，而有同一個表現，有同一個趨向，天下百姓一致跟隨著武王與成湯採取伐紂與放桀的行動。又例如明朝開國的朱元璋，能夠號召天下人民一起把統治元朝的蒙古人趕走，這些現象一定有它形成的原因。我們研究〈隨〉卦，就是要了解天下為什麼會隨時？更要進一步去創造可隨的時勢。所謂「英雄造時勢」，這時勢要怎麼個造法？就是要創造可隨之時，而使「天下隨時」，所以孔子說：「隨時之義大矣哉。」無論是成湯放桀或武王伐紂，都是順著老百姓的意思，而不是武王或成湯個人的意思。因為是順著老百姓的意思去做，才能造成天下隨時的現象，可見在上位者得到可隨之時，則天下百姓自然就會隨其時矣。例如中共現在是四海困窮，老百姓沒有飯吃，必然與其背道而馳，如果遇到適當的時機，有英雄起來倡導，就有可能瓦解共產黨。所以必須從中共的內部去分化他、瓦解他，而不是只在臺灣高喊消滅共匪。

　　我之所以要隨人，是為了要讓人來隨我，進而造成天下隨時的
境界。想要開創新的時勢，必定是時代已經有了問題，因為有不合時
宜的問題存在，才需要創造時勢，如果是處在太平盛世，英雄反而無
用武之地。但是要創造時勢，無論是扭轉乾坤或撥亂反正，都必先以
「大亨貞，无咎」為前提，也就是先要具備自己的條件。

　　「隨時」是個「長短略」，孔子為什麼會說「隨時之義大矣
哉」呢？因為隨之涵義太廣，不是幾句話可以說得明白，需要留待後
人加以玩味。如何隨時？時如何隨？又如陽隨陰，或是陰隨陽，都是
「隨時之義」。最重要的是要創造可隨之時，但是先要具備一定的基
礎，才能談創造，這樣有如風起雲湧，而成「隨時」的境界。

伍、大小象傳

象曰：澤中有雷，隨。君子以嚮晦入宴息。

　　〈隨〉卦的外體兌為澤，是一種滋潤的東西，內體震為雷，是一
種變動的力量，所以說「澤中有雷」。滋潤的氣氛與發動的力量必需
相互為用。震居東方，是早上日出的方位，兌居西方，是黃昏日落的
方位，日出而作，日入而息，是作息隨時。

　　〈隨〉卦自〈否〉卦來，〈否〉之外體乾卦有「君子」之象，
內體坤卦有「晦」之象，因為陰曆三十月滅於坤而稱晦，坤又為安，
有「宴」之象，「嚮晦」是指接近黃昏的時候，天色將暗。〈隨〉卦
三、四、五互巽，巽為「入」，二、三、三互艮，艮為止，有「息」
之象。

〈隨〉卦的體象是「澤中有雷」，因為內體震為雷，外體兌為澤，震雷入於兌澤之中，就像接近黃昏的時候，萬物都要休息了，君子也要隨之而「嚮晦入宴息」。〈隨〉卦不僅是人我相隨，更大的發揮是要人隨宇宙自然的法則，所以君子也要在傍晚的時候就去休息，所以孔子說「隨時之義大矣哉」。「時」這個字含有時間與空間的意義，必須時與位這二個條件都能隨行，在動態中要有靜態的習性，在晦暗時要修養自己以等待明朗時再發動。

初九象曰：官有渝，從正吉也。出門交有功，不失也。

「官」是主宰的意思，初爻最怕主宰動搖不定，而成了盲目的隨，這時要看所隨的對象是否正確，凡是合乎正道的事，隨之則吉，所以說「從正吉也」。〈隨〉卦自〈否〉卦來，〈否〉卦初爻居坤體，坤為喪為失，〈否〉卦變成〈隨〉卦，內體由坤變震，則有「不失」之象。出門交有功，表示這樣的隨是在門外而不是在門內，是光明磊落而沒有偏失的，所以說「不失也」。初爻相對於二爻、三爻來說，六二失丈夫，六三失小子，各有偏失，初九則是有功而無失。

六二象曰：係小子，弗兼興也。

因為六二之陰與初九之陽比較親暱，所以就疏遠了正相應的九五之陽。就六二而言，初為小子，五為丈夫，係小子則失丈夫，二者不能兼得，所以說「弗兼興也」。

六三象曰：係丈夫，志舍下也。

　　六三是陰爻居陽位，九四是陽爻居陰位，都不當位，若三爻與四爻的位置互換，則各當其位，此時則二、三、四互坎，坎爲志，所以有「志」之象。「舍」通捨，是捨棄的意思，九四陽爻居上，是爲丈夫，初九陽爻居下，是爲小子，六三雖與初九同居內體，但是與九四爻位切近，所以「舍下」是捨棄居下的初九小子，而隨從居上的九四丈夫。另有一說，「舍」作居解，「舍下」是說六三的志向是隨從居下的初九，看來還是前者比較合理。

九四象曰：隨有獲，其義凶也。有孚在道，明功也。

　　〈隨〉卦三爻至上爻有〈大過〉卦的體象，三、四、五互巽爲風，四、五、上互兌爲澤，而成澤風〈大過〉。「凶」字就是從〈大過〉卦而來，因爲〈大過〉有棺槨之象，讓人聯想到死亡，所以稱凶。

　　前面提到，六三之陰捨棄初九之陽，而追隨九四之陽，如果九四將六三甚或六二據爲己有，那只能說是片面的收穫，卻可能招來凶險。因爲四爻只是諸侯之位，五爻才是天子之位，九四諸侯是要輔助九五天子的，怎麼能夠與六三私相授受？這時九四的正確做法，應該上孚於五，下應於初，若能本著「有孚」的至情至性，以光明磊落的態度表明立場，有所獲是爲了整體的大目標，也就是要創造天下追隨九五的形勢，這樣「明功」而不自居其功，才是人事社會明哲保身之道。在自然現象來說，九四以陽爻居陰位，其位不當，必須借助九五之力，才能消化二、三相連的陰爻，「明功」就是表明須要九五的幫助。

九五象曰：孚于嘉吉，位正中也。

　　九五之所以「孚于嘉吉」，能夠本著至情至性，融洽到最美滿的會合，是因爲「位正中也」。九五以陽爻居陽位，是爲當位，又居外卦之中，所以稱「位正中也」。此外，五爻又爲天子之位，可說是得時得位、居中處正，任何事情都做得恰到好處，面面俱到，於是四面八方、各個階層都來歸附追隨，形成一種嘉善的會合。

上六象曰：拘係之，上窮也。

　　上六爻位處於〈隨〉卦的最高位，凌駕於九五主爻之上，有乘剛之勢；上六與六三都是陰爻，彼此不相應，所以既沒有隨從的對象，也沒有願來追隨的人，只好屈就而追隨九五。

第十七卦

隨卦

講習大綱

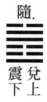

震　兌
下　上

—— 此係〈震〉宮歸魂卦，消息二月，旁通〈蠱〉，反對〈蠱〉。

　　隨就是通常口語所講「隨和」的意思，卦中各爻，初隨二，三隨四，五隨上，雖非正應，顯得極其「隨和」，在人如不期然而然，群相趨附，蔚為一種時尚的風氣，便是隨的境界。

壹、總說

佈卦的次序

　　人處豫樂，心曠神怡，豫後所表現的，當然是「隨和」的氣氛，蓋氣如蘊之於內者緊，發之於外者鬆，陽在豫，發之於外，其氣較鬆，鬆則「隨和」，故繼〈豫〉而為〈隨〉。

成卦的體例

　　外體兌，內體震，兌爲和悅，震爲行動，震在兌下，是和悅之下的行動，行動於和悅的情形之下，當然是很「隨和」，又以卦體，剛來下柔，有隨遇而安之象，故〈象傳〉贊之爲「隨時」。

立卦的意義

　　隨重於時，其內體雖震，但剛來下柔，並不急於主動，一以時之所需爲轉移，語乎實際現象，有若承平之世，天下熙熙，我去隨人，人來隨我，社會往來，水乳交融，惟過於隨和，難免不流於詭僻，故處隨必須有自處之道。

貳、彖辭（即卦辭）

〈隨〉：元亨利貞，无咎。

　　隨和之中，不無疏失，且〈隨〉之成卦，係由乾元入居坤初，坤元入居乾上，故亦如〈乾〉〈坤〉，須具元亨利貞四德，析言之，當隨之時，要有極其完善的開端，就是所謂「元者善之長也」；其次，要有極其嘉美的會合，就是所謂「亨者嘉之會也」；再次，要有極其諧和的演進，就是所謂「利者義之和也」；最後更得要有極其穩固的成果，就是所謂「貞者事之幹也」，四者俱備，方可无咎。

參、爻辭

初九：官有渝，貞吉，出門交有功。

乾入坤初體震，震爲長子主器，故稱官，官者主宰也。言居隨始，主宰不定，時有渝變，而以守正爲吉，如與人交往，應出諸門外，不及於私，纔能有功。

六二：係小子，失丈夫。

二近於初，初爲復小，故稱小子。二應於五，五爲正應，故稱丈夫。二因近而係初，以致失去五之正應，謂在隨之過程中，有時因受親暱關係之影響，不能自持而失其正，蓋垂戒也。

六三：係丈夫，失小子，隨有求得，利居貞。

六三雖亦有失，但優於二，小子仍然指的此是初。丈夫則謂四，因四陽已發展於外，非如初陽之始生也，三承四，其勢頗順，往而求之，固有所得，惟須居之以正，貞者正也。

九四：隨有獲，貞凶，有孚在道以明，何咎。

三既隨四，四則有獲，但四位不正，竟能獲有所隨，如規固不變，於義爲凶，應本諸至誠之孚信，並明之以陰陽運行之道，可免於咎。按六爻中，只三四兩爻言隨，又皆言貞，蓋以三四不正，過於隨和之故。

九五：孚于嘉，吉。

五屬坎爻爲孚，〈文言〉曰：「亨者嘉之會也」，孚于嘉，是說本諸至誠之孚信，而融洽於最美滿的會合。隨至五，二五相應，正符於隨時之義，所謂風雲際會，庶乎近之。

上六：拘係之，乃從維之，王用亨于西山。

陰爻皆曰係，上六孤懸於外，與三不應，只得勉強係之於五，五因其係，遂從而維之，維者兩係也，上既拘係於五，內體二三亦無不係於五矣，是則普天之下，莫不隨和，恩德至此，足以進亨於上帝祖考，故「王用亨于西山」。

肆、彖傳

彖曰：隨，剛來而下柔，動而說，隨。大亨貞，无咎，而天下隨時，隨時之義大矣哉。

（一本作「隨之時義大矣哉」，非是。）

震剛取象爲雷，兌柔取象爲澤，震在兌下，雷入於澤，陽從陰息，是剛來而下柔，震又爲動，兌又爲悅，就人而言，剛屬陽，而爲人的意志，柔屬陰，而爲當時的環境，以意志遷就當時的環境，剛來下柔，故凡有所動，則必和諧而悅，是即所謂隨也；隨之所以元亨，在能守正而貞，蓋天下人雖繁雜，但人同此心，心同此理，如守正而貞，則必合乎此理，而天下人心皆歸之，故天下隨時；時之爲義，非常幾微，造道不深者不能知之，孔子極贊其大，以非言辭所能盡，欲人玩而識之也。

伍、大小象傳

象曰：澤中有雷，隨。君子以嚮晦入宴息。

　　內震為雷，外兌為澤，震兌卦位，互相對待，發之於春，則出為雷，收之於秋，則息於澤，由震春至兌秋，隨時相與為用，君子法之，當震之日出，即日出而作，待兌之日入，即日入而息，作息隨時，故曰：「澤中有雷，隨，君子以嚮晦入宴息。」

初九象曰：官有渝，從正吉也。出門交有功，不失也。

　　初處於隨，應注意內在主宰的變化，不能失正，故曰：「從正吉也。」出門交往，不及於私，而無所失，故曰：「不失也。」

六二象曰：係小子，弗兼興也。

　　六二有所係亦有所失，二者不可兼得，故曰：「弗兼興也。」

六三象曰：係丈夫，志舍下也。

　　六三承四情切，因即係四，而舍棄在下之初，舍通捨，故曰：「志舍下也。」

九四象曰：隨有獲，其義凶也。有孚在道，明功也。

　　九四位不正，而有所獲，故曰：「其義凶也。」位既不正，即應內本諸孚，外合於道，而不自居功，故曰：「以明功也。」

九五象曰：孚于嘉吉，位正中也。

　　九五居中得正，至誠的孚信，流注於最佳的會合，故曰：「位正中也。」

上六象曰：拘係之，上窮也。

　　上六居於卦末，乘剛不應，無所隨者，故曰：「上窮也。」

第十八卦

蠱卦

周鼎珩講　鄺蘇安記錄

蠱

艮上
巽下

—— 此係〈巽〉宮歸魂卦，消息三月，旁通〈隨〉，反對〈隨〉。

壹、總說

佈卦的次序

　　〈隨〉卦的六爻中，只有第五爻「孚于嘉」是最標準最美滿的，是理想天下「隨時」的標準，其餘各爻都有偏差，如二爻「係小子，失丈夫」，三爻「係丈夫，失小子」，四爻「隨有獲，貞凶」，以及初爻「出門交有功」，都有得有失，都有偏差，只有五爻「孚于嘉」之美滿的。爲什麼道理呢？因爲「隨」的現象拿自然現象來講：二月驚蟄，春雷燥發了以後，所有萬物飛禽走獸隨著春雷發動興起，這時樹花發枝、發葉、發芽都隨之而起，這是隨時的自然現象。雖然

萬物都是隨時而起，但是還是有些草木動物不得具鳴，為什麼呢？因為有些雷發動的力量太大，動物草木承受不了，於是不能隨春雷而起；而有些雷發動力量小，需要大，比如大的機械，小的發動機發動不了，春雷力量小，大的生命發不動，於是不能興起。因此自然現象固然是天下隨時，但其間難免有偏差的地方。因此〈隨〉卦只有在第五爻那種境界才能「孚于嘉」，才能美滿，這以自然現象講。以社會現象來講：如湯武革命，天下聞風而起，他在東邊打仗，西邊就希望他早點來；在南邊打仗，北邊就希望他早點來。但在夏桀商紂暴政之下，暴政積習已久，固然天下及時聞風而起，可是湯武革命，總有些地方他照料不到的，夏桀商紂遺留的敗政總有些地方沒顧慮到的，尤其在湯武革命的過程中有許多敗壞的地方需要整理，有待整飭，因為受到時間，空間的限制，一時辦不到是難免的，所以以社會現象來說，天下隨時而起，也是有失的時候，真正美滿的境界也不太多。〈隨〉卦既是有失有偏差的時候，有偏差的地方，久而久之愈來愈大就發生問題，然後就變成蠱。「蠱」是什麼意思呢？蠱是敗壞的現象，蠱是器皿生蟲，生蟲就是毀壞、敗壞、腐敗的現象。因此過於隨時，總有些地方不周到，而遷就現實。比方喪事，假若東西沒辦到，勉強拿其它東西代替，一次簡單一點，二次又簡單一點，三次又簡單一點；一次有缺失，二次有缺失，三次有缺失……久而久之事情就搞毀掉了。因此〈序卦傳〉講：「以喜隨人者必有事，故受之於蠱，蠱者事也。」就是以喜樂和悅的態度來追求跟著現象走，裡頭總有偏差，「有事」者，發生事故，發生脫節的情形，因此在〈隨〉卦之後繼之以〈蠱〉，蠱者就是事情敗壞，過於隨和事情一定有敗壞的地方。這是〈隨〉卦之後繼之以〈蠱〉之卦意。

成卦的體例

　　《左傳‧昭公元年》趙孟問太史何謂蠱？太史曰：「淫溺惑亂之所生也。」何謂淫溺惑亂呢？淫者，太過而溢謂之。淫不一定指男女之淫欲，凡事做得太過頭了就是淫。稱讚別人看書讀書多的爲「淫鬻詩書」，目前女人時裝，裙子短到大腿以上，長袴拖到腳後跟，就是淫，太過了。恭維人恭維得不恰當，太過了也是淫。深向不拔謂之淫，爲世風所蠱惑，鑽到裡面去了，如賭錢的，到時候就想賭，看到了那場合就想賭，深向不拔，那就謂之淫。羨慕所舉謂之惑，現在一般青年男女，尤其男的，頭髮很長，年紀很輕就養鬍子，這有什麼好看呢？那麼他們爲何這樣做呢？他看別人這麼做，羨慕所舉，跟著別人跑，謂之惑。行失其長謂之亂，現在男女無別，長幼無序，例如，問一東吳中文系學生其府上那裡？學生答曰：我府上……。又，寫信給老師，信封上寫「老師敬啓」，好像意思要老師恭恭敬敬的拆信。連尊卑長幼，內外不分，這樣國家如何交待下去？譬如寫字，一會兒左，一會兒右，不知怎麼搞的變得很亂，行失其長謂之亂。太史對趙孟講：淫溺惑亂就造成蠱，蠱由此而生。比如人糊塗受人蠱惑，「蠱惑」二字從此而來，故蠱以惑亂爲象。《易經》上孔子說：「蠱者，事也。」所謂事並不是說蠱就是有事情，而是既造成蠱，一定有事情，因爲壞了，壞了就需要整飭，重新整理，重新整理當然有事情。蠱並不是事情，因爲成了蠱，爲了要整蠱，救蠱，就有事了。

　　所以從卦象看〈蠱〉卦，第一，底下內卦是巽，上面外卦是艮，艮是少男，巽是長婦，老婦。老婦蠱惑少男，陰陽失配，所以是蠱惑也，以惑亂爲象，這是第一點。

　　第二，艮爲山，巽爲風，山下風就是山裡面的風，那是什麼意思

呢？所謂風通氣脈，風在山裡面吹，受通不了，風在山裡蠱動盤旋，這樣問題就大了。拿人來說：人的健康靠上下氣通，氣不通暢，假使肚子裡的氣一直在裡面嘀嘀咕咕的盤旋不通，久而久之好的細胞都成壞細菌，就成病，病就從此而起。百病由風起，這現象就是氣化不適，風在山裡蠱動，氣化不通。拿天氣來講：如果天氣陰晦，氣候鬱結，半風不動，空中蚊蟲都出來了，就是氣候鬱結氣化而來的，這是拿天氣氣候來講的。拿社會國家來講，若上下左右氣不通，上面的搞上面的，下面的搞下面的，左右彼此不通氣，斷結了，那麼人在裡面就發生問題，殺人、放火、奸匪這些事情都來了，這就生蠱了。無論拿身體、氣候、宇宙、社會國家，如果內在的氣在裡面盤旋不通，一定生病，所以稱蠱。蠱者敗壞的現象，所以生出，故〈蠱〉卦以器皿生蟲稱之。

第三，艮不僅具象為山，山為穩定，其意為止，故艮為止。巽具象為風，風是往裡頭鑽，以這兩義解釋，就是說明風在山裡盤旋，愈盤旋愈往裡頭鑽，艮在山外停止，裡面愈往裡鑽，外面是停頓的狀態，愈沒有發動的能力，外面停止就是死氣沉沉，裡面愈不能向外施展，這現象所以造成敗壞，這就是氣化鬱結，就必生蠱，這種現象不能繼續存在的，那麼怎麼辦呢？所以需要整飭，非加整理不可。因此〈雜卦傳〉講：「蠱者，飭也。」整飭就是花大力量徹頭徹尾地改造過，比如房子都生蟲了有白螞蟻，快倒了，那必須拆倒重來不可，若不整飭就完了，故蠱者飭也。

第四，整飭不是漫無規則，如何整飭呢？不是不問青紅皂白，就把它隨便拆掉重來，整飭有整飭之道，〈蠱〉卦就是告訴我們敗壞的現象如何去整飭它。飭蠱之道是〈蠱〉卦啓示的地方。如何整飭呢？

原則上第一要探討源頭，知其所以然，爲何會造成此種敗壞？第二要安排未來事之（將也）（所以也）。一面研究其所以然，一面要顧慮到它將來是如何發展？這是最高原則，以上是〈蠱〉卦第四卦象。

立卦的意義

〈蠱〉卦卦象是氣化鬱結不通，生蟲，根據此卦象推其卦義：假若辦一公司，其組成人員，大家都追求內部分利如這個月賺了多少，應分多少紅利，爲何我分的比他少？公司裡的分子注意到的只是內部，完全忘了向外發展，這公司行號前途很危險，如果不加整理，將來一定會敗壞，因爲大家的氣化精神都追求內部發展，在這時管理人就該開闢一條路線，把大家目光向外擴展，這裡擴展辦事處，那裡擴展推銷，把全部人員注意力都推到外面去，這公司才有希望，否則大家注意內部，裡面一定生蟲，於是怠工、偷竊都來了。公司行號是如此，國家社會也是如此，若看到國家固然是豐衣足食，大家都平安無事，於是精神就懈怠了，於是內部競賽豪華，衣服這樣變，那樣變，房子今天這樣布置，明天那樣布置，盡量在這方面注意，整個社會大家目光都注意到內部的享受，於是久而久之就生蟲。豪華競賽，有錢人固然是豪華，沒有錢的人看到就不服氣，於是生妒心，久而久之生仇殺心，於是殘殺鬥爭都來了，因此社會豐衣足食，整個人民都注意到內部的享受豪華競賽去了，這社會國家很危險。所以一定要想辦法把社會國家開展一條途徑來，使大家意志精神力量向外擴展，才有希望。假使自己身體方面呢？若內部氣脈不暢，肚子腸子嘀嘀咕咕或手腳冰冷不要看是小事情，這就是一葉知秋，是一警報，這時就得注意條理自己，使得氣脈暢通，假使只坐在家裡愁眉不展，著急身體怎麼

辦，愈愁愈向內收縮，愈愁悶就愈鬱結，到最後憔悴而死。

　　因此學〈蠱〉卦，第一卦義就是告訴我們〈蠱〉卦現象來了，要怎麼對付它。第二，根據《左傳》，探討〈蠱〉卦的來源，在第一卦義〈蠱〉卦現象是氣化不通，我們想法子疏通。但氣化為何不通呢？《左傳》說是淫溺惑亂之所生也。所謂淫溺惑亂就是蠱之源頭，就是盲目隨從，人家怎樣，我就跟著怎樣做，自己沒有主張，為世風佔據，還以為自己對，若發現這種情況，隨時要制止，這就是根絕蠱的來源，使蠱不至發生，這是第二卦義，學此卦意義就是要正本清源。第三卦義，若已成蠱的話，應該立刻就要整飭，比如公司行號人員只專注內部利潤，而不考慮外在發展，這已到了蠱的現象，裡面上下左右鬱結不通，這時應大刀闊斧地整飭，甚至斷臂在所不惜，整飭不了，犧牲一點也在所不惜，否則會整個會爛掉。假若不整飭，蠱無法救，若整飭它，蠱或許還有希望，此為第三意義。第四卦義，從蠱的源頭我們應當追究，蠱的以後發展也應當注意，但怎樣追究？怎樣注意？這是學〈蠱〉卦的第四卦義。這在卦辭上要說明，所謂「先甲三日，後甲三日」。

貳、彖辭（即卦辭）

〈蠱〉：元亨，利涉大川，先甲三日，後甲三日。

　　〈蠱〉從〈泰〉卦來，三陰三陽的卦都是從〈泰〉〈否〉來，〈泰〉卦初爻向上，上爻向下，就成〈蠱〉，〈泰〉卦內在初爻是乾，元也，元者始也，大也。乾元向上，於是坤陰向下，因此以乾變坤，以坤變乾所以亨，是通的現象，這是「元亨」卦象的來源。「先

甲三日」，拿現代語講是坐標的問題。根據納甲原理，乾納甲、兌納丁、巽納辛，乙丙丁在甲之後，辛壬癸在甲前，先甲三日是「辛」，後甲三日是「丁」；「辛」是巽卦，在乾卦前面，「丁」是兌卦，在乾卦後面。所以根據鄭玄的解釋：「辛」是更新，「丁」是叮嚀；先甲三日要更新，後甲三日要叮嚀；發生蠱時，以先要更新，以後要叮嚀，不要再蠱了。這是鄭玄、朱子根據先天卦位的說法，但更新非「辛」，叮嚀非「丁」，都是假借字，這種說法不妥。第二種馬融的說法：「先甲三日」，甲是東方木神，外卦是艮，內卦是巽，在甲之先是艮，甲之後是巽。「先甲三日，後甲三日」，「三日」者表示階段，三個階段，這是艮巽兩卦合起來成〈蠱〉卦，甲在中間，一在前一在後，這是馬融根據後天卦位解釋，是第二種說法。融會貫通講是什麼意思呢？甲是座標，這一現象是從〈泰〉卦乾體得初爻到上爻，〈乾〉卦的初爻到上爻表示開始，發端的意思。〈蠱〉卦是由初爻發端而成蠱，甲是十干之首，也是發端，因此就拿甲做座標，作〈蠱〉卦之卦樣，座標既確定，可以在座標前三段落，座標後三段落，嘗試研究所以然，為何發生甲這座標，而發生蠱的現象？座標以後就是〈蠱〉卦之將然，一段落一段落得如何發展？要安排好使不至於再發生〈蠱〉卦，這是按時間講。按空間講，這蠱的位置以上是些什麼東西？要推到一、二、三。這位置以下是些什麼東西？要推到一、二、三，所以時空兩者配合起來，於是制訂座標，在時空兩者都推動好，然後對於〈蠱〉卦卦象之所以然？它未來怎樣之發展？它時間空間安排如何？就瞭若指掌。所以對於蠱之現象要這樣分析，這是講「先甲三日，後甲三日」的卦辭。

　　「元亨，利涉大川」，為何說元亨？元亨的意義有兩點：元是

始也，大也。亨者，通也，暢也。第一義，從開始整飭，整飭敗壞的現象，從開始就求通暢。第二義講程度，飭蠱通暢的程度，要通得厲害，無所不通，這現象內在的一切的俱備全部都是通暢和協的，不是只求表面一點點通而已。所以元亨的意義在此。元亨的第一卦象，飭〈蠱〉卦是拿〈泰〉卦初爻到上爻，〈泰〉卦的初爻是元，到了上爻變坤是亨。第二，元亨之「元」指暢，蠱固然是陰陽相隨，但敗壞的所以通還需陽的力量，陽的力量化陰，才能通，故「首動者陽」，元者。陽，乾元也。「元亨」是由陽發動了來變坤，這是第二卦象，由乾元發動去變坤，才能亨，才能通。其次，既然元亨通暢了而且開始就通暢得很周到，無所不周，那麼就「利涉大川」。「利涉大川」其意乃：此卦中三、四、五互震，二、三、四互兌，兌爲澤，爲水，震爲汲，汲在水上。二爻五爻不正，二五居正於是變成坎，坎爲大川，若涉兌就成坎，把兌下面一爻的初爻涉起來就成坎，震汲在兌水之上是涉之象，涉是過，浮水。就是震汲由兌水上過去。二五移位成大川，坎。故利涉大川。但有一點要注意，〈蠱〉卦是有事要整飭，故只有元亨利，沒有貞。「利涉大川」是既然開始就弄得很通暢，而且通暢得很周到，就可度過險難，而且飭是一定要度過險難。〈蠱〉卦本來就是敗壞現象，若不能冒險犯難渡過險難，敗壞現象怎麼得以好，所以治亂世用重典，不用重典亂世平不了，故須很大力量去整理，當然就有險難在前，故難是有險難在前，但「元亨」在開始時就弄得暢通周到，「利涉大川」是指有險難不要怕，因爲整飭必有險難，比如湯武革命飭蠱，整飭夏桀商紂敗壞的遺政，所以不惜一戰，雖是冒險也要做，這是利涉大川。

　　接下來如何的冒險犯難？如何整飭呢？就是「先甲三日，後甲

三日」。在蠱敗壞現象發生以前第一段落、第二段落、第三段落，一直要追究最後源頭，這樣蠱發生的原因才搞得清楚。「後甲三日」，飭蠱以後的安排一個段落，一個段落未來可能有何發展？各段落的發展如何？都把它安排好，都在計劃中，這樣蠱沒有飭不好的，所安的方法是「先甲三日，後甲三日」。這卦辭就是如此，我們對於任何一個敗壞現象都要花些工夫，比如公司行號裡頭已敗壞了，你要整理它，就必須把它一段一段的原因找出來，以後要將未來一段一段的安排好，否則一波未平一波又起。比如我們看到許多事情固然在整理，但這邊整理，那邊毛病又出來了，這是什麼道理？就是沒有把整理以後，未來可能發生的問題，一段落一段落安排好，這就是缺乏了「後甲三日」的工夫。

參、爻辭

初六：幹父之蠱，有子，考无咎，厲終吉。

「幹」，《易經》上講「能事」也。幹字從整個〈蠱〉卦卦象「整飭」而來，幹是很正，《毛詩故訓傳》：「木旁生爲枝，正出者爲幹。」幹爲正也，整個解釋就是：正，過去搞錯了，現在弄端正，正確之意。又從那裡來？此卦由〈泰〉卦來，〈泰〉卦原來初爻上去了爲乾，乾爲父，第一爻上去成外卦的艮，艮是少男，艮爲止，有父子之象，乾爲父，艮爲子，這是「幹父之蠱」。「有子考無咎」，《禮記・曲禮下》：「生曰父、曰母、曰妻，死曰考、曰妣、曰嬪。」因爲初爻上去，內在的乾不在，故曰亡也，父死了爲「考」。「厲終吉」，二四不正，二四移位爲坎，坎爲厲之象。此卦爲乾去變

坤，坤爲終，故「終吉」，終吉者就是最後可以獲得，這爻卦象是如此。〈蠱〉卦只是講父母，爲什麼講父母呢？因爲〈蠱〉卦敗壞的現象不是現在，是前一代遺留下來的，我們現在要整飭這敗壞現象，所以〈蠱〉講父母，表示這種現象有前因有由來的。爲什麼稱父稱母呢？陽發生毛病，是父之蠱。若陽太旺了或是陽虛了，比如國家社會精神上文化上發生問題搞得大家通了，是父之蠱。弄得大家沒飯吃，是母之蠱，陰發生了問題。父之蠱，母之蠱，一個指精神文明方面的東西，指陽；一個指五味之涵養的東西，指陰。剛剛蠱開始，〈蠱〉卦的開始是幹父之蠱，從初爻上去剛成子。〈蠱〉卦裡父之蠱多於母之蠱，父之蠱提四次，母之蠱只提一次，陰陽之比是一、四之比，這是〈蠱〉卦的現象，就是說，一切敗壞現象敗於陽的，敗於沒有道理、精神、文明，沒有道法，敗於這方面的多，敗於眞正物質的，糧食不夠吃，衣服不夠穿的，敗於這方面的少。眞正國家的毀敗是毀敗於精神方面的較多，因此〈蠱〉卦中六爻中就有四爻講父之蠱，只有一爻講母之蠱。

　　幹父之蠱要飭正確，端正父親的錯誤，即偏陽方面的敗壞現象，「有子考无咎」，假使有個能幹的兒子考无咎，則父親敗壞的現象可以改正，這意思說精神道德社會綱紀方面失敗了，假使有一新生的東西出來，「有子考」，那敗壞的現象沒有毛病，不會發生大毛病，故「无咎」。但雖是新產生的東西，舊的綱紀已失掉了，但你要修正新的綱紀，如武王伐紂，紂一切舊的東西通通毀掉了，於是周武王重新再來一套，所以周公制禮作樂，「有子考无咎」，那已死的綱紀不會再發生毛病了，可是雖然不會發生大毛病，但「厲終吉」，「厲」是危險，雖然有新的東西出來，殷禮喪失了有周禮出來就覺得

安全？其實並不然，還是要覺得很危險戰戰兢兢，最後就活得好而「終吉」。

九二：幹母之蠱，不可貞。

幹當正確乃正確的母，母之蠱乃偏陰方面，就是糧食不夠、衣服不夠穿了，老百姓生活發生問題，發生飢荒，社會陰的方面不夠了，體不夠，我們就要扶直這個體，把體敗壞現象整飭，使之正確，整飭母之蠱。爲何說母？二與五相應，五居坤，原來是〈泰〉卦，二爻上去居五化坤，凡三陽剛去化坤陰，是幹母之蠱，坤陰就荒涼了，地面不長東西。「不可貞」，貞者固定，不可貞就是不可固定，就是說到了蠱的現象敗壞的已經敗壞了，無論身體也好，國家社會也好，自然現象也好，體已變得快要死亡，體的生機不夠，生機不夠才生蠱，社會國家生機不夠才發生亂民賊子，就是本體太頑固了，故「幹母之蠱」。至於這母之蠱化陰不可太過，因爲飭蠱是動的，天天都要整飭，若老是穩固著是不行的，旁的卦是講求安定的，此卦不講安定，因爲接受壞現象，天天要整飭天天要做，不可穩固在那地方，即「不可貞」。這是第二爻，遇體已壞，麻痺不堪，比如武王伐紂要飭蠱，若固定在商紂的樣法裡，那就完了，要徹頭徹尾重新來。

九三：幹父之蠱，小有悔，无大咎。

第三爻和上一爻是相應的，〈乾〉卦的上九是「亢龍有悔」，現在三爻與上爻相應，指是應位，上爻是亢龍有悔，三爻是居於安的應位，只是位之於亢，不是眞的亢，還不至於到有悔的時候，只是次一點，「小有悔」從這而來，「无大咎」，沒有大毛病。三爻之義，

「幹父之蠱，小有悔」，為什麼三爻有悔呢？陽有偏失謂之「悔」，陰有偏失謂之「吝」。悔吝二字，悔者陽之失也，吝者陰之失也。陽發生錯誤就是悔、傷；陰發生錯誤就是吝、施展不開，假使沒有錢，所謂「財壯英雄，酒壯膽」，假使沒有錢，什麼事情都施展不開，就是吝，吝者施展不開。「小有悔」，九三是陽居陽，過於剛猛，所以有偏差小有悔，還不至於上九的悔，因此「无大咎」而沒有毛病。

六四：裕父之蠱，往見吝。

六四是講「吝」，四爻是陰爻，位置又是陰位，以陰爻居陰位就吝，施展不開。裕者寬裕溫柔，通常我們說裕就是寬鬆，不那麼緊張。「往見吝」，往是向前發展，「見」，因為二五正位於陰位是居「離」，「離」為目，目者見也。六四以陰居陰，我們整飭重要的動力是靠陽，但陽過猛不行，若太急就生反感，但要有陽才行，純粹是陰如初爻是陰居陽位，二爻是陽居陰位，不太猛可以，三爻陽居陽位是太猛，故「小有悔」。四爻陰居陰位，過於柔順有寬裕之象，「裕父之蠱」，對於敗壞現象看得很鬆，整飭敗壞的現象不緊湊，鬆弛。以陰居陰來飭父之蠱，飭綱紀、道德、倫常之蠱，是不行的，這些不是僅僅溫柔可以搞得好的，所以綱紀倫常敗壞，非用重典不可，因此用寬裕的溫柔來駕馭綱紀倫常的敗壞沒有用，這蠱只有愈來愈深。「往見吝」，若接著這種情況飭蠱，「往」向前發展，以寬裕溫柔的態度駕馭綱紀道德的敗壞，這樣往前發展，一定是施展不開。

以上一齊交代四爻，我們飭蠱的精神，從這四爻可看出，假使太寬厚（六四）不行，太剛猛（九三）也不行，所以要恰到好處，但敗壞現象要及時整飭，不斷整飭，不是一天整飭就完了，因為敗壞現象

到蠱凶太深了，不是一兩個動作就好了，所以初爻一直到五爻都是幹父幹母之蠱，在「幹」，到了上爻最後才「不事王侯，高尚其事」，最後才不要做事了，在五爻以前要不斷的幹，因此飭蠱不是簡單的，要用重點不斷的去做才行。

六五：幹父之蠱，用譽。

「九三，幹父之蠱，小有悔，无大咎」、「六四，裕父之蠱，往見吝」，由這兩爻可看出「六五，幹父之蠱，用譽」，因為九三陽居陽位，過於剛猛，故當飭蠱的時期過於剛猛，則多少有些小毛病，但無大毛病。六四「裕父之蠱」很寬裕的柔和的整飭敗壞剛紀，那就「往見吝」，這樣的發展一定是表現出吝嗇，吝嗇就是施展不開。從這看出，與其施之於寬，不如施之於猛，因此中國過去有句話說「治亂世用重典」，在很亂很敗壞的時期要整飭敗壞風紀，決不能用柔和寬裕的方法，要猛然一點，稍為剛一點，但過剛也會出毛病，故「六五，幹父之蠱，用譽」。

「譽」者，〈繫辭上傳〉曰：「二多譽，四多懼。」在六爻之間，二爻很多美的，「譽」者美也，四爻多恐懼，多要警惕的。六五與二爻相應，二爻是「幹母之蠱」，二爻是譽，所以講「用譽」，「用」者，六五居坤而代表坤，坤為用，故「用譽」。其意義是說，三爻過猛，四爻過寬，三爻雖猛但無大毛病，四爻過寬，有毛病施展不開，蠱整飭不了，到了五爻以陰居陽，具應爻九二是陽，這時陰陽最調和，這就表示在五爻飭蠱的章法，不剛不柔恰到好處，因此「用譽」它的作用很完美，我們整飭蠱的章法就以五爻為標準。

講到「用譽」附帶交待一下「譽」字，《易略》有「毀譽

略」：「毀之以譽，譽之以毀……」現在人都會恭維人，而且有些人愛受恭維，卻不知恭維不是件好事，恭維不妥當就是打人家，「毀之以譽」，毀滅他就先恭維他。「譽之以毀」，要稱讚他就先詆毀他。比如胡適在北大教書，年紀輕，搞白話文，北大一些老前輩姚二、姚三、馬通老當代的暮宿學人，名震京師，常批評胡適，胡適在北大教書的地位有點悽悽動搖，因此就約一幫人搞評論社，寫文章，互相罵，某甲寫一篇文章講理，文裡有漏洞，某乙就根據漏洞寫一篇反駁的文章罵某甲，但某乙又留一漏洞，某丙又來罵某乙，這樣雜誌每週都出去常常有文章，於是互相罵都出名了，這是要稱讚人就先詆毀。為何恭維人家就可毀滅人家？道家說虛名可遮實福，若只圖虛名，實福就消滅了，因此一個人的名與福氣分明，有一定限度，因此要消滅實福，就拼命恭維。陽旺消陰，燈頭旺，燈瓶大了，油就消耗掉了，陰旺則過陽，陰旺如豬長太肥了就走不動路。陽旺消陰，恭維人家就是將陽的福連拼命往上長，而實際的福連就降低，這是宇宙自然道理，同時恭維人家恭維一過火，社會其他人聽到就引起反感，這恭維無異是挑剔社會大伙反對，因為恭維一定過火，社會聽到憤憤不平，不僅罵你恭維的人，同時遺恨、遺怨到被恭維者，這人有什麼了不起的恭維，怎麼這麼推舉，沒什麼東西嘛，於是反而社會就把被恭維的底牌降低了，因此恭維不是好事。詆毀毀滅人家，一走罵得過失，引起社會人的不同情，所以罵他就等於稱讚他。因此過去縱橫家就根據《易略》「長短略」拿毀譽來做根據，如孟子所講：「有不虞之譽，有求全之毀。」（《孟子‧離婁上》）拿毀譽做策略，故恭維別人或被人恭維，這種事要特別慎重，恭維過火就是要打人家，受人恭維過火不是好事，一定有毛病。

「幹父之蠱，用譽」，因為六五陰爻在坤陰裡，六五已經相當成局，坤陰還不好「括囊」，把裡頭封起來沒什麼好也沒什麼毛病，六四還無成局，沒有什麼美，到六五已「黃裳元吉」而用譽了，故除了三爻多譽外，六五本身也就漸漸地有譽了，美滿了，而飭蠱以五爻作標準，陰陽相濟，剛柔相濟飭蠱，過於剛不好，過於柔更不好，譽者，美好的意思，假使剛柔不得其平，則與其柔太寬不如太猛，這是六五。

上九：不事王侯，高尚其事。

為何說不事王侯呢？上爻與三爻相應，三爻互成震爻，在〈說卦〉中有「帝出乎震」，震有王者之象，又震為侯為長子，有王侯之象。其次，在各爻的位置初爻是原士，二爻是大夫，三爻是三公，四爻是諸侯，五爻是天子，上爻是在天子之上。四、五兩爻有王侯之象，因為外卦是艮，上爻居於艮中，底下承王侯之象，所以「不事王侯」，他已超過王侯位置，高高在上，不做王侯的事，事者，坤為事。

此卦原為〈泰〉卦，由〈泰〉卦的初爻到上爻去了，原本外卦是坤，現在〈泰〉卦初爻到了上爻，把坤變不見了，就是不事王侯。第二，上爻與三爻相應，三爻震有王侯之象（四、五也有王侯之象），上爻與三爻相應，為對應，上爻是陽，三爻還是陽，兩者對應就是不能應，故不事王侯。怎麼叫做「高尚其事」？因為上爻與三爻相應，三爻與初爻互成巽，巽為高長，上爻居上故有高尚之象，這是象的源頭。其意義拿自然界現象來說，上九這陽承四五兩個陰，就是說飭蠱到了五爻蠱已飭好了，敗壞現象已經美滿了，到了上爻就不要再

整理了，車子走到適當距離就好，過猶不及也是偏差，因此〈蠱〉卦的現象到了五爻已飭好了，上爻不要再飭蠱，只是陰居於開導地位，陽來承陰，來開化底下兩個陰。高尚者不是真正的做事，拿社會講，四五爻是王侯，已把蠱整飭好了，上爻居最高位置的人，比如唐堯找許由，結果許由跑掉了，許由對唐堯說：你是太陽，我只是一點點的燈光，你這太陽都出來了，我這燈光還有什麼作用呢？堯請許由當天子，許由說你已經把國家都搞好了，我來不是多餘嗎？若沒搞好，我來可以，已弄好了，我來是多此一舉，超過了也是不好的，因此許由不去。這就是上九居高高在上的位置，來開導社會，蠱已飭好，只須居指導地位，高尚其事就是此意。不事王侯不是說消極的不做，而是居於旁邊指導的化陰，因為真正的化陰要九二、九三，故「不事王侯，高尚其事」。故孔子、孟子在春秋時候不做事，雖是不事王侯，他沒做王侯之事（除了大司寇外），但他還是高尚其事，指導各國諸侯去做，各國諸侯有不對的地方，隨時糾正，這就是高尚其事。

　　總而言之，六爻中敗壞的地方，幹父之蠱有四，幹母之蠱只有一，這就是說，社會的敗壞，由於精神道德風紀倫常文明敗壞的成分居多，至於因貧窮物質不夠的關係小，因為貧窮物質不夠，只要大家多做一些事就能致富，可是社會風氣道德淪喪了，毛病就大了，因此幹父之蠱有四，幹母之蠱只有一。可見整飭敗壞風氣特別注重綱紀倫常這些東西，若這些東西不糾正，而把衣食搞得很直，東西很多，並沒有用，因為槍械彈藥很多，固然可以打敵人，但一樣可以打自己，豐衣足食固然很好，但也可到處做壞事，因此整飭社會敗壞風氣特別要注重精神方面，這在〈蠱〉卦都顯露出來了。第二，從六爻看出整理敗壞的風紀用什麼辦法呢？與其施之於寬不如施之於猛，最圓滿的

是陰陽和，不寬不猛，但把持的總沒那麼標準，飭蠱的人有時整飭不太均衡，若不均衡時與其太寬不如太猛，故九三固然過剛過猛，但无大咎，六四太柔就往見吝，施展不開，故從〈蠱〉卦知六爻其共同精神在什麼地方，國家綱紀敗壞如何整飭，這六爻指示得很清楚。

肆、象傳

象曰：蠱，剛上而柔下，巽而止，蠱。蠱元亨，而天下治也。利涉大川，往有事也。先甲三日，後甲三日，終則有始，天行也。

「蠱剛上而柔下，巽而止，蠱。」皆止韻。剛上柔下有兩個說法：一，這卦與〈泰〉卦有往來關係，〈泰〉卦初爻上去，上爻下來，原是陰，陰是柔，初爻是陽，陽剛，故剛上柔下。二，艮為剛，巽為柔，故剛上柔下。那麼剛上柔下怎麼講呢？剛上柔下是〈蠱〉的一個含意，蠱是壞，壞者多是剛上柔下，剛上者外，柔下就是內，卦之上下就是內外。剛上，外頭是硬的，裡頭柔沒有作用，那就快死了。人老了衰了身體硬化，手腳不得活動，裡面柔了沒有精力，力量不夠，外頭鈣太多硬化了，剛上柔下，所以成蠱。「巽而止」，底下是巽，上面艮，艮為止，外卦艮內卦巽。什麼是蠱呢？巽者內也，物之於內曰巽，巽既是物之於內，它僅僅往裡面鑽，不往外跑，《易經》講氣化，氣化老往裡面鑽不往外走，那麼氣化不是愈來愈凍結了嗎？於是外頭呈停止的狀態，是腐敗的現象。假使一個機關或一個工廠構成的分子都往裡面鑽，多賺幾個錢，多分點紅，外面業務打不開，停頓狀態，那公司一定倒臺，所以「巽而止」。

　　「蠱元亨，而天下治也。」蠱怎麼元亨？〈蠱〉是〈巽〉宮的歸魂卦，〈巽〉卦五變，一變風天〈小畜〉，二變風火〈家人〉，三變風雷〈益〉，四變天雷〈无妄〉，五變火雷〈噬嗑〉，然後再變山雷〈頤〉，五變以後變震體爻，震一反過來就變成巽，震歸於巽，五變以後下體都是震，震怎麼歸於巽呢？初爻變震，乾陽到了坤陰，震巽兩卦之乾陽變了坤陰，乾陽之初爻再變巽的初爻，如果是震卦初爻，到了巽就變乾，乾卦的初爻到了坤陰就變成震，因此都是乾卦的初爻在變化，乾卦的初爻是乾元，是元亨，乾陽就是於巽震變了坤陰，再來變是巽之初爻，利貞的元，初爻開始的卦，所以元；初爻在動，在變坤，變動了便通了，陰陽相通，故蠱元亨，蠱在變化中間是因乾元在變，所以才能亨。蠱元亨，乾陽在初爻變到坤陰成震巽，兩者互相往來，因此構成亨通現象，這表示飭蠱要從底下基層開始，要從坤陰的初爻開始來變往，就是說飭蠱要徹底，如今已敗壞了，要從根整飭，「元亨」乃是從根的整飭才能通。

　　「天下治也」，〈泰〉卦內卦是乾，乾爲天，坤爲下，爲地，地在下故天下治也。另外一象是：此卦是乾陽走到坤陰，〈蠱〉卦是動的整飭，是靠著陽來動，蠱是體壞了，國家的政體、社會的構成體壞了，體是陰，陰壞了，用什麼來解放政體呢？用動能，要大家的動能熱能才能改變，這動能就是陽，用陽來挽救敗壞的體，〈蠱〉卦原是此現象，重點在陽，但其對象是坤，坤爲邦國天下，「治」是以乾來化陰，是開務。比方人的精神文明，意志所想的，開山闢路，移山填海，這些工程都是人類頭腦的構想，換句話說是靠著乾陽才能開務，頭腦的構想既是開務，坤陰是致用的，比如書的本體是陰，其中所載的東西是陽，說是陰體含了陽，就構成一本書，書的價值不在其版

本，是在裡頭文以載道的東西，裡面的東西才能致用，乾陽是開務，坤陰是承物致用，開務成物的既然如此，當然天下治也，天下太平，故蠱元亨了，天下治也。

「利涉大川，往有事也。」〈蠱〉卦自〈泰〉卦來，〈泰〉卦內體之乾卦初爻往而居上，外體之坤卦上爻來而居初，就變成〈蠱〉卦，乾坤往來，陰陽相通，乾陽開物而坤陰致用，所以有「利」之象。〈蠱〉卦三四五互震爲木，二三四互兌爲澤，震木在兌澤之上的卦象就是「涉」。〈蠱〉卦九二是陽爻居陰位，六五是陰爻居陽位，都是不當位，若二五異位則各得其正，而二三四互坎，此外〈蠱〉卦本身的初爻至四爻，就有大坎的體象，坎爲「大川」，意思是既有「元亨」之德，則「利涉大川」。

剛才說〈泰〉卦初九往而居上則成〈蠱〉卦，又說〈蠱〉卦九二往居六五則各得正位，這就是「往」字的由來。〈蠱〉卦外體艮爲山又爲止，內體巽爲風，這樣的體象就是風在山下呈現靜止的狀態，由於氣化不能通暢，就會敗壞生蟲，想要恢復生機，當然需要整飭，所以爻辭有「幹父之蠱」、「幹母之蠱」，〈雜卦傳〉曰：「蠱則飭也。」敗壞需要整飭，當然是「有事」，而且是整飭精神文明或物質文明敗壞的大事。另有一說，坤爲事，治蠱是以乾陽治坤陰，以動能治僵毀，必須往前行進而有所作爲，不要怕冒險犯難。

「先甲三日，後甲三日，終則有始，天行也。」接下來要談的是如何整飭敗壞呢？「先甲三日，後甲三日」就是整飭的原則。「先甲三日」是針對敗壞的現象發生之前，第一階段、第二階段、第三階段，一直要追究到最初的源頭，這樣才能把蠱之敗壞的原因搞得清楚，了解其所以然。「後甲三日」是在整飭敗壞現象之後，第一階

段、第二階段、第三階段，把未來各個階段的可能發展都安排妥當，以防備其未然。合而言之，就是要考慮敗壞現象的前因後果。

我們在解釋〈蠱〉卦的卦辭時，曾提到歷代先儒對於「先甲三日，後甲三日」的註解。一、《子夏易傳》是根據先天八卦的卦位，而以納甲解釋：乾卦居最上而乾納甲、乾之左下為兌卦而兌納丁、乾之右下為巽卦而巽納辛；十天干是甲乙丙丁戊己庚辛壬癸，先天八卦的卦氣是左旋的，所以辛是在甲之前三位，即為「先甲三日」，丁是在甲的後三位，即為「後甲三日」。二、鄭玄的註解是，先甲三日更新（辛）也，後甲三日叮嚀（丁）也。他說：甲者造作新令之日，甲前三日取改過自新之義，故用辛也；甲後三日取丁寧之義，故用丁也。三、馬融是根據後天八卦的卦位做解釋。他說：甲是東方之震卦，因為後天八卦的卦氣是右旋，〈蠱〉的外卦艮在東北，就卦氣而言是在甲之前，故言「先甲」。〈蠱〉的內卦巽在東南，就卦氣而言是在甲之後，故言「後甲」。不令而誅謂之暴，故令先後各「三日」，欲使百姓遍習，行而不犯也。

如果採用現代的說法，「先甲」「後甲」就是「座標」。因為蠱的敗壞現象，是從〈泰〉卦乾體初爻為發端，甲是十天干的發端之數，所以卦辭用甲做為蠱的座標。座標甲的前三個階段辛壬癸，是研究其所以生蠱的原因；座標甲的後三個階段乙丙丁，是策劃將來如何治蠱的過程。這樣子研究蠱的前三個階段與後三個階段會是什麼情況，那麼無論是時間或空間都能周詳推斷，瞭如指掌，這樣才是治蠱之道。通常當我們看見敗壞的現象，那已經是結果了，要整飭敗壞，先要推究敗壞的原因，以免有所偏差，同時還要針對整飭可能面對的困難預做因應，才不會自亂陣腳。

　　孔子作〈象傳〉是要闡述文王的〈卦辭〉，孔子在〈蠱〉卦是用「終則有始，天行也」來解釋「先甲三日，後甲三日」。因為〈蠱〉卦來自〈泰〉卦，〈泰〉卦初爻是內體乾卦之始，上爻是外體坤卦之終，〈泰〉卦的初爻與上爻互異就變成〈蠱〉卦，是「終則有始」之象。其次，就乾坤消息來看，乾是甲，初陽交坤成震、二陽交坤成兌、三陽滅坤成乾，是經過三個步驟，即為「先甲三日」；初陰交乾成巽、二陰交乾成艮、三陰滅乾成坤，也是經過三個步驟，即為「後甲三日」。〈繫辭〉說「乾知大始，坤代有終」，也是這個意思。再從十二辟卦來看，十月建亥是陽被消盡，十一月建子又一陽復生，也是「終則有始」。天道的運行，本來就是循環不已，終則有始的，所以說「天行也」。〈蠱〉卦來自〈泰〉卦，〈泰〉之內體乾為天，〈蠱〉之三四五互震為行，這是「天行」之象。

伍、大小象傳

象曰：山下有風，蠱。君子以振民育德。

　　〈蠱〉卦外體艮為山，內體巽為風，形成「山下有風」之象。風有二種，春風是長養之風，秋風是肅殺之風；風從蟲，蟲是從風而來，所以蟲為風族。風有通暢的功能，但是巽風盤旋在艮山之下，氣化停頓不通，以致生蟲而成蠱。《詩經·小雅·谷風》：「習習谷風，維山崔嵬。無草不死，無木不萎。」可做為「山下有風，蠱」的最佳比喻。

　　〈蠱〉卦來自〈泰〉卦，〈泰〉之內體乾為「君子」，外體坤為「民」，〈蠱〉卦以坤為體而以乾為用，有「以」之象，〈蠱〉之

外體艮爲手，三四五互震爲動，有「振」之象。至於「育」字是取象於〈蠱〉卦三爻至上爻有〈頤〉卦體象，二爻至上爻也有〈大畜〉卦體象，〈頤〉卦與〈大畜〉卦都講養，養者「育」也，《說文》：「育，養子使作善。」再者，〈蠱〉卦二三四互兌爲澤，湖泊之水也是滋養萬物的。

　　山下有風則草木摧萎，象徵民生凋敝不堪，道德倫常已經敗壞，老百姓苟延殘喘而死氣沉沉。這時首須「振民」，振作民心士氣，使其奮發向上，但是要怎麼振民呢？必須讓社會各個階層有田能種、有工能作、有書能讀，這樣始能解除民生的困頓，而達到豐衣足食的目標，也就是要提振物質文明。此外，社會風氣之所以敗壞，是因爲道德淪喪而綱紀不彰，老百姓的人生沒有目標，沒有進德修業的希望，所以還要「育養民德」，講求精神文明。

初六象曰：幹父之蠱，意承考也。

　　「意」是想像或構想，「承」是指一個卦的六爻因其所居的位置不同，而有應比乘承的關係，〈蠱〉卦初六之陰承九二之陽，是爲順承。「考」是指〈泰〉卦內體乾爲父，當初爻與上爻易位而成〈蠱〉卦，則乾父已死，《禮記・曲禮下》：「生曰父曰母，死曰考曰妣。」所以有「承考」之象。幹蠱之始，對於以前的一切敗壞措施，當然要有所改變，雖然爲人子者，還是會想像著如何善繼其父之志，善繼其父之事，不過這只是「承之以意」，並非蕭規曹隨而付諸實際行動。

九二象曰：幹母之蠱，得中道也。

〈蠱〉卦自〈泰〉卦來，〈泰〉卦內體乾爲道，九二居內體之中，又以陽爻居陰位，而且九二與六五是爲正應，可說是陰陽諧和，不剛不柔而且恰到好處，所以有「得中道」之象。以九二之陽來治敗壞之陰，也就是物質方面的毛病，因爲九二以陽居陰，就不會過於剛猛而產生偏失，例如九三是陽有偏失而有悔，六四則是陰有偏失而見吝。

九三象曰：幹父之蠱，終无咎也。

九三以陽爻居陽位，是用陽剛來治蠱，難免失之剛猛，所以爻辭說「小有悔」。但是治蠱本來就是吃力不討好的工作，與其失之柔弱，不如失之剛猛而有所作爲，所謂「大刀闊斧」、「雷厲風行」，要像快刀斬亂麻一般剛勁徹底，毫不寬縱，才能力挽狂瀾。因此失之嚴苛是無可避免的，但是在治蠱的非常時期，絕對不能容忍敗壞，寧可嚴苛一點也無所謂，若能堅持到最後就沒有問題，所以爻辭說「无大咎」，〈小象〉則更直接說「終无咎」。

六四象曰：裕父之蠱，往未得也。

六四是以陰爻居陰位，表現得軟弱無力，面對綱紀與倫常已經淪喪的敗壞現象，還不敢治亂世用重典，而一味地懷柔安撫，那就像用輕藥去治重病，怎麼可能痊癒？所以裕蠱絕非治蠱之道，這樣繼續往前發展下去，只有讓敗壞的現象更加惡化，毫無益處可言，所以說「往未得也」。

六五象曰：幹父用譽，承以德也。

六五以陰爻居陽位，又與九二爲正應，是爲剛柔相濟，不會過於剛猛，也不會過於柔和，爻辭說「用譽」就是六五借用九二之陽剛來調和自身之陰柔，〈小象〉所稱「承以德」，則是指六五之陰爻位在上九陽爻之下，有陰順承陽之象，九二在〈泰〉卦原爲乾體，乾爲道，乾又爲德，所以有「承以德」之象。德者得也，宇宙正常發展的路線，稱之爲道，人身正常發展的結果，稱之爲德，人的一生發展有顯著成就，才能稱得上是有道德。總之，這個時代的敗壞，是從父母那一世代逐漸積累而成，現在我們已經將綱紀倫常道德都整飭得很美滿，那就不再像初六〈小象〉「意承考」的承之以意，而已提升到六五〈小象〉「承以德」的承之以德，因爲此時已天下太平，有德業可承了。

上九象曰：不事王侯，志可則也。

我們剛才說「用譽」是六五借用九二之陽剛來調和自身之陰柔，二爻與五爻易位，則二三四互坎爲志，坎又爲則，所以有「志可則」之象，意思是說，上爻是宗廟之位，居於指導監督的位置，而非實際的執行者，但是上九的志向可以做爲執行的法則。

第十八卦

蠱卦

講習大綱

蠱

巽　艮
下　上

── 此係〈巽〉宮歸魂卦，消息三月，旁通〈隨〉，反對〈隨〉。

　　歷來訓蠱，皆謂敗壞而有事，〈雜卦傳〉曰：「蠱則飭也。」既經敗壞，需要整飭，當然是有事，卦以艮巽成體，艮爲山，又爲止，巽爲風，風在山下，其氣不暢，而成停止狀態，所以敗壞生蠱，是即所謂蠱也。

壹、總說

佈卦的次序

　　處〈隨〉之後，溺於宴安，人心不振，難免因循，整個社會的環節，亦必由鬆弛而產生脫誤，一有脫誤，便即淪於蠱壞之境地，非加

整飭不可，故在〈隨〉後而爲〈蠱〉。

成卦的體例

外體艮，內體巽，艮爲少男，巽爲長女，中爻互兌爲悅，以長女而悅少男，陰陽極不諧和，又以巽風在艮山之下，盤旋不出，蠱之所由生也，《左傳·昭公元年》曰：「女惑男，風落山，謂之蠱。」

立卦的意義

蠱之爲義，是由敗壞到整飭，其間有先後相因的關係，敗壞了，固然要整飭，而整飭更得要針對敗壞的癥結之所在，陽如敗壞則治陽，而爲「幹父之蠱」，陰如敗壞則治陰，而爲「幹母之蠱」，並須推其先而慮其後。

貳、彖辭（即卦辭）

〈蠱〉：元亨，利涉大川，先甲三日，後甲三日。

治蠱之道，首須有好的開端，否則不足以解其蠱，好的開端就是所謂元，「元者善之長也」，有了好的開端，纔能有完美的發展，完美的發展就是所謂亨，「亨者嘉之會也」，故繫蠱而曰「元亨」。二應五之正互坎，有大川之象，表示具爲艱難險阻，「利涉大川」，是說治蠱如能由元而亨，縱遇艱難險阻，亦可以渡過。甲爲十干之首，指的是蠱壞發生之初，「先甲三日」，是向蠱壞以前一階段一階段的推究，一直推究到最前的三個階段，以瞭解其所以然；「後甲三

日」，是在治蠱以後一階段一階段的籌畫，一直籌畫到最後的第三個階段，以防備其未然。

參、爻辭

初六：幹父之蠱，有子，考无咎，厲終吉。

初變正成乾，初屬震爻，震為子，乾為父，有父子之象。處蠱之初，雖已蠱壞，其蠱未深，如加以整飭，即可无咎，猶之子繼父業，力圖挽救其敗壞之形勢，是即有子而考无咎矣，惟仍須危厲自警，最後方能獲吉。

九二：幹母之蠱，不可貞。

二為坤陰主位，有母象，以陽居之，其陰失位，故須調整其陰而幹母之蠱，但〈蠱〉在卦辭上，只有元亨與利涉大川之利，不及於貞，蓋已蠱壞，不能貞固而不變也，所以不可貞。

九三：幹父之蠱，小有悔，无大咎。

父蠱屬於陽，而為精神動力方面的缺失，蠱至九三，陽剛已盛，其力足以救陽之弊，故能幹父之蠱，雖嫌過於剛猛，因與上九不應，不致遭受亢龍之悔，只有小悔而已，並無大咎。

六四：裕父之蠱，往見吝。

六四以柔居柔，互體又為兌柔，柔弱無力，不僅不能治父之

蠱，適足以增益其疾，故稱爲裕，裕者寬裕也，既已蠱壞，則須振作有爲，豈寬裕所能濟事？如以此而往，必見諸吝。

六五：幹父之蠱，用譽。

六五以陰居中，而應九二之陽，剛柔相濟，故能幹父之蠱，以成榮譽之功，譽是取象於二，〈繫辭傳〉曰：「二多譽。」就人事而言，即統治者深得輔佐之力，而有所作爲，如商之太甲、周之成王是也。

上九：不事王侯，高尙其事。

蠱至五而用譽，其蠱已飭，天下治矣，天下既治，故上九即不必如王侯之幹父幹母，而可以高尙其事，蓋當蠱之終，位又崇高，只須居高臨下，從事監督而已。

肆、彖傳

彖曰：蠱，剛上而柔下，巽而止，蠱。蠱元亨，而天下治也。利涉大川，往有事也。先甲三日，後甲三日，終則有始，天行也。

虞翻據卦變，謂〈泰〉乾初之上爲剛上，〈坤〉上之下爲柔下，剛上柔下，就是《左傳・僖公十五年》所講的「外強中乾」，兼之內體巽陰沉滯，而外體呈現艮止狀態，其氣不暢，所以成蠱。治蠱如由「善之長也」之元，而至「嘉之會也」之亨，是蠱已飭，天下自

亂反治矣。又以治蠱免不了要冒險犯難，而有涉川之象，因於動亂之中，發揮作爲，是即往有事也。先甲三日，是在追溯以前各階段，而究之於始；後甲三日，是在安排以後各階段，而慎之於終，欲求如此而終，則必如此而始，既經如此而始，亦必如此而終，天道往還，固如此也。

伍、大小象傳

象曰：山下有風，蠱。君子以振民育德。

　　艮山在上，巽風盤旋於下，鬱結成蠱，當然需要整飭，所謂「蠱則飭也」，如何整飭？在人事首須復蘇蠱壞時之民困，而振其民，振民又必須從育養民德著手，中爻互震振民，互兌育德，故曰：「山下有風，蠱，君子以振民育德。」

初六象曰：幹父之蠱，意承考也。

　　初六治蠱之始，自應斟酌損益，不能完全依承父事，故曰：「意承考也。」

九二象曰：幹母之蠱，得中道也。

　　九二以陽居陰，不剛不柔，位又居中，故曰：「得中道也。」

九三象曰：幹父之蠱，終无咎也。

　　九三雖爲過猛之陽，但治陽受傷害之父蠱，則无大咎，故曰：

「終无咎也。」

六四象曰：裕父之蠱，往未得也。

六四裕蠱，非整飭之道，以此而往，蠱不得而治，故曰：「往未得也。」

六五象曰：幹父用譽，承以德也。

六五應二而承上，用剛而濟之以柔，治蠱至此，已圓滿完成其德業，故曰：「承以德也。」

上九象曰：不事王侯，志可則也。

上九居卦之終，蠱已飭矣，可以不事王侯，故曰：「志可則也。」

第十九卦

臨卦

周鼎珩講　李毓善記錄

臨

兌　坤
下　上

—— 此係〈坤〉宮二世卦，消息十二月，旁通〈遯〉，反對〈觀〉。

壹、總說

佈卦的次序

　　孔子〈序卦傳〉說：「蠱者，事也。有事而後可大，故受之以〈臨〉。臨者，大也。」蠱呢，事情已經敗壞了，事情已經敗壞了，就要面對整飭的行為，不能讓它繼續敗壞下去，有一番整飭的作為，就會大，這種新興氣象正在發揮出來，就是「臨」。「臨」是事情臨頭了，我們正當其時、正當其位。「臨」為什麼是正當其時、正當其位呢？因為〈臨〉本來是〈坤〉卦，它是二世卦。陽來息坤，乾陽第一次來息成〈復〉，第二次來息成〈臨〉，第三次再息就成

〈泰〉。一個賢能的統治者能把國家弄好，怎麼把它弄好呢？因爲賢能的人有動能、智慧來開化國家這陰體，但〈復〉卦是初陽，初陽在〈乾〉卦是「潛龍勿用」，嫩陽在〈乾〉卦的時候沒有作用，虞翻說：「〈復〉小陽潛。」所以〈復〉卦的陽很小，是嫩的，不能發揮作用；〈泰〉卦是天地交泰，事象已成了，天地已經交通了，萬物已經化生了，用不到再作了；只有〈臨〉卦，升到二陽，二陽在〈乾〉卦是「見龍在田，利見大人」。「田」就是基礎，在基礎上已經表現出來，而且已經「利見大人」，陽已經漸漸成長，可以發生作用了，也就是說，〈蠱〉卦之後，只有〈臨〉卦的二陽正當其時、正當其位，正要開化陰體，也有力量開化陰體了，所以〈蠱〉卦之後繼之以〈臨〉。

成卦的體例

　　前面講過〈臨〉是〈坤〉宮二世卦。〈臨〉的卦體本來是坤，乾陽來息坤，初息成〈復〉，二息成〈臨〉，三息成〈泰〉。陽來化陰，陰體需要陽的動能來開化它，但在初爻，陽的能力不夠，到了三爻，已經開化好了，用不著再作，只有二陽是正當其時，正在要用這力量開化陰體。正在開化陰體的階段、時候，所以成〈臨〉卦。〈臨〉卦外卦是坤，坤爲地；內卦是兌，兌爲沼澤、海洋。海洋與地很臨近，所以稱臨。〈臨〉卦的卦名是這樣來的，這是第一個體象。

　　第二個，以人事來講，臨表示這種現象正當其時、正當其位，如正在辦外交，事情來臨了，外交部長正當其時、正當其位，〈臨〉的卦辭說：「至于八月有凶。」這是個戒詞，就是說要能把握得住，把握不住，這個臨就像蜻蜓點水一躍而過，就完了。《禮記·曲禮上》

說：「臨財毋苟得，臨難毋苟免。」財臨頭了，不要勉強貪求，要把握得住，把握不住，勉強貪求沒有用；不可避免的患難來了，把握不住，就苟且偷生，把握得住，就不會苟且偷生。臨字的意義，正當其時、正當其位，要把握得穩，把握不穩就不行，這是第二個體象。

第三個，臨字的意義是：正當其時、正當其位，但正當其時、正當其位要有一個對象啊！說外交現象好了，這外交現象來臨時，就是臨的對象；「臨財毋苟得，臨難毋苟免。」錢財、患難，就是臨的對象。〈臨〉卦本來是坤體，坤為事、坤為民，民是坤的代表、事也是坤的代表，所以就〈臨〉卦本身來看，臨的對象是什麼呢？是臨民、臨事。第一個，坤為民，陽代表的，是動能、智慧，我的智慧、動能臨到了百姓事務上頭了；第二個，坤為事，我的智慧、動能臨到了事業上頭了。所以從卦象上看，臨字的對象是臨民與臨事。

第四點，進一步介紹，何以臨民與何以臨事？就卦體上看，這個臨啊！內體是兌，兌為悅，外體是坤，坤為順，好了，我們何以臨民與何以臨事，這卦體的原則就指示出來了。〈臨〉卦的第一個主題是：何以臨民？內體是兌，兌為悅，悅澤的心情，外體是老百姓，我臨民啊！最重要的是悅澤的心情，悅澤是什麼？是平易近人，不是高居在上；被臨的老百姓呢，要柔順、要和順，我臨他，我這麼做，老百姓就跟著這麼做。卦體本來是坤，陽進到坤，以坤為體，由坤變成為為臨，所以我們臨民是站在老百姓裡面，不是在老百姓外面，那你的所作所為，是以老百姓為主，是老百姓要的，你以老百姓為主，老百姓就會順，這是臨民。〈臨〉卦的第二個主題是：何以臨事？內體為兌，兌的初、二兩個陽是化那個坤體的陰的，那個坤體的陰是事業，事業是個死東西，那個坤體要活化起來、生動起來，是要這個陽

來生動起來、活化起來的，兌爲悅，用悅澤的心情，就能夠把這事業生動得了、活化得了。這是第四個體象。

立卦的意義

〈臨〉卦的道理何在？爲什麼要說〈臨〉卦？我們剛才講：「臨」就是事到臨頭了。事到臨頭了，第一個：要有個方針，第二個：要有個途徑，有個步驟。一個方針、一個步驟。任何一件事情都不能缺少這兩個東西。

〈臨〉卦的卦辭就是告訴我們，事到臨頭，要有什麼方針？事到臨頭，要按照什麼步驟做？該怎麼走？爻辭就是告訴我們步驟。我們爲什麼要說這個呢？因爲我們看到古往今來很多英雄、豪傑、事業家，功敗垂成。敗在什麼地方呢？都是在事到臨頭的時候張皇失措。事到臨頭，張皇失措，這種例子很多很多。那麼爲什麼張皇失措呢？就是他沒有了解這個方針和步驟。「臨」就是任何事情，不管大小，都有不變的方針、一定的步驟來解決。「臨」就是事到臨頭的方法、步驟，不了解這個方針、步驟，每每就失敗了，我們學〈臨〉卦就是學這個，一定要了解這個。

第二，我們剛才講：「臨」是二陽並臨坤體，不是〈復〉卦的一陽。此意味著我們臨事、臨人，不是我一個人當家作主所能完成。天下事不是一個人所能做得了的，「臨」代表事情來了，要眾志成城，大家一起來完成。陽代表智慧、能量，要用很多智慧、能量，才能把事情完成。中國過去是眞正的民主，不是用我自己的意思去做，而是把天下老百姓的意思集中，自己是秉承老百姓的意思去做。天下事的完成，既然要用很多智慧、能量，〈臨〉卦就要選賢與能，至於

選舉，是怎麼選呢？漢代選拔統治人才的科目之一是賢良方正，皇帝極爲重視，唐宋沿用，設有賢良方正科。哪個是孝子？哪個有德行？由公卿諸侯王、郡守等高級官吏舉薦，送至朝廷，皇帝親自過問，分別高下，授以官職，人才是這麼來的，並不是你說那一個，就是那一個。正常的時候，都是這個樣子；但如果政府腐敗的時候，就不是這樣。因此中國過去的民主，是眞正的民主，眞正的臨，就是舉薦眞正的賢。除了舉薦賢良方正，隋唐以後，歷代都有科舉考試，從地方先考，最後在京都集中考。地方上特別重視讀書人，讀書人在地方上是榜樣，有一股莫大的力量，過去遇到地方老百姓婚喪喜慶，他們都會列席，他們是政府政策的義務宣傳員、推行員。賢良方正科、科舉考試都是把這些地方上賢能的讀書人選拔到政府來，共同發揮智慧、能量，來完成天下的事。二陽是拿大家的智慧集中起來，來開化這個陰，不是只用一個人的力量，一個人照顧不過來啊！這是我們所說的臨的第二個意義。

第三，事不是眾人的就是孤，過去的統治者稱孤、稱寡人，稱孤道寡就是表示沒有群眾、對老百姓領導不起來，稱孤道寡是統治者的謙辭。要天下人集體的靠向你，使天下的意見集中在一起，爲你所用，這是我們讀〈臨〉卦要知道的事。一陽開化陰，力量不夠，二陽來化陰，眾志成城，因此這個陰就開化成了。這是我們學〈臨〉卦的第三個意義，千萬不要面臨孤獨。

陽剛的動能固然可以臨民、臨事，但陽剛的動能有時而窮，並不是取之不盡、用之不竭的，所以我們一方面要用陽剛來臨民、臨事，另一方面要培育這陽剛，否則陽剛有時而窮、無以爲繼。所以〈臨〉卦卦辭曰：「元、亨、利、貞。」這四個字是什麼意思？是代

表「貞」下啓「元」，才能綿延不斷，不會青黃不接。這是第四個意義。

貳、彖辭（即卦辭）

〈臨〉：元亨利貞，至于八月有凶。

我們《易經》用「元、亨、利、貞。」這四個字，四德畢備的，只有這七個卦，是哪七個卦呢？諸位可以記一下：第一個是〈乾〉卦，「〈乾〉：元、亨、利、貞。」第二個是〈坤〉卦，「〈坤〉：元、亨、利、貞。」第三個是〈屯〉卦，「〈屯〉：元、亨、利、貞。」第四個是〈隨〉卦，「〈隨〉：元、亨、利、貞。」第五個是〈臨〉卦，「〈臨〉：元、亨、利、貞。」第六個是〈无妄〉卦，「〈无妄〉：元、亨、利、貞。」第七個卦是〈革〉卦，「〈革〉：元、亨、利、貞。」具有此四德的，只有此七個卦。因為這七個卦都是純粹以乾陽為主的，都純粹站在乾陽立場的，而且，這七個卦最後都可以變成〈既濟〉定。初陽是〈復〉、二陽是〈臨〉、三陽是〈泰〉、四陽是〈大壯〉，五陽是〈夬〉、六陽是〈乾〉。從這個一陽開始，到六陽為止，只有二陽和六陽是「元、亨、利、貞。」四德畢備。什麼理由呢？因為初陽是獨生，還小，沒有具備乾元的能量；三陽這個乾的勢力已經成了，已經相交成體，所以亨；四陽已經太過了，陽太過，不能再發展了。陽的再生能力只有二陽和六陽是「元、亨、利、貞。」純粹站在陽的立場來看，〈臨〉卦與〈乾〉卦同質。

　　我們看卦象，這七個卦的「元、亨、利、貞」看起來是一樣的字，卻各有各的道理意義。第一個是「元」：〈臨〉卦的「元」是乾卦的初陽、二陽來臨到坤體，〈臨〉卦是是新興氣象正在創始、發展的意思。第二個是「亨」：〈臨〉卦是陽來臨陰，把陰體開化了，陰體開化了就亨通。臨民，臨老百姓，把事情辦好，社會弄得欣欣向榮，事情搞好了，就亨通了。第三個是「利」：「利」是鋒利。刀子快，刀子利，一切就斷了；刀子鈍，就切不斷，這是刀子不適合。所以「利」就是很爽利、很爽脆、很爽朗、很決斷。怎樣才能爽利呢？就是擺得很和諧，擺得很適宜、擺得很妥當，事情擺得和諧、適宜、妥當，當然事情做起來很快；位置沒有擺好，事情就難辦。臨呢，開化陰，不管臨民還是臨事，要開化得很快、很鋒利，位置要擺得和諧。第四個是「貞」：不管臨民還是臨事，要正確穩定的往前跑。這是〈臨〉的四德。這四德是和〈乾〉的四德是一樣的，也是要開始、也是要亨通、也是要鋒利、也是要穩定，但彼此所指的境界、程度、意義不同。〈臨〉的「元、亨、利、貞。」是指當時的那件事情，〈乾〉的「元、亨、利、貞。」是普遍的。〈臨〉的「元、亨、利、貞。」是臨政的臨，你做臺北市市長，你所臨的是臺北市民，一個元、一個亨、一個利、一個貞，是指這個，不是普遍的。這是第一個。第二個，〈臨〉的「元、亨、利、貞。」意思就是開始了、通暢了，適宜了，穩定了。如果穩定以後沒有了，就完了；穩定以後又重新開始，就「貞」下啓「元」，這樣往復循環，才能綿延不斷。〈臨〉的「元、亨、利、貞。」這四個字有這個境界。

　　「至于八月有凶」，《易經》數目字，要嘛三年、要嘛三歲，要嘛十年，要嘛七日、要嘛八月。「日」代表陽，「七日來復」，是

指陽經過七個階段，第七個階段它才來，這第七個是什麼東西來呢？是「陽」來。「月」代表陰，「八月」指八個階段。至於「年」、「歲」是包括陰陽的，三歲與三年差不多，三歲與三年的「三」，代表半個循環，一卦六段落的一半。這是「易例」，附帶在此說明。「至于八月有凶」，歷來有三個說法：第一個說法，是虞翻的。〈臨〉卦經過旁通，經過幾個變化，就變成〈遯〉。〈遯〉在十二辟卦是六月，正月是〈泰〉，二月是〈大壯〉，三月是〈夬〉，四月是〈乾〉、五月是〈姤〉、六月是〈遯〉。〈遯〉是六月，為什麼講八月？周曆八月是夏曆六月，周曆十一月是正月，〈復〉卦是正月、〈臨〉卦是二月、〈泰〉卦是三月、〈大壯〉卦是四月、〈夬〉卦是五月、〈乾〉卦六月、〈姤〉卦是七月，〈遯〉卦是八月。意義是說陽經過以上這八個階段，就變成陰。〈遯〉是以子弒父之卦，是天地退避，所以「至于八月有凶」。意思是頭腦智慧、能力，正當其時，正當其位，要把握住這個時，把握住這個位，要有所作為，不要因為正當其時，正當其位，就懈怠，就蠻不在乎，不然，「至于八月有凶」，這是戒詞，等過一個時期，一變化，這兩個陽沒有了，頭腦智慧、能力沒有了，就發揮不了了。

　　第二個說法，「至于八月有凶」，我們現在的農曆也是夏曆，從夏曆看，一月為〈泰〉、二月為〈大壯〉、三月為〈夬〉、四月為〈乾〉、五月是〈姤〉、六月為〈遯〉、七月為〈否〉、八月為〈觀〉，〈觀〉卦正是八月卦。以反對卦言之，其反對卦是〈觀〉，〈觀〉卦正是八月卦。但是〈觀〉卦不是凶卦，〈遯〉卦才是凶卦。〈觀〉卦是大觀在上，並沒有凶象。第三個是蜀才的說法，蜀才是晉人。〈臨〉卦經過七個變化，到第八階段變為〈否〉卦。這是殷曆的

算法，殷朝的正月，就是現在的十二月，文王繫卦的時候是商朝的臣子，所以用殷的曆法。我國古代有所謂天地人三統曆：周朝建子，爲天曆；商朝建丑，爲地曆；夏朝建寅，是人曆。現在街上賣的黃曆是夏曆，是根據孔子說的，孔子主張：「行夏之時，乘殷之輅，服周之冕。」（《論語・衛靈公第十五》）所以我們秦漢以後行夏朝的曆。商朝正月建丑，這正月、二月、三月、四月、五月、六月、七月、八月，到了第八是〈否〉卦，〈否〉卦是天地不交、萬物不通，這是蜀才所講的。我們所取的是虞翻的說法，〈遯〉卦是八月，所以「至于八月有凶」。「至于八月有凶」的意義是：事情臨頭了，正當其時、正當其位，不知把握時機，很快就過去了，所以不能懈怠，否則「至于八月有凶」，很短的，陰就來了。同時，警誡我們「元、亨、利、貞。」了，要「貞」下啓「元」，綿延不斷，這是卦辭的意思。

參、爻辭

初九：咸臨，貞吉。

這個「咸」是什麼意思？這個卦從初爻至五爻，伏有〈咸〉卦體象，這是第一個意義。第二個，「咸」是皆也，都是這樣，因爲〈臨〉卦是兩個陽一起來化陰。第三個，「咸」是普遍的、周到的意思。「咸」就是普遍的、周到的臨民、臨事。世界共產黨的政治就不大普遍、不大周到，因爲他們講階級利益；有階級就不大普遍、周到，階級利益不能代表整體。臨民是整體的，好人，我們要感化他、開化他，壞人我們也要感化他、開化他，不能因他是壞人就不要了，沒有這樣的道理。宇宙化生萬物也是一樣，好的東西生他、壞的東西

也生他。毒蛇猛獸，宇宙一樣也生牠。所以臨民、臨事要普遍，好人我們也要開化他、壞人也要開化他，不能因他壞，就把他排除在利益之外，沒有這回事，這種道理是不通的，這是「咸臨」。

「貞吉」，初爻以陽爻居陽位，當位得正，所以叫「貞吉」。卦象的源頭如此。至於意義呢，「貞」，要穩定、要正確。臨民也好、臨事也好，要很周到、要很普遍，你就如此的「貞」，很穩定、很正確的，才「吉」。

九二：咸臨，吉，无不利。

二爻與初爻二陽相比，兩個是連起來的，所以稱爲「咸」。「咸臨」，初爻稱「咸臨」，二爻也稱「咸臨」，初九是陽，九二還是陽，代表二陽化陰，臨民、臨政，用大家的智慧、大家的能力共同臨民、臨事，這叫「咸臨」。九二「咸臨」，臨民也好、臨事也好，很周到的、很普遍的，都注意到了，就「吉无不利」，沒有不利的。初爻是「貞吉」，二爻「吉无不利」。因爲初爻的陽還淺、陽還小，才發動，陽的智慧能力還不夠，臨民、臨事的時候，剛開始，要求正確，正確才「吉」，因爲剛開始，是不是成熟、是不是正確，還不知道；二爻的陽，已經旺了，已經大了，已經「見龍在田，利見大人。」不是「潛龍勿用」了，表示臨民、臨事的智慧、能力，已經非常飽滿成熟，可駕馭這現象了，所以「吉无不利」，沒有不好，不諧和的。陽到了這種程度化陰，三乘二、二承三，二、三很近，已經被開化了，不成問題，二與五又正應，對外面的四陰，都照顧得到，沒有孑遺，如此，當然是「吉无不利」。

六三：甘臨，无攸利，既憂之，无咎。

　　什麼是「甘」呢？《尚書・洪範》講：「…土爰稼穡。…稼穡作甘。」〈洪範〉是哪個作的？《尚書・洪範》講：「武王勝殷，殺受，立武庚，以箕子歸。作《洪範》。」所以〈洪範〉是箕子作的。孔子說：「殷有三仁焉。」（《論語・微子》）在商紂的時候，有三個賢人：第一個是微子、第二個是箕子、第三個是比干。箕子在商紂要殺他的時候裝瘋，逃掉了，逃到現在的韓國，帶了一批人在韓國開國了。「惟十有三祀，王訪于箕子。」（《尚書・洪範》）武王伐紂，紂自焚，武王帶回箕子，並向箕子請教，這〈洪範〉就是箕子向武王講的。講《尚書》，〈洪範〉是最難的作品，現在在臺灣能把〈洪範〉講通的，沒有；讀《尚書》，最重要的是要讀〈洪範〉。「土爰稼穡」的「土」怎麼來的？卦本坤體，二爻交坤爲〈臨〉，九二乾陽已經進入坤體之中，六三已經是坤，坤爲「土」，「土」稼穡出來的百穀，味道是「甘」，是甜的，「甘」字就是從這說法來的。

　　「无攸利」，「攸」是所，「无攸利」，就是無所利，是沒有什麼好的。爲何無所利呢？因爲「利」是指臨事、臨民的動能，現在三爻是陰爻，不是動能，所以「无攸利」，無所利。「既憂之，无咎」，初、四是應爻，如果初、四易位，二爻上去化坤，則外卦是坎，坎爲加憂，「憂」字是這樣來的。爲什麼要說「甘臨」？六三是以陰爻居陽位，沒有能力的人居陽的位置，臨不了民，做不了事；有大能力的人才能居此位置，才能臨民、臨事，六三以沒有能力的人居統治的位置，無其才，有其位，結果大不了只能「甘臨」，以和顏悅色到處求人。臨不了的事，只好磕頭、哈腰與人笑臉相迎，這是「甘

臨」；帶兵官帶阿兵哥帶不好，只能拍肩膀、稱兄道弟，把情況維持住，這就是「甘臨」。這種「甘臨」，「无攸利」，沒有能量、只憑笑臉來迎合人家，當然諧和不了，根本辦不通，是無所適宜的。

「既憂之，无咎」，事情辦不通，臨不了，感覺到不對，就憂。「憂」者，內卦六三是兌，兌為悅，初、四相應，易位，把兌卦的底下塞起來，就變成坎了，坎為「加憂」。兌卦的底下沒有塞起來，是陽通；把兌卦的底下塞起來，是陰不通。一個人的毛病在錯了還自以為是，毛病就大了；「既憂之」，知道這樣做是不好的，會憂愁，就會把事情改變了，而一改方向，就「无咎」，就好了，就不會有毛病。

六四：至臨，无咎。

「至」是周至，很親切的意思。因為初爻與四爻陰陽正應，正應有親切之感，四爻的陰被初陽開化了，臨得親切，自然「无咎」，沒有毛病。初爻講「咸臨」，它是無心之感，周全普遍的感應，所以到了四爻講「至臨」，很誠摯、周到的相應。

六五：知臨，大君之宜，吉。

「知」，是那裡來的呢？因為二爻上去居五，外卦變成坎，坎為溝瀆，水是流動的，很聰明，所以是「知」。「大君」，五居天子之位，陽是大，所以是「大君」。這一爻大象的源頭是這樣。它的意思是臨之六四，很親切、周到，因為它與初爻「咸臨」照應；五爻與二爻相應，這個也是「咸臨」。五爻在四爻之後又是「知臨」，五爻的「知」是怎樣的「知」呢？我們臨民、臨事，把天下所有情況都要

搞清楚，但我們一個人沒有這種聰明智慧，把天下的聰明智慧集中在我一個人身上，就無不周到了，這是最聰明的；有的人頭腦凍結了，完全自以為是，是最笨的。《中庸》說：「唯天下至聖，為能聰明睿知，足以有臨也。」我們要有高度的智慧，才能臨民、臨事，所以臨民、臨事不是簡單的事。要把天下每一個人、每一個階層，它的情況做一了解，才能臨民；臨事，指這個政策會發揮什麼作用？都要瞭若指掌，清清楚楚。有這種聰明睿知，才能臨。這句話，是從〈臨〉卦這一爻來的。

「大君之宜，吉。」「大君」是最高統治者。「吉」者，是事之宜也。以這樣的聰明睿知臨民、臨事，大君的體統能夠這樣，就「吉」。

上六：敦臨，吉，无咎。

為什麼要講「敦」呢？因為外卦是坤，坤為土；二上去就變成艮，艮也是土，土有「敦」之象。我們看人，可以用後天八卦來看，後天八卦，金（乾）居西北，金型的人皮膚比較細，人長得秀氣；土（坤）居西南，土型的人濃眉大眼，頭髮生的濃一點，有忠厚篤實之相；水（坎）居北方，水型的人勇氣不夠，膽子小一點；木（巽）居東南、火（南）居南，木火型的人有開創的勇氣，個性粗疏，兩眼間開的很寬。〈臨〉是土金型的。象是如此，意義是什麼呢？是說〈臨〉卦到了「知臨」之後，就「大君之宜」了，體統已經具備了；具備以後就「敦臨」，穩定住。我們策略正確了，就這麼做，這麼做以後，就穩定住，「敦臨」就是這個意思。

〈臨〉卦是以陽化陰的，拿卦象來看，陽已經長到二爻了，二爻

在〈乾〉卦是「見龍在田，利見大人」，這個陽已經表現出來了，已經夠力量可以化陰了，外卦是坤陰，二之五，全部已經化了，到了五爻，是「大觀之宜」了，到了上爻，就要「敦臨」，敦厚篤實的把握住這個，不要猶豫，不要流動，好好把握住，就「吉」，就對了，沒有毛病。

　　這六爻，整個來看，除了「甘臨」有憂，其餘的都是大順的：「咸臨」，是對的；「至臨」，是對的。「知臨」是這個〈臨〉卦最主要的，一方面臨民、一方面臨事，兼天下之民而臨之，用盡一切聰明智慧為民服務，「大君之宜」是這個卦最重要的話。至於「甘臨」，指六三有統治之位而無統治之才，只好以寬和的態度討好部下，所以〈臨〉卦六爻，最怕的就是六三。綜合整個卦來看，有四個精神：第一個是「咸臨」，臨民、臨事，普遍、均衡，偏於一隅就不行，每個老百姓都要化，宇宙化生萬物，沒有哪個是不化的，這個東西不好，我不化，哪有這個道理？所以共產黨的階級鬥爭，就是錯誤的。第二個是「至臨」，統治要有親情，要周至，要周到。第三個是「知臨」，臨民、臨事，要用聰明智慧。第四個是「敦臨」，體統具備了，要敦厚篤實的把握住。

肆、彖傳

彖曰：臨，剛浸而長，說而順，剛中而應，大亨以正，天之道也；至于八月有凶，消不久也。

　　這個「剛」是陽，〈臨〉卦內體為兌，兌體有兩陽，「剛浸而

長」，是指這陽剛之氣漸漸往上長，多至一陽生，從多至開始，陽慢慢、慢慢的逐漸往上生長。「說而順」，外卦是坤，坤為順，內卦是兌，兌為說。卦象如此，意義是什麼意思呢？這是根據陽旺說的，從小孩子就看得出來，小孩子沒有非分的事，都是高興的，因為他陽旺嘛！陽旺，陰就化了，於是外在才能活動、有成就。陽旺的人，他感覺很有辦法，陽衰的人，他感覺沒有辦法。歷代有這剛陽的，外在才有坤，外在才有成就。陽旺的人，臉色是紅潤的，如果他愁眉苦臉，是他陰氣太旺了，要衰了。看人可以從春天、秋天看：人哪！有的是春天的面目，有的是秋天的面目。春天的面目，是怎樣的呢？這人是和顏悅色的；秋天面目的人，見人都是愁眉苦臉的。假使我們在外面，覺得自己很有辦法，表現出和顏悅色，事業就會發達；假使你自己愁眉苦臉，就會到處都打不進去。所以內在的悅，外在才會順，這兩個是通的；內在的悅澤之氣，外在才會得順遂的環境，這一點對我們人生修養很有關係。

「剛中而應」，我們講過好幾次，什麼是「剛中」呢？內在有著陽剛真氣，他發揮出來的，就是所謂的「大人者，不失其赤子之心也。」（《孟子・離婁下》）因為他內在有著陽剛真氣，他的心裡還像個小孩子一樣，所以他赤赤裸裸、痛痛快快的，沒有悲觀的時候。假使你能有一片赤子之心，非常至誠的、非常周到的，到社會上，一定成功，沒有不應的。誠是應事最大的策略，我用這個策略，不是自私的，不是害人的，如赤子般真誠待人，沒有不應的。我隨便講個故事，楊森將軍，真誠、不失赤子之心，被總統重用。

「大亨以正」，「亨」者，通也。「正」，這個〈臨〉卦自從初爻「咸臨，貞吉」就要貞，貞就是「正」；一開始臨的政策，無論

是臨民也好、臨事也好，陽氣化陰要遵守陽的「正」；臨民、臨事也要「正」，自己也要「正」，不「正」哪！就不能臨事。六三陰居陽位，所以這一爻不當位，如果這一爻變「正」了，變成陽了，變成〈泰〉卦，天地萬物就通泰了。這是卦象的源頭。

「大亨以正」的意義是什麼呢？就是說凡宇宙現象、社會現象，要通暢無阻，必須要正確；很正確，才能通暢無阻。以身體來講，身體無不適，內部五臟六腑，才能運行無不通暢；如果身體有一點偏差，裡頭運行就有毛病了，所以一定要「正」。「臨，剛浸而長，說而順，剛中而應，大亨以正，天之道也。」

「剛浸而長」，陽剛運行是漸漸長的；「說而順」，內在是悅，外在是順；「剛中而應」，有陽剛正氣，才能有呼應；「大亨以正」，真正通了，以上都是天之道。這是第一個。

第二個是「至於八月有凶，消不久也」。「至於八月有凶」，我們前面講過，有三個說法，我們採取虞翻的說法，周曆八月是夏曆六月，周曆十一月是正月，〈復〉卦是正月、〈臨〉卦是二月、〈泰〉卦是三月、〈大壯〉卦是四月、〈夬〉卦是五月、〈乾〉卦六月、〈姤〉卦是七月，〈遯〉卦是八月。臨的時候，陽來化陰，我們臨民、臨事的時候，要把握住這個機會，不然，「消不久也」，陽的衰亡，是不會太久的，這個機會不久就要消失了。我們年紀大一點的，都有這個感覺，過去很多機會，自己沒有把握住，就喪失掉了。這個卦的「至於八月有凶」，就是警告我們：你有機會來了，臨民、臨事要把握住，不要喪失掉。「消不久」，你只要不注意，很快就要喪失掉了。這個「消」，是指以陰消陽。〈臨〉卦本來是以陽來息陰的，以陽來化陰的，這是很好的機會，但人遇到很好的機會，自己每每得

意忘形、粗心大意，把這機會漏掉了，不久它就陰來消陽了，以後再想找這機會，就消了，就找不到了。這是孔子在〈彖傳〉中教我們的。

伍、大小象傳

象曰：澤上有地，臨。君子以教思无窮，容保民无疆。

「澤上有地，臨」，內卦是兌，為澤；外卦是坤，為地。這個卦體是澤上有地，兌澤之上有坤地。意思就是：兌澤之上有坤地，湖海在土四周，土是被湖海圍起來的，澤和這土地是最臨近的。就是說臨是臨其時、臨其位，這臨是最直接、最臨近的。

「君子以教思无窮，容保民无疆」，「君子」是從哪裡來的呢？二陽來生陰，有「君子」之象。「教」字是從哪裡來的呢？內卦為兌，兌為朋友講習；外體本來是坤，二上居五，五就化成坎，坎為思；同時，二、三、四互成震卦，震為言。這是「教」、「思」兩個字的源頭。「无窮」，二爻臨兌，兌為澤，澤為大澤深淵，澤有淵深之象，所以講「无窮」。這是「教思無窮」四個字的源頭。

「容保民无疆」，「容」，外卦是坤，坤哪！「坤厚載物，德合无疆」，地球上的東西它都能容得住。「保」，坤是六月，萬物都是坤陰化生出來的，保育出來的，乾化、坤育，乾來化、坤來養，所以坤有「保」養之象。「无疆」，〈坤〉卦〈彖辭〉說：「牝馬地類，行地無疆。」所以坤是疆，是很廣大之象。意義是什麼呢？地下臨澤，澤上有地，就是如臨深淵，戒慎恐懼，很謹慎的樣子。「教思

无窮」，這意思第一個是「教」，如果臨民，一定要教。第二個是
「思」，「思」是什麼？「思」者，是計畫也。對老百姓要教，教化
的用心是無窮盡的，要特別的計畫，不是計畫好了就完了，要時時思
之，我搞這個事情有沒有周到？唯恐這老百姓沒有治理得好。「容保
民无疆」，我們臨民哪！要連續的設計，要把我們的誠意拿出來，把
各個個性、各個需要的老百姓都照顧好，需要的時候，還要送禮、倒
茶、奉菸。你拿自己的情緒對待老百姓，會喪失政府的威信；你對待
老百姓都得恭恭敬敬、客客氣氣，政府需要他們作事、下一個命令，
他們就都來了；如果政府不這樣，他們對政府的威信就差了，政府下
達命令，他們就驕傲、不理你。這個看起來事情很小，但是影響政府
威信很大，這是第一個「保」。第二個「保」是保養，我們一切的行
政措施，對老百姓各方面都想到，不是那個人熟一點就對他好，哪個
人生一點就對他不好，階級政治是搞不通的。分開來講，我們對待老
百姓，第一個是「教」、第二個是「容」、第三個是「保」、第四個
是「化」，「化」是融化。這是臨民的綱領。

初九象曰：咸臨貞吉，志行正也。

「志」，初與四易位變成坎，坎爲志、坎爲亟心。「行」呢，因
爲初到四爻，外卦變成震，震爲行。「正」，初以陽居陽、四以陰居
陰，兩個都正位，所以講「正」。意思是什麼呢？一個志要達到，一
定要行爲正確；一切行爲很正確，才能達到行爲的目標，所以「志行
正也」。

九二象曰：咸臨吉无不利，未順命也。

　　第二爻與初爻不同，初爻要正，第二爻，已經正了，就「无不利」了。「未順命也」，很不好解，歷來都講不好。為什麼「未順命」呢？〈臨〉卦是以陽息陰，息到最後，就旁通到〈遯〉，到了〈遯〉卦，這兩個陽就變成陰，變成陰以後，這二爻在〈臨〉卦是「知臨」。外卦坤，坤為順。順命就變成〈遯〉，現在二爻沒有到達那個地步，所以「未順命也」。這是卦象的源頭。意思是什麼呢？修道的人要逆修，修道的人所以要逆修，因為人在婚前，其氣化為天左旋，但是結婚之後，變成地右旋，氣化是倒行的。天左旋的時候，是陽旺，地右旋的時候，是陰旺陽衰，所以人於婚後十年八年，每每不僅骨節粗了，手指也粗了，這是因為地右旋。修道的人打坐，就是要把氣化回過頭來，道家所謂導引，就是用意念引導氣化，使它返老還童。因為二爻還沒有從左旋變成右旋，也就是還沒有從〈臨〉卦的二居震，變成〈遯〉卦的二居巽，這就是逆修而未順命，所以吉無不利。

六三象曰：甘臨，位不當也；既憂之，咎不長也。

　　「位不當」，三爻陽位，現在六三以陰居陽，無其才而居大位，所以「位不當」。「憂」，為什麼「憂」呢？我們回到〈乾〉卦三爻：「君子終日乾乾，夕惕若，厲无咎。」從早到晚都沒停，好像處在危地一樣憂愁，才沒有毛病。三爻陽位，現在六三以陰居陽，如果變震，〈震〉六三：「震蘇蘇，震行无眚。」就沒有毛病。〈履〉卦的六三也是「位不當」，六三的爻辭說：「履虎尾，咥人凶。」自己以為看得清楚，不「履虎尾」，但履到虎尾就「凶」。〈臨〉卦的

六三就是〈履〉卦的六三這個味道。六三本來不能走、不能看，「既憂之」，知道這樣不好，會憂愁，就自己變正了，變成陽了，變成陽了，就沒有毛病。

六四象曰：至臨无咎，位當也。

六四爲什麼「至臨无咎」？因爲六四與初九相應，初九以陽居陽位，六四以陰居陰位，這兩爻是彼此來往的，位置正確，所以「无咎」。

六五象曰：大君之宜，行中之謂也。

初爻是「志行正也」，五爻是「行中之謂也」。五爻爲什麼是「行中」、初爻爲什麼是「行正」呢？因爲初爻與四爻相應，四爻居「正」，臨民、臨事一定要「正」，不「正」就行不通；五爻與二爻相應，二爻剛「中」，臨民、臨事一定要「中」，不「中」就行不通。「行正」是行爲的狀態，表示行爲不動搖、不猶豫，很正確的把握住了；「行中」是行爲恰到好處，抓癢抓到癢處。所以五爻「大君之宜」，表示所行恰到好處。

上六象曰：敦臨之吉，志在內也。

上爻爲什麼講「敦臨」？因爲到五爻，坤陰已經化了，到上爻就是穩定住。「志」，二爻到五爻化陰，外卦變坎，坎爲志，「志」字從這裡來。「志在內也」，因爲它的體象是在裡面。這是卦象。意思是什麼呢？你的化陰、臨民，要有大君體統，志向要穩定在這個方向。

第十九卦

臨卦

講習大綱

臨
兌坤
下上

—— 此係〈坤〉宮二世卦，消息十二月，旁通〈遯〉，反對〈觀〉。

臨有正當其時之義，二陽浸長，正在開化坤陰，消息十二月，是已臨其時矣，以言人事，諸如臨民、臨事，皆屬於臨，〈臨〉卦即在指示如何臨民與如何臨事，蓋〈臨〉本坤體，坤爲民，又爲事。

壹、總說

佈卦的次序

〈序卦傳〉曰：「有事而後可大，故受之以〈臨〉，臨者大也。」蠱壞則必整飭而有事，既有飭蠱之事，則必反亂爲治，天下既已治矣，則必發展而爲可大之業，〈臨〉本坤體，象可大之業，故於

〈蠱〉後，卦佈爲〈臨〉。

成卦的體例

　　〈臨〉由坤息成，外體雖然仍是坤，內體卻已變成兌，兌爲澤，坤爲地，地與澤本即密邇相接，但地在澤上，澤卑於地，而地高臨澤，有居高臨下之勢，所以稱之爲臨。

立卦的意義

　　在卦象上，臨是臨民臨事，但其涵義則不止乎此，諸如「臨財毋苟得，臨難毋苟免」（《禮記・曲禮上》），以及一切臨的場合，都有個應該遵守的規則，〈臨〉卦各爻就是作這些規則上的啓示，要不然，事到臨頭，茫然無知，或是身臨其境，而手足無所措。

貳、彖辭（即卦辭）

〈臨〉：元亨利貞，至于八月有凶。

　　自初陽息〈復〉，二陽浸長以成〈臨〉，三動則乾體完備，是二陽以往，乃乾陽方盛之時，故亦如〈乾〉卦而繫之以元亨利貞四德，元亨是說由好的開始，而發展至於亨通，利貞是說宜乎守正，以臻於穩固，四德在〈臨〉，後者尤重於前者，蓋〈臨〉體陽雖盛，而盛極必衰，至於八月陰旺之時，即有消陽之凶矣，自應以守正而穩固爲最重要。按周曆八月建未，而爲〈遯〉卦值月，〈遯〉二陰來旺，〈臨〉體二陽，至〈遯〉已完全消失，所以八月有凶。

參、爻辭

初九：咸臨，貞吉。

初至五伏有〈咸〉卦體象，咸者無心之感也，初與四為正應，是陽臨而與陰相感，也就是陰陽極其融洽之義，故稱之為咸臨，至云貞吉，以臨居初，必須守正，正之於始，斯能吉之於終。

九二：咸臨，吉，无不利。

〈臨〉由初陽與二陽，相偕並進，以臨於坤體，故初曰咸臨，二亦曰咸臨，咸臨本來是指的陰陽相感，臨而有應，二以剛中而應五，外體群陰皆隨之而應，故吉无不利。

六三：甘臨，无攸利，既憂之，无咎。

三為兌主，兌性柔悅，又兌口啣坤，坤土味甘，是謂甘臨，甘臨義為以柔悅態度而象臨也，臨係以剛臨柔，令反其道，而以柔悅處臨，故无攸利，三如之正，則為〈乾〉三之「惕厲」而憂，即可无咎。

六四：至臨，无咎。

《說文》至「從一，一猶地也」，另據易例：初、二兩爻屬地，初居地下，四下而之初，故為至臨，又以初、四兩爻皆得位，彼此正應，其情最篤，而為臨之至者，當然无咎。

六五：知臨，大君之宜，吉。

六五虛中，與三相應，雖居君位之尊，而能虛懷接物，延攬賢良，所以成其為知臨，蓋兼天下之明而不自用者，知也，今人多愚而好自用，以致陷於不知之窘境，《中庸》曰：「唯天下至聖，為能聰明睿知，足以有臨也。」故為大君之宜而吉。

上六：敦臨，吉，无咎。

外體坤，坤為土，上居坤末，積土已厚，有敦厚之象，是為敦臨，義為德厚而物無不載，道久而化無不成，所謂「博厚配地」是也，上與三應，三甘臨，宜有咎，但因吉而无咎。

肆、象傳

象曰：臨，剛浸而長，說而順，剛中而應，大亨以正，天之道也；至于八月有凶，消不久也。

〈臨〉之二陽，正自下息，而有上長之勢，故為剛浸而長，其所預稱之為浸長，因內體息成兌澤，二陽有如兌澤之水，浸浸而上長，此就卦象而言也；內體兌為悅，外體坤為順，悅而順，是說主觀方面應該和悅，而對客觀，則應該順其情勢。剛中指的是九二，九二以陽剛居中，而為〈臨〉卦的主爻，謂凡處於臨的場合，一本剛中之德，而能不偏不倚，表現得恰到是處，自可獲致外在很融洽的相應。二陽浸長，其勢方盛，三必之正，動而成〈泰〉，泰者通也，通即是亨，又以二往應五，則成〈既濟〉，六爻皆正而當位，斯即所謂「大亨以

正」，意在指示天道之所以大亨者，基於正也。但陰陽消長，往復循環，至於八月，由〈臨〉推移而變成〈遯〉，於是〈臨〉之二陽，消於〈遯〉之二陰矣，故曰「消不久也」而凶。

伍、大小象傳

象曰：澤上有地，臨。君子以教思无窮，容保民无疆。

　　內兌爲澤，外坤爲地，澤卑於地，地高於澤，澤上之地，居高臨下，其象爲臨，君子臨民，即法其象，教而導之，並熟與籌謀，其情也有如兌澤之淵深，容而納之，並妥爲保護，其恩也有如坤地之博厚，故曰：「澤上有地，臨。君子以教思无窮，容保民无疆。」

初九象曰：咸臨貞吉，志行正也。

　　初九得位居正，與四又係正應，變坎爲志，故曰：「志行正也。」

九二象曰：咸臨吉无不利，未順命也。

　　九二咸臨，謂以感而臨，因二應五，五居外體坤，非感無以達其開化之功，故曰：「未順命也。」

六三象曰：甘臨，位不當也；既憂之，咎不長也。

　　六三陰居陽位，而以柔媚處臨，故曰：「位不當也。」既知失位，憂而變正，故曰：「咎不長也。」

六四象曰：至臨无咎，位當也。

六四以陰居陰，與初正應，故曰：「位當也。」

六五象曰：大君之宜，行中之謂也。

六五居中，應二亦居中，而有行中之象，行中即「用中于民」之
義，故曰：「行中之謂也。」

上六象曰：敦臨之吉，志在內也。

上六雖與內體二陽無應，但二往應五，變坎爲志，則上有所
主，故曰：「志在內也。」

第二十卦

觀卦

周鼎珩講　海嘯記錄

觀

坤　巽
下　上

—— 此係〈乾〉宮四世卦，消息八月，旁通〈大壯〉，反對〈臨〉。

「觀」在《朱子語類》中說，觀在卦辭上讀去聲「貫」ㄍㄨㄢ
ㄟ，屬名詞成分，在爻辭上讀平聲「觀」ㄍㄨㄢ。「觀」之意義乃
自上視之於下；「觀」則是從底下看上面的。中國廟宇本來都是用
「觀」稱呼，而「寺」之名則是自漢朝明帝佛教傳入以後才存在的，
在這之前中國的廟都以宮觀稱呼之，中國過去之宮觀，並非如五四運
動所誣指之迷信，因宮觀所供奉的神祉，都是我們的老祖們，如軒
轅廟、軒轅觀所供奉的就是軒轅黃帝，大成廟所供奉的是孔子，關聖
廟所供奉的是關公，禹王廟所供奉的是夏禹……。因為中國過去的教
育不發達，所以就利用了兩個東西，即是利用廟宇供奉有功德的祖先
們，使百姓敬仰，教而化之。另一個則是戲劇，如平劇等，我們過去
稱唱戲的爲「鑼鼓教」，因為識字者可以由書本上得到教育，但不識

字者卻無法從書本上得到歷史等知識，故用戲劇來傳播教育，使不識字者可以獲知歷代勝敗興亡的道理，古代國民教育，就是靠這兩個東西，即一者以「觀」，一者以「鑼鼓教」，而寓教於樂，籍收教化之效了。

壹、總說

佈卦的次序

〈觀〉卦是在〈臨〉卦之後，〈臨〉爲二陽浸長，義爲內在的生機自冬至一陽昇的〈復〉卦起，因內在生機逐漸先足，便慢慢地萌芽，由內而形之於外，而成就可觀的現象，孟子曰：「充實之謂美。」（《孟子·盡心下》）即充實而美之謂，因爲內在充實，外在即有可觀的規模，人能觀摩，故能受到啓發。〈復〉卦一陽生開始仍小，至〈臨〉卦二陽浸長故大，大則然後可觀，故在卦序上〈臨〉卦之後繼之以〈觀〉卦。如男女在十七、八歲前並不充實，其形體不豐滿，皮膚不潤澤。到了二十歲長到成年後，身體型態與皮膚顏色，才顯得潤澤而有可觀，故觀乃在生機充實之後的現象。

成卦的體例

〈觀〉卦是二陽在上，四陰在下，有二艮交疊之象；〈說卦傳〉：「艮爲宮闕。」《乾坤鑿度》曰：「艮爲鬼門。」宮闕而兼鬼門，是宗廟之現象，蓋廟宇均供鬼神也，二艮交疊是二層之宮闕，故卦辭爻辭均言祭祀，《禮記》言盥禮，因爲卦象爲重重疊疊的宮闕鬼門，有宗廟之象，故古代稱廟宇爲觀，均自〈觀〉卦來也。

〈觀〉卦外巽內坤，外巽爲風爲命，內坤爲民爲地，風行地上而草偃，地上有風，萬物才有生機，大地無風，則空氣不能流通，萬物不能生存，必須有風來疏導，萬物才能生長。以人類社會而言，風爲教化，風教施之於上，人民承（行）之於下，是很有風教的體象。風化本來是很好的名詞，但現今所謂的「風化區」卻不是如此，乃是一種反話，意即妨害風化之區域也。

〈觀〉以九五做成卦之主，底下四陰仰觀之，九五爲能使四陰仰觀之，因九五有大剛之德，居中得正也。或問〈觀〉爲〈乾〉宮四世卦，三世卦爲〈否〉，否塞不通，二氣不交，萬物不生之象，爲何至四世還能施行風教，大有可觀，豈不矛盾？其實不然，卦有上下兩體，上下兩氣不交故成〈否〉，但是〈觀〉卦外巽爲入，內坤性凝聚，高頭往內鑽，內在能凝聚，如政府一有教化，百姓就能接受，二氣相順，構成〈觀〉卦的體象也。「大觀而化，陰剝陽」，至九五則非陰所能剝，大剛之德居正也，外巽多白眼，人仰望則眼露白眼者多，仰觀是接受的意思。

〈臨〉卦是二陽在內，表示二陽在裡面發動生機，〈觀〉卦是二陽在外，表示陽在外面開化啓發，中國古代的教育方式，在十五歲以前是專注於記誦，十五歲至十八歲則以誦解兼施，十八歲以後則完全講解，這種施教的程序，是根據人腦之發展情形而制定的，是有生理上的依據，因爲人在十五歲以前是小腦的發達期，小腦當家管記憶，十八歲以後則大腦增長，大腦當家管理解。二陽在內是充實本身，二陽在外是向外求學習觀摩，故〈觀〉卦有兩義，即「觀瞻」、「觀摩」是也，如觀摩神像而啓發自己，西洋對於技術之傳授，故有一套訓練的學問，如建築學等……。但中國古代技術之傳授，則是採取從

師學習的學徒制，即是從觀摩而得，質言之，在本身條件夠了，而施之於外者，乃是「觀瞻」；觀察別人啓發自己，乃是「觀摩」。

立卦的意義

〈觀〉卦之設立有兩方面的意義，一是從一個現象本身的表現來說爲「觀瞻」。二是從對待的對象來說爲「觀摩」。構成觀瞻現象本身的條件要特別注意，如君（長）上讓臣（下）民觀瞻，一言一行，不可不愼，從事教育工作者或是家長，尤其要注意本身的觀瞻，才不會影響孩童的觀摩，故觀瞻要如九五之大剛居中得正，觀摩則應以至情至性盡心的去學習，才能有所成就。

〈觀〉卦亦有兩個忌諱，無論是觀摩還是觀瞻，一則是不失之於近，二則是不失之於偏，失之於近者，則只能看見近的，而看不見遠的，如果遠的地方看不見，則會觀摩不到也就感化不了了，失之於偏者，觀瞻時只能見到一部分，往往會以偏蓋全，而最終只能學到一部分。

觀摩或觀瞻一個現象，都必須是客觀的，所以〈觀〉卦最重要的是，不僅觀視於外，而且要反視自己，在具備觀瞻條件時，亦應反觀自己是否具備周全，不標準之處，要力求期達到標準，即是應加強觀摩學習，改進缺點，如有超過現象的本身，太過了也應該要警惕自己，隨時修正。

貳、彖辭（即卦辭）

〈觀〉：盥而不薦，有孚顒若。

　　盥，洗也，如洗臉洗手是，啻，沃也，即以水澆手也。〈觀〉之成卦，以五爻爲主，五爻是坎爻，三上相應，上變五爲坎，三四五互艮，內卦爲坤，艮爲手，內坤爲器皿，即以手捧器皿中之水，有洗沃之象。

　　「不薦」，薦，進也，太牢之祭用殺牛祭神，進牲也。下坤爲牛，上艮爲手，手牽牛有進牲進饍之象。不薦，即在行祭禮時，在未進上祭品時，先洗手洗臉以表示誠敬，完全是一種精神的表現。老子云「尸祝」，尸乃「天地不仁，以萬物爲芻狗」，尸乃芻狗，將革紮成人形，使坐而拜之，寫爲祖先神祉曰尸祝。至於進牲則爲物質形式，乃在其次矣！盥而不薦，乃在一切祭祀，是在於誠意，而不在乎物質。《尙書·君陳》：「黍稷非馨，明德惟馨。」即此意也。觀是指風教，風教是在訓練人民的誠與敬，以誠設教，教民以敬，人民就不會苟且，不苟且則社會的風氣就不會敗壞，猶如首腦自上至下都能誠敬處事，則風教大行。中國古代神道設教，是要人民誠敬不苟且，立意是極其深切的。

　　「有孚」，坎爲孚，孚乃至情至性的融洽，惟命（禮）是從，即一意虔誠，積於中，孚於外。顒若，顒爲仰首貌，仰觀的樣子，若爲助語詞。陽爲大，陰爲小，大觀在上，萬民仰之於下，有仰首顒若之貌。拿社會人事來說，朝廷教化，在於養成誠敬的風教，使人民都能至情至性的融合，拿宇宙萬物來說，爲風之疏導，萬物仰而承之。風

教如流於形式，則易造成社會風氣之敗壞，且流於奢侈。

參、爻辭

初六：童觀，小人无咎，君子吝。

「童觀」，初六，是最下的一爻，因是「履霜堅冰至」，而且是在純陰之下，是一片幽暗，因此觀瞻不遠，初爻與四爻相應，四爻互艮為少男，童子之象也，即表示如童子之眼光，看得很近。

「小人无咎」，小人是指初爻，初是陰，陰為小，初六陰爻居之而又應四爻之陰，陰為小人，尤其在初爻很嫩故小，一即初爻在坤體之下，一片陰暗，視見不遠也。在〈觀〉卦中，一開始接近而清楚，但不遠，因小人只重一生衣食而已，無遠志，故无咎。

「君子吝」，卦本為乾，乾為君子，陰來消陽，到了這個地步，故不利於君子，一般來說，沒有知識的小人，只會求溫飽，當然眼光會不遠，而君子是要有所作為的，如果像小人一般短視無遠見，則自然施展不開了，故曰君子吝。

六二：闚觀，利女貞。

「闚觀」，二爻與五爻相應，五爻互艮，艮為門闕，二爻在門闕之內，即在門內、門縫中看（古時單扇之門稱戶，雙扇之門才稱門），有闚觀之象。

「利女貞」，二爻為離，離為中女，門之內是陰爻，有女子之象，闚觀，是從門縫中窺看，只能看到一部分，只看到閨中女子一點

點，所以沒有毛病，故曰利女貞。

六三：觀我生進退。

「我」，坤為自，三居坤，坤為自，有我之象也，虞翻曰：「我自身也，謂我生，生之謂我生民，震生象反，坤為死喪，廉非生民，故明而不言民也（九五）」。

「我生」，我所生化者也，陽在內是助長生機，陽在外是施行化育。〈觀〉卦是五爻為主，而施化者為九五，三五同功，三爻之應爻又是陽，雖然三爻本身不能施行化育，卻有連帶化育的功能，即自身的觀瞻，能夠啟發別人的觀摩，故曰觀我生。

「進退」，陽主進，陰主退，三爻以陰居陽位，又在內外之間，故可進可退，三上相應，上互為巽，為進退，對於我的現象，能觀摩而知所進退，巽為進退，又為不果，意為六三與九五有連帶化生的能力，位又可進可退，故曰觀我生進退，即是觀瞻現象，影響社會能量有多少，有否偏差？若有偏差，如何設法調整。〈觀〉卦初二兩爻皆為該卦的偏差，而三爻則是要反觀自己，如不夠則進，太過則退。

六四：觀國之光，利用賓于王。

「觀國之光」，四互坤，坤為國，坤為用，四近五，四居巽，巽為白眼，有觀國之象。此卦以五爻為主，五爻化陰，乾為光明光大。五爻代表乾陽，因所化者為坤陰，坤為國，故曰觀國之光。虞翻曰：「坤為國，〈臨〉陽至二，天下文明，反上成〈觀〉，進顯天位，故

曰觀國之光。」

　　「利用賓于王」，四居坤，坤爲用，四承五，五爲王，五居天子之位，故稱王，而四承之。盥禮，周禮祭祀執盥器，王執圭，賓執璋（玉器之盆），四承五，有如諸侯來朝，前來陪祭即是賓，王主祭，賓陪祭。觀即所以表示我們治國的進度，是一步一步來的，由觀瞻觀摩而得，觀我國之光明、光大，來策勵自己。倘有缺失，如何改進？宜乎作賓於王，〈觀〉至四爻，已經被這種現象所開化了。虞翻曰：「王謂五陽，陽尊賓坤，坤爲用爲臣，四在王庭，賓事于五，故利用賓於王矣，詩曰『莫敢不來賓，莫敢不來王』，是其義也。」觀國之光，是觀摩王者之祭祀而反觀自己，學習改進，策勵將來之改革方針。

九五：觀我生，君子无咎。

　　「觀我生」，五爻的觀我生，與三爻「觀我生進退」的觀我生是不同的，因五爻生者是乾陽，乾爲大生，三爻的生是坤陰，坤爲廣生（生生之謂易，萬物化生皆因乾坤相交而成），乾坤各自有生生之象也。觀我生，自觀也，省諸己也，〈觀〉卦以九五爲主，化生底下的四陰，六三所言觀我生，是指反觀自身所化生的情況，九五所言觀我生是講我所化生的情況。三爻言觀我生，乃因無論是就觀瞻還是觀摩而言，還不大成熟，故可進可退，到了五爻則已成熟，才是眞正的觀，要觀我所化生的如何？觀專主教化，六三可比喻爲學校教化的情況，要檢討本身措施是否正確，學生受教的態度如何？九五可比喻爲教育機構，如現今的教育部，要檢討施教的政策是否妥當，要秉持著化生的道理是否正確等。

「君子无咎」，君子是指陽，陽是化育別人的，好人是照顧別人的，當然是君子，因為小人只管愛自己，自己都照顧不了了，又如何有多餘的心思去化育他人呢？所以君子是對待小人而言。陽代表君子，君子能自反其道，即檢討所化生的道理，是否正確，則可以无咎。至於〈觀〉卦之內卦為坤，坤至六三坤體才算完整，此時才能反觀自己生化的情況，進而檢討生化的情況，故〈觀〉卦至三爻才言觀我生。

上九：觀其生，君子无咎。

「觀其生」，前面講過觀我生，這裡是講觀其生，二者有什麼不同呢？在六三言，是反觀自身所生化的情況，自九五言，是我所生化的情況，到了上九，則言觀其生，其意義則又與前面有別。觀其生，乃因上九在卦體之外（卦之二爻至五爻為卦之本身，初上二爻居應外，如人頭腦與身軀本是主體，四肢手腳則為應外，身軀頭腦不可傷也），就〈觀〉卦之卦體言，九五因為是陽爻，如施教的人，六三以下是陰爻，如接受施教的人，而上爻居應外，既非五爻之施教者，亦非初至四爻之受教者。觀其生，上九在應外。如同最高考核機關，觀九五所施教的道理，且觀三爻接受教化，是否正確適當（五近上，三與上應）。

「君子无咎」，凡言君子者，均有化育的功能，故被化育者，如四爻至初爻，均無所謂君子，上九有權位，故能言君子，君子居應外之上九，應觀其生，觀其生應從二方面看，即一方面觀其施教者的情形，另一方面則是觀受教育的情形，必須從二方面去觀看教化，才能无咎。

觀之義是觀瞻與觀摩，對九五與上九而言，是觀瞻，如君王在上，一言一行均爲天下所瞻仰效法，對底下四爻而言是觀摩。〈觀〉卦初爻告誡我們的是不能眼光短視近利膚淺。二爻告誡我們的是不能管中窺豹，以偏概全。三爻告誡我們的是坤體已成，要反觀自己，以求進退之道（受教育者自我檢討）。四爻則表示四夷（百姓）賓服，在下觀上，可望不可及，使人肅然起敬，四居諸侯之位，四爻代表各地諸侯來朝貢，成了君王上賓，拱手稱臣也，五爻是執行教化，檢討施教政策，方針是否正確適當，上爻則是對施教者與受教育者的總考核。

肆、彖傳

彖曰：大觀在上，順而巽，中正以觀天下；觀盥而不薦，有孚顒若，下變而化也；觀天之神道，而四時不忒，聖人以神道設教，而天下服矣。

「彖曰：大觀在上，順而巽，中正以觀天下。」「大觀在上」，陽爲大，〈觀〉以九五爲成卦之主，以陽居中得正，居天子之位，故言「大觀在上」也，君子爲觀瞻所繫，一言一行，均不能苟且隨便，至於教化亦須有一定之政策及道理，無論受教或施教，均應根據這個道理去施受，如現代之國家憲法是也，大觀在上是根據卦象而得，艮爲重重疊疊的〈艮〉卦，艮是鬼門，是宮闕，宮闕而兼鬼門爲宗廟之象，可使萬民仰承。宗廟之作用，是讓百姓子孫能觀摩祖先的豐功偉業、崇高品德而自反而效法，進而潛移默化，〈觀〉卦是以宗廟祭祀，受萬民景仰的道理來做說明教化。

「順而巽」，下卦為坤，坤為順，上卦為巽，巽為風，風是無孔不入的，故巽為風為入，風之為人，是順其性其情的，所以教化也是要順其性其情的，不是唱高調，講訂一些教條即可收效的，即教化是要順受教者的性情而能深入其內，才有用處，孔子「因材施教」、「有教無類」，即是此意。

「中正以觀天下」，即是建中立極，樹立一個規模（規則），如大海汪洋中之燈塔，以顯示（觀示）於天下。中是不偏不倚，恰到好處，正是行之萬世皆正確是適當。因九五居中得正，故曰中正。觀即是建立在這種規模（規則）以觀示天下。本卦外卦係由乾而來，乾為天，五爻是居天子之位，內卦之坤陰為下，坤為下，故曰天下。

「觀，盥而不薦，有孚顒若，下觀而化也。」「盥而不薦」，盥是宗廟祭祀時所使用的器物(玉器之盆)，用以洗手，有齋戒沐浴之意，以表示誠意，所以盥是精神上的誠意。薦是進牲，是物質上的形式。始盥而不薦，是指觀其精神上的誠意、肅敬，而不是觀其物質上的形式，故孔子曰：「禘自既灌而往者，吾不欲觀之矣！」（《論語・八佾》）

「有孚顒若」，意指在上位者有誠信，發自內心的至性至情，且全心全力在照顧下位者，使在下位者精神融洽，而為至誠所感動。顒若，為仰首貌，意即高頭內心誠信，底下仰首而望，且為其至誠所感動。

「下觀而化」，即至誠可以感人，此不僅在高頭的人，就是普通人民，若具一片至誠，也能感動人，在上位者，若是一片至誠，則在下位者便會很融洽地來觀望你，因〈觀〉卦五爻是陽，陽化陰，化是化生，「中正以觀天下」是觀瞻，「下觀而化」是觀摩。

「觀天之神道，而四時不忒。」「神」，中國古代所講的神，不是一般人所講神像的神，《易經》上所講的神，則是指天生萬物，春生夏長等，不可知之事物，以人類言，可分爲三重宇宙（三個層次），茲列圖如下：

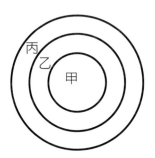

甲：五覺宇宙
乙：可知之宇宙
丙：不可知之宇宙

第一個層次是眼、耳、鼻、舌、身（即眼色、耳聲、鼻香、舌味、身觸），這種境界是人類五官所能感覺得到的，是有限的，在整個宇宙來看，乃極小的部分，可稱之爲五覺宇宙。第二個層次是可知的宇宙，人類的五官雖不能察覺到，但意識所能推想得到的，如眼、耳、鼻、舌、身（即眼色、耳聲、鼻香、舌味、身觸）之外有意（即意識、想像），聲、色、香、味、觸之外有法（即根據意識推想出來的方法－如宇宙因探險而得知）。第三個層次是不可知之宇宙，是連人的意識也根本想像不到的宇宙，此不可知之宇宙謂之神，即「聖而不可知之謂神」（《孟子·盡心下》），因人類中聖人是聰明睿智最高者，連聖人都不可知，故謂之神。

「四時不忒」，〈觀〉卦上爻與三爻相應，旁通〈臨〉，

〈臨〉卦之二、三、四爻互震，震爲春，〈臨〉之內卦一、二、三爻互兌，兌爲秋，故旁通卦，主有春秋二季。〈觀〉卦上與三應，上之三、四、五互離，離爲夏，外卦是坎，坎爲冬（坎冬、離夏），故有夏冬二季，春夏秋冬，即四時也。不忒，忒者差也，差錯也。不忒，即是沒有差錯，因爲〈觀〉卦三上二爻位均不正，三上異位，則都正了，又五爻本爲坎爻，三上異位，五居坎中亦正也，四時都歸正了，所以沒有差錯，四時不忒，乃天生萬物，春生、夏長、秋收、冬藏，皆莫知然而然，莫知至而至，即天縱之聖，亦不能知上天化育萬物之道理也。

「聖人以神道設教，而天下服矣！」「神道」，乾爲天，乾爲道，陽爲神，陰爲鬼，聖人觀天之神道，感四時之不忒，因無以知悉上天化育之理，故乃以神道設教來化育在下位者。春秋大傳，有戎禮，在三代以前，是典禮中之最大者，王者行此等典禮時，皆本一片至誠至性，有近乎神道設教之處，意即古代聖人，不放棄追求不可知之宇宙部分，於是效法天之神道而施行教化。要知宇宙間充滿電波，如果能一片至誠，則能與電波感應而相通，如人能相信神道而設教的道理，必然心地坦然光明，如此能不知然而然的感應，萬事順遂如有神助也，例如臺灣老百姓見了菩薩就會禮拜，西方人見了耶穌上帝就會叩頭，乃是對不可知之神，因無知而生崇敬，此即神道設教產生之基因，所謂「君子不重則不威」（《論語‧學而》），要和一般人保持一段距離，才能使人生敬畏，而有高不可攀之形象，猶如高山仰至，景行行止。

伍、大小象傳

象曰：風行天上，觀。先王以省方，觀民、設教。

「風行地上」，地上萬物，必須風爲之疏導，始能生長，是無孔不入的，風是無所不到的，教化亦是要像風一樣，無所不到，才能竟其全功。

「先王」，《乾坤鑿度》曰：「九五爲先生，因〈乾〉卦在先，九五爲陽，居王位，故曰先生（〈觀〉卦本乾體而陰來消陽）。」

「省方」，省是省察，省視也，因三上不正，三上易位後，互離有明薦之象，外巽爲多白眼，有審視之象。方，內坤爲方，二個以上謂之方，方即是地點，是指空間物質的結合，省方是指省察各方位空間物質的結合，以及這種結合是否妥當。

「觀民」，坤爲民，及觀察民情風尚，也就是觀察各個地方百姓的程度，風俗以及習性如何。

「設教」，設，設施也。〈觀〉卦以乾陽九五爲主，乾爲施，取象於乾，教即教化，〈觀〉卦外卦是巽，巽爲風，設教合計起來，即是孔子所言：先生根據風行地上之象，省察各個地方(空間)風土人情，便通其有無等，使各地方無偏差，其內容則包羅萬象，甚廣，再根據省方與觀民的結果，來施設教化。中國古代大陸與喜馬拉雅山那邊的歐洲大陸，空間是相連的，但彼方至今仍語言文字互不相通，中國古時（各地的語言、文字）亦然，然而我們祖先中之聖賢，省方觀民，設教，將其統一（書同文，語同音），這是中國今日能統一的最

大貢獻。

初六象曰：初六童觀，小人道也。

「童觀」，意指孩童的觀察、審視。小人，因初爻是陰爻，陰為小，初四相應，四居人位，故曰小人。中國言小人，是指無知識卑微之百姓，及小民也，道在此處係指坤陰而言，因陰陽各有其意。「童觀，小人道也」，即言小人的觀察、審視，只能照顧自己，眼光不遠，看得太淺薄，故無知無能也。

六二象曰：闚觀女貞，亦可醜也。

「闚觀女貞」，二爻為陰，陰為小，陰的本分為只能固結本體，故只能照顧自己片面的一部分，是闚觀也。醜，坤為醜，意義即是闚觀雖是利女貞，也是不好的。

六三象曰：觀我生進退，未失道也。

「觀我生進退」，是指應進則進，應退則退，坤為失，坤有其道，故曰「未失道也」。因坤為下體之極，能反觀自己，以審度進退，則不失其進退之正道的了。

六四象曰：觀國之光，尚賓也。

「觀國之光」，四爻為諸侯之位，諸侯來朝貢，來觀摩天子的威儀，觀所化育的人民，以及教化的內容與方式好不好，對不對，即對於政教風俗的觀摩。「尚賓」（古高與尚同）賓，賓服，乃諸侯信服

也，即是以我之觀瞻，讓諸侯來觀摩，而能使諸侯賓服。

九五象曰：觀我生，觀民也。

「觀我生」，是指反觀自己生平有無仁民愛物的德澤。「觀民」，九五爲王位，其所觀之民，則爲天下四陰爲取象，下卦爲坤，中爻又互坤，坤爲象，故有民眾之象，意即是觀察老百姓受化育的情況是否正確也。

上九象曰：觀其生，志未平也。

上與三相應，上變五，外卦互坎，坎爲水，爲志，爲平，但上尙未之三，外卦尙未成坎，故稱「志未平也」。上九是要看施教與受施的情形而心有不安，意指君子志在一身當天下之大任，隨時隨地，無時無刻，都要反躬自省，其心智是不容片刻平靜的。

第二十卦

觀卦

講習大綱

觀
巽上
坤下

—— 此係〈乾〉宮四世卦，消息八月，旁通〈大壯〉，反對〈臨〉。

　　觀就是通常所講觀摩的意思，卦本乾體，陰消至四，而五上兩陽依然確立於上，尤其五居中而得尊位，並已構成外體巽，巽爲風教，足以使在下群陰觀摩而承教化也，故即以觀名卦。

壹、總說

佈卦的次序

　　〈臨〉以二陽浸長之勢，而臨於坤，其力量足夠開化整體之坤陰，故〈序卦傳〉贊之曰：「臨者大也。」物大然後可觀，語乎人事，即德業豐隆，如臨之大，當然可以觀矣，所以〈臨〉後爲〈觀〉。

成卦的體例

　　卦有重艮之象，上則重艮之二陽，下則重艮之四陰，由兩艮重疊，合成卦體，艮爲宮闕，爲鬼門，門闕重重，有如宗廟巍然在上，令人觀摩而不能自己，又以五居君位而體異，風教所播，觀示群倫，是亦觀也。

立卦的意義

　　觀有相互爲觀之義，五得中而與在上之陽，所以觀其下者也，在下之四陰，所以觀其上者也。在上者必有可觀之道，以示其下，在下者方能觀摩其上，而承其教化，故觀之重點，猶在於上。

貳、彖辭（即卦辭）

〈觀〉：盥而不薦，有孚顒若。

　　盥者進爵灌地，以降神也，在禘祀中，其禮最爲隆盛，既灌而後迎牲，迎牲而後薦牲，是薦牲在盥灌之後，蓋禘祀大典，發之於內者必須誠，表之於外者必須敬，盥沃灌地，用以降神，自應亦誠亦敬，而行以隆盛之禮，至於薦牲，其禮已較簡略，無足觀者，孔子曰：「禘自既灌而往者，吾不欲觀之矣。」（《論語・八佾》）故觀盥而不觀薦，言觀者，所以觀其誠與敬也。在下者觀其在上之既誠且敬，當然有感於衷，而亦出之以至情至性，肅然景仰，不僅「有孚」，而且「有孚顒若」，《廣韻》：「顒，仰也。」即觀摩仰承之貌，亦即〈彖傳〉所謂「下觀而化也」，觀主風教，風教之入人，在誠與敬，

因卦有宗廟之象，故即以祀禮爲喻。

參、爻辭

初六：童觀，小人无咎，君子吝。

　　初在群陰的最下端，幽暗已極，而又當觀的開始，所能觀者，極其有限，猶之蒙昧童稚，雙目無光，即使能觀，亦不過模糊的印象，這種情形，在無知小人，本不足以罪咎，但在君子則爲羞吝。

六二：闚觀，利女貞。

　　二優於初，可以闚觀，因二居艮門之內，遂從門內窺伺，而成闚觀，但所得者仍屬不多，二又爲離爻居陰，故以女子爲言，女子主內，雖有闚觀之象，而以守正居貞爲宜。

六三：觀我生進退。

　　三備坤體之全，而又界乎內外交遞之際，應爻居巽，巽爲進退，爲不果，可以自觀其人生之進退矣，人生進退維何？陰陽而已，陽主進，陰主退，故陽旺則進，陰盛則退。

六四：觀國之光，利用賓于王。

　　〈觀〉至四，已發展到達外界，非如內體之三爻，而所觀廣矣，四居坤體之上，又承在上之二陽，坤爲國，陽則光明，是爲「觀國之光」，五居王位而四承之，君臣融洽，故曰「利用賓于王」。

九五：觀我生，君子无咎。

五爲觀主，此所謂「觀我生」與六三之「觀我生」不同，三猶在內，所觀者僅自身之人生進退而已，此則在上之君子，觀其所施於生民的風教，是否需要改善或補充，這當然是无咎。

上九：觀其生，君子无咎。

當〈觀〉卦之終，在上君子，所施風教，有無可觀之道，應加以檢視，質言之，是在檢視「下觀而化」之情形如何，故曰「觀其生」，義即在下之人民，已否發生觀摩之效果，似此最終檢視，所以无咎。

肆、彖傳

彖曰：大觀在上，順而巽，中正以觀天下；觀盥而不薦，有孚顒若，下變而化也；觀天之神道，而四時不忒，聖人以神道設教，而天下服矣。

陽息至二成〈臨〉，臨者大也，茲則〈臨〉反爲〈觀〉，二陽居上，足預爲在下群陰之觀摩，是「大觀」也。內坤爲順，外巽爲入，「順而巽」，言順物之情，而能入物之深也。五居中而得正，無偏差，無反側，建中立極，以爲天下之表率。卦辭謂「觀盥而不薦，有孚顒若」，是說在下人民，觀在上者既誠且敬，莫不肅然仰承而化也。宇宙演進，四時成序，春生夏長，秋收冬藏，不知其所由也，而品物咸亨，是即所謂「天之神道」，聖人因之而設道，以宇宙法則，

引伸而爲人事規範，由是天下皆化於無形，自然而然的心悅誠服。

伍、大小象傳

象曰：風行天上，觀。先王以省方，觀民、設教。

外體巽爲風，內體坤爲地，巽在坤上，即風行地上之象，風者天之播教也，所以成其爲觀，先王便以此爲張本，而省察四方，觀視民情，並從而施陳教化，故曰：「風行地上，觀。先王以省方，觀民設教。」先王取象於乾，謂五也。

初六象曰：初六童觀，小人道也。

初六童稚無知，所觀不遠，故曰：「小人道也。」

六二象曰：闚觀女貞，亦可醜也。

六二由門內窺觀於外，純屬女人行徑，殊嫌不正，故曰：「亦可醜也。」

六三象曰：觀我生進退，未失道也。

六三自觀進退，可進則進，可退則退，故曰：「未失道也。」

六四象曰：觀國之光，尚賓也。

六四承五，君臣融洽，而賓於王庭，故曰：「尚賓也。」

九五象曰：觀我生，觀民也。

　　九五爲觀主，在觀對於萬民所施之教化，有無不當之處，故曰：「觀民也。」

上九象曰：觀其生，志未平也。

　　上九當〈觀〉卦之終，而又居位最高，爲天下之所共觀者，心有未安，應加以整個之檢討，故曰：「志未平也。」

第二十一卦

噬嗑卦

周鼎珩講　陳永銓記錄

噬嗑

震　離
下　上

── **此係〈巽〉宮五世卦，消息十月，旁通〈井〉，反對〈賁〉。**

　　所謂「〈噬嗑〉卦係〈巽〉宮五世卦」，是就「卦變」來說
的，〈巽〉宮一世是〈巽〉卦初六息成〈小畜〉卦，二世是〈巽〉卦
九二消成〈家人〉卦，三世是〈巽〉卦九三消成〈益〉卦，四世是
〈巽〉卦六三息成〈无妄〉卦，五世是〈巽〉卦九五消成〈噬嗑〉
卦，所以說〈噬嗑〉是〈巽〉宮五世卦。再從京房《六日七分書》來
看，〈噬嗑〉卦值令是在農曆十月立冬之後、小雪之前，這時大陸中
原地區的氣候已呈現冰天雪地、蕭瑟寒冷的閉塞景象，造成人們衣食
住行之不便，人們必須鑿冰鏟雪才能過正常的生活。這就像食物在我
們的口中，一定要將口中的食物嚙咬、咀嚼、吞嚥，才有可能再進
食。

　　張口謂之噬，閉口謂之嗑，大家想想看，我們三餐進食，是不

是先張開嘴來吃東西，再閉上嘴將食物咀嚼消化，這樣的進食過程不就是噬嗑嗎？文王引用我們日食三餐的噬嗑情狀，來比擬宇宙間一切從中作梗，阻礙發展的現象，就人事社會而言，凡是遇到有貪圖私利而從中作梗者，都要視同我們的嘴中有物梗住了，一定要將它囓咬、咀嚼、吞噬、消化，才有可能再進食。同樣的，國家社會有奸吏、刁民從中作梗，對於這些有害國家社會發展的奸吏、刁民，我們必須運用刑罰來導正其行為，這樣才能化戾氣為祥和，所以這個卦名叫「噬嗑」。

壹、總說

佈卦的次序

前次講〈觀〉卦是外體巽為風，內體坤為地，〈觀〉卦的〈大象〉說：「風行地上，觀，先王以省方、觀民、設教。」自然界的風行於地面，是無遠不至，無微不入的，草木因為受到蕙風的疏導，才能夠茁壯生長，如果沒有風來通氣，則草木的生機無以為繼。再就人事社會來看，居上位者重視禮義廉恥的教化，才能使人民明禮義、知榮辱，進而能夠循規蹈距地做人做事，這樣的國家社會必然欣欣向榮，我們看〈觀〉卦的〈象傳〉說「大觀在上」、「中正以觀」、「下觀而化」，講的都跟教化有關，可見聖人對教化的重視。

但是自然現象雖有春風化物，仍不免會有枯草槁木，例如在對日抗戰時期，西南某地殺雞均見黑血，老百姓都不敢吃，這個現象就是戾氣作梗所致。幸好宇宙自然會形成雷電風雨，而將那些從中作梗阻礙化生的戾氣消除。〈噬嗑〉上離下震，離為電，震為雷，有雷電

交加之象，就是要消除戾氣作梗。同樣的，人事社會雖然強調教化，難免還有冥頑不靈的奸吏刁民從中作梗，阻礙政令的貫徹執行，古人說：「堯舜盛世，仍有盜跖。」這個時候必須利用刑罰來補助教化之不足，所以《尚書·大禹謨》說：「明于五刑，用弼五教。」就是利用五刑來輔弼教化。

所謂五刑，在隋唐之前為墨（臉上刺字）、劓（割鼻）、荆（斬足）、宮（去勢）、大辟（斬首），在隋唐之後，改為笞（笞手笞背）、杖（杖臀）、徒（坐牢）、流（流放）、死（死刑）。從佈卦的次序來看，當〈觀〉卦不能貫徹教化之時，就用〈噬嗑〉卦的刑罰來消除梗阻，所以在〈觀〉卦之後繼之以〈噬嗑〉。〈序卦傳〉：「可觀而後有所合，故受之以〈噬嗑〉。」為什麼說「可觀」？因為形成〈觀〉卦，首先要有可觀的對象，也就是那個對象值得一看，具有觀瞻的價值；其次，因為可觀而吸引大家去觀看，就能產生觀摩而化的作用。這樣觀而有感，感而能化，最後則有所合，合者嗑也。例如我們讀古書，就是觀摩古人遺留的思想，如果能照書中的道理做人處事，那就與古人的思想相合，所以說「可觀而後有所合」。

成卦的體例

〈噬嗑〉卦〈象傳〉：「頤中有物，曰噬嗑。」這是從整個卦體來看，〈頤〉卦上艮為止，下震為動，我們嘴巴的構造，說話或是進食，都是上不動而下動，《爾雅·釋名》：「頤，或曰輔車，或曰牙車，或曰頰車。」鄭康成說「〈頤〉卦乃口車輔之象」就是這個意思。〈頤〉卦的初九與上九是陽爻，中間的二三四五是陰爻，陽實陰虛，這樣的卦體本身就有口之象。現在〈頤〉卦六四陰爻變成九四陽

爻，便成了外體離火而內體震雷的〈噬嗑〉卦，那九四陽爻就是「頤中有物」的物，象徵我們的嘴中含有食物，一定要將它嚼咬、咀嚼、吞噬之後，才有可能再進食，這是〈噬嗑〉卦的第一個體象。

再從〈噬嗑〉卦的內體與外體來看，外卦是離，離為火又為電，內卦是震，震為雷，內外二體合成雷電交加之象。宇宙自然界裏，若有春風時雨所化生不了的萬物，那是戾氣作梗阻礙所致，這個時候必須借助震雷離電之力來擊潰梗阻。例如寒冬之際，天地生機閉塞，草木進入冬眠狀態，要等到驚蟄節氣，大地一聲春雷震動，草木才能恢復生機。國家社會也是如此，遇有奸吏刁民從中作梗，危害社會的和合安定，為政者要以離電之明、震雷之威，來懲罰從中作梗的奸吏刁民，使其知過能改。所以內卦震威與外卦離明，雷電交加、威明並用，是〈噬嗑〉卦的第二個體象。

〈噬嗑〉卦的六三如果與上九互換爻位，那就成了〈豐〉卦，也就是火雷〈噬嗑〉變成了雷火〈豐〉，我們也可以說，火雷〈噬嗑〉的內體與外體互換就變成雷火〈豐〉。〈噬嗑〉卦的〈大象〉曰：「雷電，噬嗑，先王以明罰勑法。」〈豐〉卦的〈大象〉則曰：「雷電皆至，豐，君子以折獄致刑。」大致看來，二卦的大象都有談到刑罰，但若深究，〈噬嗑〉卦的「明罰勑法」重點是在罰，〈豐〉卦的「折獄致刑」重點則在刑。「明罰勑法」的「罰」之所以有刀，是因為我國古代曾以刀錢為通貨，可見罰係屬輕罪，可以易科罰金，現行法律稱為罰鍰。「勑」是「敕」的異體字，是明示法令告誡民眾，使人人明其所以然。「折獄致刑」就嚴重多了，會被科以刑責或關進監獄，則是對作奸犯科者行其所當然。由此可見，〈噬嗑〉卦與〈豐〉卦的關係密切，這是漢《易》的解釋。

有關〈噬嗑〉卦之由來，漢儒與宋儒的說法不同。漢儒認爲凡是三陰三陽的卦都是從〈泰〉卦或〈否〉卦來，〈噬嗑〉卦是來自〈否〉卦，我們看〈否〉卦九五之剛下來而居初九之坤體，不就是〈象傳〉所稱「分剛柔」，〈否〉卦初六之柔上行而居五則得外體之中，不就是〈象傳〉所稱「柔得中而上行」，就這樣，〈否〉卦的〈象傳〉「天地不交而萬物不通」就變成〈噬嗑〉卦的〈象傳〉「噬嗑而亨」，從閉塞不通變成亨通了。可見漢儒說〈噬嗑〉與〈否〉有往來，就〈否〉卦與〈噬嗑〉卦的〈象〉傳來看，是有所本的。

宋儒卻是主張〈噬嗑〉卦來自〈益〉卦，說〈益〉卦的六四與九五易位就成爲〈噬嗑〉卦。這個主張同樣引用〈噬嗑〉卦〈象傳〉「柔得中而上行」，認爲〈益〉卦六四陰爻之柔上行而居五爻爲外體之中，就變成〈噬嗑〉卦。但是我們看〈益〉卦的卦辭「利有攸往，利涉大川」，是與時偕行而極其通暢的卦，怎麼會一下子就變成「頤中有物」而有梗阻的〈噬嗑〉卦，這就卦情而論是說不通的，所以我們不採用這個說法。事實上，我們開宗明義就說〈噬嗑〉是「〈巽〉宮五世卦」，這個〈益〉卦則是〈巽〉宮三世卦，二者同爲〈巽〉宮之卦，當然有所關連，但並非如宋儒所說〈噬嗑〉卦來自〈益〉卦。

立卦的意義

〈噬嗑〉卦之宗旨，在於明法勑罰以消除從中作梗的阻礙。但是爲什麼會發生梗阻的現象，我們根據〈噬嗑〉卦的體象，可以推斷出兩個重要因素：第一個因素是愚闇，也就是無知。因爲當權主政的人太過糊塗，使得刁民奸吏可以上下其手而從中作梗。反之，如果主政者自聰穎敏銳，明察事理，縱有刁民奸吏，也不敢輕舉妄動。實際

上，太平盛世並非沒有壞人，只是沒有機會使壞罷了。第二個因素是懦弱，也就是無能。如果當權主政者精神不濟，做事不能貫徹到底，那些壞人看在眼裏，就會肆無忌憚地爲非作歹。

談到愚闇懦弱，就我個人體驗來說，我在童年並未沒有進小學，而是跟隨師父在山上讀書，直到十七歲才進中學。當時中學的學生都不肯用功，近墨者黑，我也學著散漫怠惰了，不過每回考試，總是得到第一、二名的好成績，我知道那是小時候師父嚴格教導我認眞讀書所打下的穩固基礎，所以比那些缺乏讀書習慣的同學還是高強得多。後來上了大學，那時的大學生更是不愛讀書，而我也感覺到自己不再有以前在山上隨師父苦讀的精神，但是那些高談革命的大學同學，卻還笑我只知讀死書，死讀書。

我個人的讀書經歷，是一個階段比一個階段鬆懈，自我反省這段過程，我深深覺得「懦弱」是跟一個人的精神氣力有關。例如當我氣力足夠時，房間一定整理得井井有條，清潔整齊；氣力不夠的時候，便馬馬虎虎，湊合過去就算了。以往我也曾做過若干單位的負責人，有時候也會因爲氣力不足，於是馬虎將事，應付得過去就交差了事。但是在我的上級看來，還是認爲我很能盡忠職守，認眞負責。實際上我只是在應付，這就是「懦弱」的表現。我們看氣力充足的人，對任何事物，都是徹頭徹尾，井井有條。現代人普遍是氣力不足，俗話說是有「無力感」，所以頭痛醫頭，腳痛醫腳，抓這裡，漏那裡，這就是中國所講的「懦弱」，是指做事的精神不夠徹底、不夠完整，而不是指弱不禁風之類的虛弱。

既然發生梗阻的現象，是起因於愚闇無知或懦弱無能，〈噬嗑〉卦能夠給我們什麼啓示呢？這也要從二方面來說。首先，如何不

愚闇而能明察呢？〈噬嗑〉卦的外體離卦有中虛而吸住陽明的體象，這啟示我們要中虛謙沖，這樣才能吸收外在乾陽的智慧光能，所謂「爲政不在多言，在多納諫耳」，執政者要效法離火之象，中虛而吸陽明，才能與日月同光一樣的明察。其次，如何不懦弱而有能力呢？〈噬嗑〉卦的內體震卦有陽聚於內而突破外在群陰的體象，這啟示我們要像曾國藩所說「勁氣內斂」（《曾文正公全集‧國史本傳》），也就是執政者要廣納賢能之士，大家同心協力爲民興利，那些刁民奸吏也就不敢從中作梗。此外，〈噬嗑〉卦固然啟示我們要以離火之明來消除愚闇，以震雷之威來消除懦弱，但是消除梗阻的過程是有步驟的，就像我們吃東西要細嚼慢嚥，而非狼吞虎嚥，尤其要提防從中作梗的奸吏刁民可能乘機反噬。

貳、彖辭（即卦辭）

〈噬嗑〉：亨，利用獄。

　　〈噬嗑〉卦的體象就是「頤中有物」，〈頤〉卦的初九與上九是陽爻，中間的二三四五是陰爻，這樣的卦體有口之象。現在〈頤〉卦六四陰爻變爲九四陽爻，就成了〈噬嗑〉卦，那九四陽爻就是頤口中的梗阻之物，噬嗑是將那梗阻之物噬而嗑之，梗阻既然消除了，當然是亨通，所以卦辭簡潔地說「噬嗑，亨」。前面提到漢《易》主張〈噬嗑〉卦來自〈否〉卦，〈否〉卦的〈彖傳〉說「天地不交而萬物不通」，變成〈噬嗑〉卦的〈彖傳〉則稱「噬嗑而亨」，就是從閉塞不通而變成亨通了。

　　「利用獄」的「利」字是斷辭，「用」字取象於坤爲用，〈噬

噬）卦的往來卦有〈頤〉卦與〈否〉卦，〈頤〉卦中爻與〈否〉卦內體都是坤，所以有用之象。〈噬嗑〉卦九四居坎爲「獄」，坎之所以有獄之象，因爲一陽陷於二陰之中，形同繫獄；坎又爲幽暗，像是監獄的環境；坎又爲法律、刑具、桎梏，有伏法入獄之象。文王的卦辭係以刑罰訟獄做爲比喻，來說明〈噬嗑〉會採用司法甚或軍事行動，以前國民政府在大陸剿共，就是要消除建國所遭遇之梗阻。但是刑罰訟獄只是用威，如何用威而有利？那還要能明察是非曲直，所謂「威明並用」，這才符合〈噬嗑〉卦內體震爲威而外體離爲明的深義。

參、爻辭

初九：屨校滅趾，无咎。

〈噬嗑〉卦的內卦爲震，震爲行，行者履也，屨通履，所以有「屨」之象。校是刑具，初與四相應，四居坎，坎爲刑具、桎梏，所以有「校」之象。「屨校」的意思是說，初爻往前行到了四爻，就會遇到刑具。初爻居震足之下，有「趾」之象。「滅趾」則取象於初爻居震而四爻居坎，震之腳趾位在坎之腳鐐刑具的下方，其行動當然會受到刑具的牽制。

至於「滅趾」的意思，歷來有兩種解釋：其一是將「滅」解釋爲明滅之滅，就是若隱若現、或明或暗，那麼「滅趾」只是腳趾被腳鐐遮住而看不見了；其二是將「滅」解釋爲滅亡或滅絕，那麼「滅趾」就是斬掉腳趾，類似古代的腓刑。以上二種說法都通，但是就刑罰的輕重而言，在初爻就用腓刑，似有商榷餘地。

「屨校滅趾」是指在消除梗阻之始，首應阻止其惡化，因而將其腳趾桎梏在腳鐐之下，使其不良於行，阻止其向前行進，讓從中作梗的現象不要再向前發展，這是消除梗阻的第一步。〈繫辭下傳〉說：「小人不恥不仁，不畏不義，不見利不勸，不威不懲。小懲而大誡，此小人之福也。」禁足使小人無法向前行進，就不會繼續犯錯，所以「无咎」。

六二：噬膚滅鼻，无咎。

〈噬嗑〉卦的〈象傳〉一開頭就說：「頤中有物，曰噬嗑。」因為〈噬嗑〉卦本身就具有〈頤〉卦的體象，而頤口這個嘴巴能夠吃東西，有「噬」之象，所以六二稱「噬膚」、六三稱「噬腊肉」、九四稱「噬乾胏」、六五稱「噬乾肉」。〈噬嗑〉卦的二三四互艮為膚，六二位在二三四互艮的初爻，表示正處在噬之開始，就像〈剝〉卦的外體為艮，六四正處於艮卦之始，所以〈剝〉卦六四的爻辭稱「剝床以膚」。「噬膚」是指比較容易噬囓啃咬的部位，它表示梗阻的現象還不嚴重，我們能夠輕易地消除梗阻，就像「噬膚」那樣的容易做到。

艮為膚，又為鼻，「滅鼻」就是劓刑，割掉罪犯的鼻子，屬於輕刑，表示梗阻的程度尚淺，這跟「噬膚」的意思相同。施以劓刑，主要是讓作梗者沒有臉見人，這樣就不會繼續作奸犯科，所以「无咎」。認為「滅鼻」就是劓刑，這是宋儒普遍的看法，漢儒卻有不同的見解，例如虞翻認為，〈噬嗑〉卦三四五互坎為水，二三四互艮為鼻，有艮鼻沒入坎水之中，隱藏不見之象，所以「滅鼻」是鼻子隱藏不見了，而非割掉鼻子。就像初九的「滅趾」，只是腳趾被腳鐐遮住

而看不見罷了，並非斬斷腳趾。

六三：噬腊肉，遇毒，小吝，无咎。

〈繫辭下傳〉說：「古者包犧氏之王天下也……仰則觀象於天，俯則觀法於地，近取諸身，遠取諸物，於是始作八卦，以通神明之德，以類萬物之情。」所謂「近取諸身，遠取諸物」，〈噬嗑〉卦的六個爻辭可說是明顯的範例，初爻的「滅趾」、二爻的「滅鼻」，趾與鼻都是我們人身的部位，至於三爻的「腊肉」、四爻的「乾肺」，則是我們日常的食物，《易經》就是這樣善用譬喻，「以類萬物之情」。易例：「陽爲骨，陰爲肉」，古人認爲「母體結胎，其中骨爲陽精所結，肉爲陰血所凝」，〈噬嗑〉六三是陰爻，三四五互坎爲血，所以有肉之象。〈噬嗑〉的外卦是離，離爲日又爲火，三爻位在外體離火、離日之下，有坎肉經離火烤又經離日曬之象，那不就是臘肉。

《說文》：「毒，厚也。」厚味陳久爲毒，「毒」是取象於三居坎，而坎爲毒。爲什麼說「坎爲毒」呢？我們回頭看〈師〉卦，地水〈師〉的內卦是坎，〈師〉卦的〈象傳〉曰：「剛中而應，行險而順，以此毒天下，而民從之。」可見「坎爲毒」。至於「遇」字，因爲六三處在內卦與外卦交接的位置，有內外相遇之象。此外，〈噬嗑〉外卦爲離，內卦爲震，根據先天八卦的佈卦次序，是乾一、兌二、離三、震四、巽五、坎六、艮七、坤八，可見〈噬嗑〉外卦離數三與內卦震數四，其數乃三四相連，也有相遇之象。

「小吝」取象於六三陰爻，易例：「陽大陰小」，所以六三之陰有小之象。就氣化來說，陽性向外擴張，陰性向內收斂，內斂就是

吝。例如鄉下姑娘初次進城，低著頭而手足無措，那是吝的表現。六三以陰爻居陽位，外在行為雖然有小吝，但是內在仍有一些陽剛之氣，所以不會有什麼大毛病，通稱之為「无咎」。意思是說，到了第三個階段，作梗的現象不再像第二個階段那麼容易消除了。六二噬膚，比較容易咬，六三噬腊肉，乾硬而不易啃咬，也不容易消化；並且腊肉中還有毒，造成我們腸胃的不適，表示在消除梗阻中遭遇困難，而感到棘手。這個時候，我們要提神防備，若能稍微收斂一些，不要放蕩，也就沒有毛病。

九四：噬乾胏，得金矢，利艱貞，吉。

九四是陽爻居陰位，陽爻為骨，陰位為肉，是以骨為主而帶有肉，所以九四有「胏」之象，胏就是附骨之肉。九四位在外體離火之下，附骨之肉受到火烤，便成了骨頭邊的乾肉，就是「乾胏」，不僅難吃，也很難消化，所以「噬乾胏」就是比喻作梗現象很難消除。根據後天八卦，乾卦位在西北，以中國地圖來看，西北的位置就是甘肅的蘭州一帶，那裡的空氣乾燥無比，一包香菸如果沒有密封，隔夜便乾燥易碎，所以乾卦與乾燥是相通的。

噬乾胏，何以「得金矢」？這有二種解說。一種是講義理，認為乾胏是指野豬、野雞之類的乾肉，那麼金矢就是箭鏃，也就是箭的金屬尖頭，古代在狩獵的時候，獵人用力彎弓射箭，那金矢往往深入獵物體內，一時拔不出來，所以等到將獵物曬乾，在噬乾胏時，就會得到金矢。另一種是講卦象，認為九四居外卦離體，離為兵戈或是狩獵，四爻又與三五互坎，坎為弓矢，此外，〈噬嗑〉卦來自〈否〉卦，〈否〉之九四居外體之乾，乾納金，這樣的卦象合起來看，就是

「得金矢」。

　　這個爻辭最難解的是「利艱貞，吉」，歷來漢《易》與宋《易》各家都認為，從中作梗的現象到了九四已經根深蒂固，有如乾肺或金矢，都是剛硬之物，很難消除，此時要用剛直之氣克服艱難而且守正，這樣才能獲吉。但從〈噬嗑〉卦的整個體象來看，九四是個關鍵，我們在前面總說中提到，〈象傳〉曰：「頤中有物曰噬嗑。」這個「有物」就是指九四，可見九四陽爻正是從中作梗者，既然最難消除，怎麼會「吉」呢？金是硬物，矢是鋒利，這表示即使勉強將其吞噬，仍會受到反噬的傷害，所以這個「吉」字最好解釋為化險為夷或逢凶化吉。

六五：噬乾肉，得黃金，貞厲，无咎。

　　六五是以陰爻居陽位，陽為骨而陰為肉，所以六五陰爻本身就有肉之象。六五位在外體離卦之中，離為日，六五陰爻之肉，在日正當中曝曬，當然會曬成「乾肉」。我們在前面說過，〈噬嗑〉卦是從〈否〉卦來，〈否〉卦九五下而居初，初六上而居五，就成了〈噬嗑〉卦。〈噬嗑〉六五的前身就來自〈否〉卦初六之坤體，坤為地而地色黃，再者，六五在〈坤〉卦之爻辭稱「黃裳元吉」，這些都有黃之象，此外，五爻在〈否〉卦本為乾體，乾納金，合起來看是有「黃金」之象。

　　九四爻辭「噬乾肺，得金矢」，乾肺最難咬，而且咬了還得到金矢，矢是古代的兵器，例如木箭、竹弩，金矢則是使用金屬製作的箭鏃，當然更能傷人。到了六五這個階段，是陰爻居陽位，裏頭還有陽剛之氣，六五爻辭「噬乾肉，得黃金」，黃為中色，是正派的顏色，

古代五色之中以黃色最爲珍貴：因爲黃色得中和之氣，跟其他顏色相較，黃色不偏於深也不偏於淺。黃金雖然也屬堅硬之物，但因黃金有中和之氣，其質地還有彈性，不同於九四之金矢。

從九四與六五的爻辭，我們可以看出，在除去刁民奸吏的作梗過程中，其難易程度有所不同。九四的金矢是最難除去的，不過一旦將之除去，就能夠「利艱貞，吉」逢凶化吉；至於六五的黃金，因爲具有彈性，還比較容易除去，所以只須「貞厲」，即可「无咎」。貞者正也，厲者危也，貞厲的意思是以正居危，雖危猶正，就是在消除作梗的過程中，雖然遭遇危難，仍要持之以正，面對反噬的危險，必須鎮定處之，例如唐代安史之亂，宋代金遼之亂，都有鎮定以戡亂的史例。

上九：何校滅耳，凶。

何通荷，是負荷的意思，《經典釋文》：「王肅曰：荷，擔。」就是擔負。校爲刑具，初九的「屨校」是腳鐐，上九的「何校」是頭枷，是負荷在頭部的套頭刑具。〈噬嗑〉卦的三四五互坎，上與三應，三居坎，有刑具之象。上爻爲一卦之首，頭部有刑具，有枷之象，同時也有負荷之象，故稱「何校」。坎又爲耳。伏羲作八卦，是近取諸身而遠取諸物。例如：乾爲首、坤爲腹、震爲足、巽爲股、坎爲耳、離爲目、艮爲手、兌爲口。上與三應，三居坎，坎爲耳，但是上與三應，上爻下來居三爻，則三四五從互坎變成互兌，兌爲毀折，故有「滅耳」之象。

何校滅耳，是指刑具套在頭部，而遮住了耳朵。另有一說，滅耳就是刵刑，是將耳朵割掉的刑罰。我們看〈噬嗑〉卦的爻辭，初九是

「屨校滅趾」、六二是「噬膚滅鼻」、上九是「何校滅耳」，有些解《易》者認為：滅趾為荆刑，滅鼻為劓刑，滅耳為刵刑，於是引用古代五刑來解釋〈噬嗑〉卦的爻辭。但是另有一派認為這樣解釋不妥，因為「滅趾」並非斷足，而是指腳上的刑具遮住了腳指，使雙腳不能行動；「滅鼻」並非斷鼻，而是因六二陰爻位在初九陽爻之上，有乘剛之象，這樣以陰噬陽，必須湊近用力去咬，而因為咬得太深太用力了，以至於連鼻子都陷進去。所以「滅趾」「滅鼻」「滅耳」是指這些部位被刑具遮住而看不見了，並非指刑罰而言。

若以五刑來看爻辭，初爻在噬嗑消除作梗之始，初犯者的罪行應該較輕，判他滅趾斷足，這樣的刑罰似乎過重；上爻在噬嗑的最後階段還繼續作梗為惡，可說是罪大惡極，卻只判他刵刑割掉耳朵，這樣的刑罰似乎太輕，二者顯然輕重倒置相互矛盾，很難自圓其說。所以這些學者認為：「滅者，揜之也。」就是掩蓋之意，而非刑罰。事實上，〈噬嗑〉卦的重點在於中間二三四五爻之噬，這四個噬字有警示作用，就是以刑罰輔助教化之不足，在噬咬刑罰之中寓有感化教化之目的。至於初爻「屨校」與上爻「何校」，只是單純地用刑。

「何校滅耳」為什麼「凶」？因為〈噬嗑〉卦歷經噬膚、噬腊肉、噬乾胏、噬乾肉等四個階段，如果梗阻仍無法消除，那麼作梗者已屬冥頑不靈，到了無可理喻，無可救藥的地步，當然要何校，以死刑犯論處。凡被「何校」者，皆是死因，若非死因，頭上怎麼會何校戴枷？因此，何校就是要處以大辟極刑，將其從根剷除，俗話說「推出去斬了」，這當然是「凶」。附帶說明「滅耳」跟冥頑無知或冥頑不靈有關；〈噬嗑〉卦三四五互坎為耳，上爻屬外體離卦而離為目，現在因為上與三應而互異其位，使得原本的互坎與離體都不存在了，

等於是無耳無目，失聰失明，這就是冥頑。

　　總結〈噬嗑〉卦的六個階段，初九滅趾，是要限制作梗者向前發展；六二滅鼻，是要喚起作梗者的羞惡之心，具有教化感化作用；六三噬腊肉遇毒，是說消除梗阻的行動遭遇困難，有遇毒的不良反應，雖然施展不開，尚無大礙；九四噬乾胏，得金矢，表示梗阻更大了，不僅所噬之乾胏很難啃咬，還會咬到金矢，而反受傷害。可見九四是最主要的梗阻，但若能堅忍不拔，最後仍可噬完而逢凶化吉。到了六五噬乾肉，得黃金，雖然乾肉也不易消化，但比九四得金矢有彈性，以正處危，雖危亦正。最後上九如果梗阻還是無法消除，那麼唯有將作梗者何校斬首，將其從根剷除。

肆、象傳

象曰：頤中有物，曰噬嗑。噬嗑而亨。剛柔分，動而明，雷電合而章。柔得中而上行，雖不當位，利用獄也。

　　易例：「陽實陰虛」，〈頤〉卦的初九與上九都是陽爻，就像我們嘴巴的上下二排牙齒，是實實在在可以噬咬的，至於居中的六二、六三、六四、六五都是陰爻，就像我們的口腔，在未進食時是空虛的，可見〈頤〉卦有張口的體象，俗話說「大快朵頤」，就是形容享用美味時腮頰活動的樣子。現在〈頤〉卦的六四陰爻變成九四陽爻，是由空虛變成實體，所以說「頤中有物」；從而〈頤〉卦也就變成〈噬嗑〉卦，所以說「曰噬嗑」，因為口腔內有食物，必須咀嚼，才能融解消化。

　　《易經》的卦辭、爻辭、彖傳、大小象等，裡頭的用語，大多是比喻。因為宇宙現象太過龐雜，如果要具體描述，根本無從溝通，古聖先賢為了便利後人體悟，於是以「近取諸身，遠取諸物」的方法，從百姓日常所熟知之事物中取象為喻。所以說天不一定是指天，可能是指虛空中的能量；說地也未必是指地，可能泛指實質的形體。因此，〈噬嗑〉卦〈象傳〉說「頤中有物」，其原始涵義，乃泛指宇宙間、社會中，一切隔閡梗阻的事物或現象，造成內外、上下、表裡之間陷於不合，無法和睦相處，這無論是在國際、國家、社會、家庭、朋友之間，可以說所在多有。

　　古聖先賢將人世間一切作梗的現象，統名之為「頤中有物」，而要把頤口之中作梗之物咀嚼消化，必須「噬而嗑之」。換言之，如果「頤中無物」，也不能無事生非的亂咬一通。〈噬嗑〉卦因為「頤中有物」從中作梗，造成彼此不合不通，經過「噬而嗑之」，通常能夠達到「噬嗑而亨」的結果。例如朋友之間遭人從中搬弄是非，彼此起了猜疑，友情就發生梗阻。解決問題的唯一良策，是雙方摒除讒言，當面把事實與真相說明清楚，這就是噬而嗑之。一旦梗阻消除，彼此親和如初，相互通好無隔，這就是「噬嗑而亨」。

　　「剛柔分」是指〈噬嗑〉卦與〈否〉卦為往來卦，即〈否〉之初六上而居五，〈否〉之九五下而居初，而成〈噬嗑〉。〈否〉卦上下不交而閉塞不通，九五居外卦乾體有剛之象，初六居內卦坤體有柔之象。〈否〉卦變成〈噬嗑〉卦，是九五之剛下來居初爻之位，初六之柔上去居上爻之位，這樣外體乾剛變成離卦，內體坤柔變成震卦，稱之為「剛柔分」。因為剛柔分後，就變成〈噬嗑〉卦的內卦震為動，外卦離為明，所以稱之為「動而明」。再從二儀四象的太陰、少陰與

太陰、太陽來看，〈噬嗑〉卦的外體離卦與內體震卦，都是來自少陰，彼此本是同根而為一體，因為外卦離為明而有電之象，內卦震為動而有雷之象，所以稱之為「雷電合」。

　　為什麼說「雷電合而章」呢？我們以爆竹為比喻，當引線點燃之後，延燒到內體，就會發生爆炸巨響，這可以勉強說明雷電合而章的現象，同時也能證明離卦與震卦本為一體。因為爆竹的引線點燃之後，先發生閃光，那是離為火為明的作用；接著爆竹的內體炸裂，產生巨響，那是震為雷為動的作用。我們再以自然界的雷電交加來說明「雷電合而章」，雷是由地底下冒出來的電波，中國古代稱之為熱能，電波循著太空中不規則的濕潤氣流，而形成不規則的線型閃亮，那就是閃電。至於打雷，則是這個地下冒出的電波熱能被空中濕氣壓制過度，而爆出的巨響。雷電皆由陰陽兩者交感而成。所以《說文》提到「雷，陰陽薄動雷雨」、「電，陰陽激燿」，《淮南子・墜形訓》也說：「陰陽相薄為雷，激揚為電。」從文字上體會，薄動是兩物相遇而碰頭，激燿是兩物相離而發揮。陽能循著陰的不規則線路而走的表現是為閃電，陽能在陰體內奮發突破而有聲響為雷鳴。雷電交作，相得益彰，雷動而生威，電照而彰著。

　　「柔得中而上行」跟前面的「剛柔分」一樣，都是取象自〈噬嗑〉卦與〈否〉卦互相往來，〈否〉之內卦坤體初六往上行，居於外卦乾體九五之位，坤體初六是為柔，九五位居外卦之中爻是為得中，所以說「柔得中而上行」。另有一說是從「剛柔分」來的，是說〈噬嗑〉內卦震為長子是剛，外卦離為中女是柔，離之所以稱柔，是因為主爻之中爻為陰柔，有柔得中之象，這個說法比較牽強。柔的涵義，就是《中庸》說的「寬裕溫柔」，因為〈坤〉卦六五爻辭「黃裳

元吉」，是外有文彩而內有涵養的意思，最爲得體又恰到好處，所謂「得中」就是這個意思。

　　「雖不當位，利用獄也」，是說六五以陰爻居陽位，雖屬不當其位，但是得中而上行，且居天子之尊位，因其爲陰爻，所以具有寬裕溫柔的德行，又因居天子之尊位，握有征誅殺罰的權力，所以能夠「利用獄」。從〈噬嗑〉卦的爻辭，我們已經深刻了解化除梗阻並非易事，光是靠剛硬而直接地使用嚴刑峻法是行不通的，有些時候還是要以德懷柔，以教化補救刑罰之不足，這樣剛柔並濟，恩威並施，方爲良策。例如我們進食，除了用牙齒咬碎嚼爛之外，還需要柔軟的舌頭與分泌唾液來攪拌消化。噬咬相當于嚴刑峻法，嗑而融化相當於以德懷柔，如同天地消除梗阻之道，是先以雷電震發，使枯者復甦，繼而以春風化雨助其成長，這也是剛柔並濟的道理。最後「利用獄」的意思是說，雖然上爻「何校」是施以大辟之刑，而將作梗爲非而冥頑不靈者斬除，唯在此同時，仍希望藉以感化或教化其他作梗者，這樣用獄才是有利的。

伍、大小象傳

象曰：雷電噬嗑，先王以明罰勑法。

　　在文王作卦辭時，〈噬嗑〉卦只有「噬嗑，亨，利用獄」而已。後來孔子讀《易》而韋編三絕，深有體會，作〈象傳〉來解釋卦辭，才有「雷電噬嗑」，這使後人據以推知震爲雷、離爲電，由此可知孔子啓導後人的偉大之處。又如乾爲天，孔子以「天行健，君子以自強不息」寥寥幾個字，即將乾卦主象之天，引申爲其行主宰，其性

剛健，其象運行，其動不息，而將乾卦的性能，用「天行健」三個字，就講得明白精準。又如「地勢坤」，坤爲地，地主化育且具有涵養的性能；勢是指形體、形勢，而非運行；坤性柔順，不是剛健；同樣是用「地勢坤」三個字，就把坤卦的性能含括無遺。

　　孔子在〈噬嗑〉〈象傳〉中說「雷電噬嗑」，我們才能推知震爲雷、離爲電，而有電火之明與雷鳴之威，才能「利用獄」。離卦與震卦都是來自四象的少陰，所以雷電原屬一體。凡是有光的，都是出自熱能；凡是有熱能的，都可以發光發聲。熱能生光就是離卦，熱能生聲就是震卦，所以說「雷電噬嗑」。前面提到，〈噬嗑〉卦的前身是〈否〉卦，〈否〉卦的外體乾爲王，所以有「先王」之象。〈噬嗑〉之外卦離爲明，三四五互坎爲刑法，合起來看有「明罰」之象。三與上相應，上九下居三爻，則二三四互巽爲命，有宣告或告誡的意思，再與前述坎爲刑法合起來看，則有「勑法」之象。

　　古代罰與法不同，法是指刑法而言，罰是指罰金而言，就是現代所稱的罰鍰，另有一說則包括笞杖。古代訟要繳矢，就是繳箭，獄要繳金；獄是已定罪者，訟則尚未定讞，所以訟者罪較輕而獄者罪較重，這是訟與獄相異之處。文王周公作易之時，周朝的通貨就是刀幣，因此罰字之中有刀。至於爲什麼說先王根據「雷電噬嗑」而「明罰勑法」？因爲雷爲威而電爲明，所以「明罰」就是察之以明，「勑法」就是斷之以威。若偏於威會便成殘暴，若偏於明又顯得儒弱，所以最好是威明並用。故而先王要法離電之明，頒布法律，使人民週知罪罰的輕重，而知所趨避，以免誤入重罪。先王還要效震雷之威，必要時採嚴刑峻法而雷厲風行，使刁民不敢爲非作歹以身試法。

初九象曰：屨校滅趾，不行也。

　　初爻是震爻，初九位居內體震卦，震為行。初爻由陽變成陰，則原本的震體不見了，所以有「不行」之象。另有一說是〈噬嗑〉來自〈否〉卦，〈否〉之內體為坤，原先的震體破滅了，所以不能行走。「不行也」的意思是，作梗為非者被上了腳鐐，使其知所懲，就不敢再向前發展而繼續為惡。

六二象曰：噬膚滅鼻，乘剛也。

　　六二陰柔乘在初九陽剛之上，以陰噬陽噬很費力氣的，以致食態吃相窮凶極惡，因為咬得太用力了，以致連鼻著都壓在肉上而看不見了。意思是說，六二面對初九強硬的作梗對象，有時難免噬過其分。

六三象曰：遇毒，位不當也。

　　三爻是陰爻居陽位，以陰居陽，所以「位不當也」。六三居消滅梗組之位，卻沒有消滅梗阻的才能，才會遭到反噬而遇毒。自身不正而要正人，則難以服眾，問題出在「位不當也」。

九四象曰：利艱貞吉，未光也。

　　四爻居外體離卦，離為光，四與三五又互成坎卦，坎為水，是有離光在坎水之上之象，這樣的光當然不明顯，所以說「未光也」。坎水之上的離光不顯，代表消滅梗阻的能力發揮不出來，雖然艱貞自處，也改變不了梗阻的現象。

六五象曰：貞厲无咎，得當也。

六五跟六三一樣，都是陰爻居陽位，不過六三的〈小象〉是「位不當也」，而有遇毒之患，反觀六五的〈小象〉卻是「得當也」，而能夠无咎。那是因為六五以陰爻而居外體之中，有寬裕溫柔的德性；六五又居天子的尊位，以正居危，雖危亦正，所以「得當也」。

上九象曰：何校滅耳，聰不明也。

上九居外體離卦，離為目，離卦伏坎為耳，上九與六三相應，上爻與三爻易位，則三四五互兌為毀折，而原先的坎耳與離目都不見了，因為耳目盡失，不聰不明，所以說「聰不明也」。因為不聰不明，當然思慮欠周，以致惡貫滿盈，而到了何校滅耳的地步，招來殺身之禍。

第二十二卦

賁卦

周鼎珩講　陳素素記錄

賁

離 艮
下 上

——此係〈艮〉宮一世卦，消息八月，旁通〈困〉，反對〈噬嗑〉。

壹、總說

佈卦的次序

今天接著報告賁卦，這個「賁」字讀ㄅㄧˋ，不是讀ㄅㄣ，也如同第三卦〈屯〉，讀ㄓㄨㄣ，不是讀ㄊㄨㄣˊ，也如同「大有慶也」，那個「慶」字，在《易經》裡，讀ㄑㄧㄤ。〈賁〉卦是〈艮〉宮第一世卦，在京房的八宮裡面，這卦的性能屬土，將來我們講八宮的時候，要向各位報告卦的本質是什麼？它納甲屬於那方面的？這卦的本質是屬於土卦，消息卦氣是八月的卦，旁通是〈困〉，本卦是火山〈賁〉，山一變錯成〈澤〉，底下火錯成水，那麼就變成澤水

〈困〉，所以它旁通是〈困〉，本卦卦體倒過來，就成了火雷〈噬嗑〉，所以它反對卦是〈噬嗑〉。

現在我們交代卦序，〈賁〉卦爲什麼繼在〈噬嗑〉之後？我們曉得宇宙間所有的現象，一定有它的規則。只要這個現象繼續存在的話，它裡面一定有它一個規則；如果這現象沒有了規則的話，這現象不會存在的。《詩經·大雅·烝民》上說：「天生烝民，有物有則。」有那個現象，就有那個規則；沒有那個規則，就沒有那個現象。〈噬嗑〉卦是囓而合之，就是說一個現象，中間發生梗阻，上下內外脫節了，現在我們想法子，使用消除的手法，使它合起來，不至脫節。我們所以能夠把它囓合起來，把梗阻消除掉，一定有個道理。前面說過，任何現象的存在，都有一個規則。「囓而合之」這個現象，也是萬有現象之一，當然也應該有個規則，支持它的存在。如果沒有規則，怎麼能把梗阻消除掉而把它囓合起來呢？這種規則，在我們人事社會裡頭，就是法制典章，我們規定一種法制、一個辦法，你發生了梗阻，使上下內外脫節了，我就拿這種辦法來懲治你，這種辦法，就是法制典章。

「囓而合之」這種現象的規則，在人事社會上來講呢，就是法制典章；在自然現象來講呢，就是雷霆風雨。比方，自然現象有這個東西發生梗阻了，使令它不能化腐生新，使令它不能欣欣向榮，於是自然界造物就拿雷霆風雨，使令它化腐生新，欣欣向榮；我們人事社會拿法制典章來平衡這個梗阻的現象。但法制典章本身不是行爲喔，它自己不能做事，它是個死的東西，法制典章是要我們人來施行它喔，沒有人來施行它，法制典章自己不能動喔，所以法制典章是文飾我們人類社會的措施行爲的。我們人類社會的一切措施行爲，怎麼樣做法

呢？當然我們定個規章來文飾它，使令有所依據，那麼這種法制典章，就是我們人類社會措施行為的一個文飾現象，它本身不是行為，它只是行為的文飾的現象。〈賁〉卦是什麼呢？「賁者，飾也」，孔子解釋這個賁字，只提一個字「飾」也，文飾、粉飾的意思。我們人類身體，有衣冠，衣冠並不是我們的身體，但是我們人類要有衣冠來文飾我們的身體，我們才與禽獸不同，那這衣冠就是我們文飾的一個現象，〈賁〉卦就是說明文飾現象，宇宙乃至社會一切的文飾現象，都是〈賁〉卦所代表的。所以嗑而合之，它有一個規則。這個規則，就是法制典章。法制典章就是一種文飾，而〈賁〉卦是文飾，所以在〈噬嗑〉卦之後繼之以〈賁〉卦，〈序卦〉上講：「物不可以苟合而已。」宇宙間一切事物現象，我們是要嗑而合之，使令它合，把它中間的梗阻化除掉，使它能夠合在一起，但是不是今天這麼合一下子，明天那麼合一下子，苟且的合？是有一定的軌道可循的。這一定的軌道可循的，在人事社會上，就是法制典章，故〈噬嗑〉之後，受之以〈賁〉。賁者飾也，就是粉飾的現象。

我們曉得人類的行為，相互之間，能夠合同一氣，而中間毫無隔閡，人類社會才能欣欣向榮，才能高度發展，這是我們所理想的，但是中間難免有些梗阻，所以有這〈噬嗑〉卦的消除梗阻，但〈噬嗑〉卦消除梗阻不是勉強的，不是苟且的，它是有一定規章，有一定辦法，有一定軌道可循的。〈賁〉卦就是消除梗阻，使令它能夠合同一致的一個可循的規章，〈賁〉卦就是這個。因為〈噬嗑〉卦需要有一個軌道可循，才能夠嗑而合之，〈賁〉卦就應運而生，故〈噬嗑〉之後，就繼之以〈賁〉，這是〈賁〉卦安排的次序。

成卦的體例

　　第二個講卦體，這個卦首先要看卦色。卦有卦的顏色，八卦、六十四卦都有它的顏色。這卦就卦色來講，外卦是艮，內卦是離，艮爲山，離爲火，山的顏色是青的，火的顏色是赤的，外卦是青，內卦是赤，中間三、四、五互成震，震爲木，木是青的，二、三、四互成坎，坎爲水，水色是黑的，外頭兩卦是青赤，裡頭兩個互體是青黑，換句話說呢，本卦是青赤黑相間的一個卦。康熙時代編的《圖書集成》，裡頭收集了一部《考工記》，《考工記》這部書，就是把中國自古以來，一切的工藝製造，房子怎麼做？井怎麼打？田怎麼種？樹怎麼栽？這些方法都收在裡面了，當然收集不完全，但大體上都有說明。《考工記》裡有記載畫繪之事，「畫繪之事，雜五色」，畫繪都是把五色東西錯雜起來，青色和赤色兩個文錯在一起，就變成文。我們所謂的文，就是從顏色發展出來的。人類之所以爲人類，與馬牛羊雞犬豕不同，就是因爲人類有衣冠嘛！有文字嘛！有語言嘛！有這些創造啊！這些都是文飾的工具、文飾的現象，「文」在〈賁〉卦裡，就是卦象，前面說過，外卦是青色，內卦是赤色，青色、赤色兩個交叉，構成「文」的現象。所以孔子在說明卦的時候，認爲〈賁〉卦是一種文飾，第一是根據卦色來的，卦色就是文飾的現樣，這是本卦體象第一個交代。

　　第二，這卦是艮和離二卦成卦。離爲文明，有文的現象；艮是成終而成始，艮卦在東北，是八卦連行始終交點的地方，開始是它，末尾也是它，所以它有始終的秩序。兩個合起來講，就是這種文明而有始終的秩序的安排，叫做賁，這是〈賁〉卦第二個體象。比如拿宇宙的現象來說吧！日月星辰就是宇宙裡頭文明的現象，它在空間點

綴起來；假使太空間沒有這個日月星辰，太空是一抹漆黑，一團糟，根本沒有東西啊！因為太空中顯出日月星辰，點點斑斑，於是太空顯出有文明現象。而宇宙之文明現象，是有始終的，有秩序的。例如，春天萬物生長萌芽，夏天萬物都茂盛起來，到秋天萬物都落成，冬天萬物都收藏了，藏之於根。春生、夏長、秋收、冬藏這秩序，每年如此，周而復始，老是這樣，有一個秩序的安排。這種文明，因為地面有春生、夏長、秋收、冬藏才顯出來；要不然，地面是枯的，什麼東西都沒有。因為有春生、夏長、秋收、冬藏，因此顯出地面非常生氣活潑，有文明而有一定的秩序，所以文明而有固定的秩序，就是賁。我們再拿地面上陳列的東西來講，地面上，第一步先完成砂石、土壤，有砂石土壤，再發展到花草樹木，第二步就是花草竹木產生了，有了花草竹木，然後第三步才有蟲魚鳥獸產生了。由砂石土壤到花草竹木，由花草竹木到蟲魚鳥獸，一層一層的，各暢其生，裡頭秩序緊密，絲毫不亂，這是文明而有秩序的現象。〈賁〉卦既是由離與艮兩卦成體，所以就顯出文明而有秩序的現象，這是〈賁〉卦第二個體象。

　　第三個體象，這卦以漢《易》的說法，是從〈泰〉卦來的。為什麼呢？在卦變裡，一陰一陽的卦是以〈復〉、〈姤〉兩卦為主，二陰二陽的卦是以〈臨〉、〈遯〉兩卦為主，三陰三陽的卦，是以〈泰〉、〈否〉兩卦為主。這卦是三陰三陽的卦，它的本源是從〈泰〉卦演變來的，〈泰〉卦外卦是坤，內卦是乾，乾卦的九二一爻上居坤卦的上六，坤卦的上六一爻下居乾卦的九二，於是就變成〈賁〉卦。所以在〈彖辭〉裡講：「柔來而文剛。」〈泰〉卦的上爻是坤陰，坤陰是柔；二爻是乾陽，乾陽是剛。自外而內，謂之來；自

內而外，謂之往。上爻下來，居於二爻，是柔來而文剛，是柔來了，把乾剛文飾一下。〈彖辭〉第二句話：「分剛上而文柔。」〈泰〉卦底下是剛，上頭是柔，把內在的剛分一部分上去，文飾外在的柔，就是「分剛上而文柔」。〈彖辭〉第一句話「柔來而文剛」是什麼意思？在自然界來說，外卦的柔是形體，形質，內卦的剛是能力，柔來文剛，就是形體來涵養能力，這能力才有勁，能力是空的，能力如果沒有寄託的話，能力是空自鼓舞，等於沒有用。我們人的精神意志假若沒有身體寄託，精神意志無從發揮，沒有用處，於是飄搖太空，謂之鬼，謂之魂；精神意志有了形體來涵養它，精神意志就有所寄託了，有著落了，這是柔來文剛的現象。在社會境界裡來說，我們人類社會，一大群人，如果沒有典章制度，這一群人亂七八糟，一定朝野無天。這一群人活動生活是剛，剛才講典章制度是文飾的表現，來一個典章制度，把這一大群人的生活，變成有軌道了、有規則了，大家都和諧了，這是柔來文剛。上爻下來居於二，而把內在的乾體變成離，變成文明現象，等於我們法制典章使人群社會的活動走向文明化，文明生活不是野蠻，是有文飾的現象，等於我們有衣冠把身體遮掩住了，於是人類變成衣冠文物了，不是禽獸了，這是柔來文剛的現象。

　　〈象傳〉第二句「分剛上而文柔」是什麼意思？〈泰〉卦的二爻，跑到上爻，把外卦的坤體文飾了，就是分剛上而文柔，這意境在自然界來講，就是說一切的形體能得到陽剛之氣的能力，於是乎這形體才能開化。如果一株花，能得到內在土壤裡輸送的力量，滋養的力量，又得到外在太陽風雨輸送這種動能的力量，於是乎這株花才能開。有陽剛之氣的力量來了，坤陰之體才能化的起來，這就是分剛上

而文柔的現象。在社會上來講，就是用人類的力量來施行法制典章，這法制典章是死的東西，需要人去施行法制典章，於是法制典章才顯出價值；假使沒有人去施行法制典章，這法制典章都沒有用，所以孟子曰：「徒法不足以自行」（《孟子·離婁上》），僅僅只是死的法律條文，它自己不能行動，「徒法不足以自行」啊！假使只是規定法律，左規定、右規定，而人不照著法推行，那不就等於沒有，白費嘛！所以「徒法不足以自行」。因此法律是文飾人的行為的，人的行為有了法制典章，就不像禽獸那麼亂來了，人的行為就變成文化了。法制典章就是幫助人類的行為，使令有所依據，人類的行為於是乎就變成文化了，就不是禽獸那樣野蠻了。反過來說，法制典章是死的東西，要有人來施行它，才能發揮它的價值，要沒有人施行它，再規定，也是徒然。這是柔來文剛，剛來文柔合併的現象是如此，這是〈賁〉卦第三個體象。

　　第四，這卦體是離文在內、艮止在外，中間三、四、五互成震，震為行，這是什麼意思呢？這就表示一切文明的行進，要有所止。「止」是什麼意思？《大學》裡說：「大學之道，在明明德，在親民，在止於至善。」《莊子·人間世》上講：「吉祥止止。」引據這兩句，就可以看出「止」的含意，所謂「止」是「吉祥止止」，是一切吉祥的東西要止於所止，要穩定住，要有著落。穩定是取象於艮，艮為山，山是很穩定的。文明的發展應該要有安頓的地方、穩定的地方，這話是什麼意思？比如，國家的法制典章是文飾人類行為的，人類之所以行為而能稱為文化，就是因為有這些法制典章，不像禽獸亂七八糟，我們有軌道的，有法制典章的，但法制典章要穩定在那個地方。穩定在什麼地方呢？穩定在人類國家社會所需要的地方。

法制典章是文飾的現象，文飾的現象是附屬的東西，它有個主體，國家是他的主體，這是「止」的第一個意義。「止」的第二個意思呢？止者是不為已甚。文飾這工作不能太過，應該有所止，太過了，就傷了根本。例如，法制規章，如果弄得太瑣碎，它就不能便利人的行為，對於人類社會一切行政措施，就不能有所幫助，就變成累贅，所以文飾不能太過，太過就傷本，這是第四個體象。

立卦的意義

　　根據這一卦的體象，以及卦辭所講的「小利有攸往」，以及爻辭所講的「賁其趾」、「賁其須」、「白賁」，各爻辭的精神，一路到底，都是說明文飾不能夠太深，文飾的工作，最後一定要反璞歸真；如果文飾的工作過火了，那麼它根本的內容就空虛了。所以根據這卦所指示的，我們可以體察個人乃至國家社會的現象。就以對個人的觀察來說，《論語‧學而》上講：「巧言令色，鮮矣仁。」就是說一個人文飾太過火了，專門注重言語，說話的時候，堆了一臉的笑容，話語非常甜，這種人專門搞這一套的—「巧言令色」，這種人「鮮矣仁」，它裡頭本性沒有了，「仁」者就是本性。所以我們根據〈賁〉卦可看出一個人若過於講究外表的文飾工作，他的內容一定空虛。年輕未結婚的小姐可觀察男孩子，這男孩子如果頭髮梳得很亮、衣服穿得很挺、皮鞋擦得很光，這樣的一個男孩子，外表看來很俊俏，這男孩子沒有內容的，因為他的精神就在擦頭髮、擦皮鞋、穿衣服去了，你到他的宿舍參觀一下，他床底下臭襪子、臭鞋子一大堆，裡頭亂七八糟，所以單純的看外表，粉飾過度的人，一定沒有內容。其次，我們看有些當權的人，部屬脅肩諂笑、卑躬屈膝，唯唯諾諾的，他很

高興；部屬說話說得很甜，他覺得這人很能幹。其實這人就不能辦
事，他專門講究粉飾外表，內容一定缺乏，這是對個人的觀察。我們
對社會的觀察，亦復如此，我們走在街上，如果裝飾品的商店，賣綢
緞的、賣化妝品的，這些消耗的商店特別多，太講究舒服了，這社會
的經濟情景一定不好。它只有消耗，沒有生產，怎麼會好呢？這是對
於社會的觀察。我們對於國家的觀察，亦復如此，假使這國家專門講
好聽的話，做起事來，一定沒有內容。凡是一個機構，好話說得太
多，做的事情，一定要打折扣，我們看有些學校校長很會說話，講得
頭頭是道，結果學校辦得一蹋糊塗。我們拿這個〈賁〉卦可以觀察出
這些現象，我們學〈賁〉卦的意義就在此，我們所獲益的，也在這地
方。所以交朋友，那巧言令色的朋友，最好不要交，那種人交了沒有
用處；相反的，「吉人之辭寡，躁人之辭多」（〈繫辭下傳〉），要
是這人說話說的少，但說一句話，就是一句話，言出必行，這種人交
朋友是最好。

　　第二個我們學這個卦，假使我們對某一事態，粉飾的工作，做
得太過甚了，我們馬上就要扭轉，不能不扭轉；不扭轉，於是就被文
飾工作所陷害，陷害在文飾工作裡，而不能自拔。這話怎麼講呢？我
是學法律的，但我不是那麼一味的崇法，以為法律萬能，我不是那
樣看法，法律還在乎人做的。比方，這法制典章若規畫得太瑣碎了，
瑣碎得簡直沒有辦法，結果這個法制典章，倒反著為國家社會所病，
人動輒得咎，不曉得怎麼樣才對，這樣做也觸了法網，那樣做也觸了
法網。暴秦所以崩潰得快，是法律如毛，老百姓動輒得咎，所以法令
典章不能規畫的太多。打個比喻，今天這個主法不行了，於是規定一
個分則；分則不行了，再規定細則；細則不行，再規定一個條例；條

例不行，再附一個辦法。一套套一套，套了最後，連他自己都不曉得怎麼搞法，那老百姓怎麼做呢？就如畫畫，不會畫畫的，山不像山，水不像水，人不像人，狗不像狗。看看不大對頭，於是再加幾筆；又不對頭，再加幾筆；到最後一張白紙，變成黑墨塗轉。那怎麼辦？只好把這張紙撕掉。那我們法制規章畫得太細，左一套、右一套、再一套，就像畫畫一樣，畫得不對，再加一筆，畫得不對，再加一筆，這就是粉飾過甚。粉飾過甚了，到最後就為這粉飾工作所限制，所以法制規章規劃太細，老百姓都不知道怎麼做了。我有一種感覺，就是有關稅務方面，填稅務表太麻煩，我一個當教授的不曉得填表，還得請會計師填，我相信鄉下老百姓看了那個表一定感覺困難。大家都不願做的事，何必一定要這麼做？就把秦始皇所有那些如毛的法令，一把火燒掉，與老百姓約法三章，於是老百姓大家稱快，國家才安定。所以凡是文飾工作過火的，一定要矯正，不能再向前發展了。法制規定規畫得太瑣碎了，到最後鑽牛角尖，鑽得不得出來，所以一定要扭轉。這是學〈賁〉卦的第二個意義。

　　第三，這文飾工作，它有主體，它自己是附屬地位，比如，法制典章，它是以國家為主體，附屬於國家行政措施之上，國家行政措施需要法制典章，法制典章才設置；假使國家行政措施不需要法制典章，那這個法制典章就不必要了。有些人不大了解這個情況，動不動就搬外國的東西，美國是這個辦法，德國是這個辦法，把外國東西搬到我們國家來。當然外國有些東西是好的，可是外國有外國的國情，我們有我們的國情，外國東西好，在外國行的好，是不是適於我們呢？這個大有問題在。假使外國那個辦法和我們立國精神不大適宜的話，我們就要斟酌了，不能一味著用搬運法，把外國東西搬過來就行

了，那個不好。所以對於一切的文飾工作，需要尊重主體，主體所需要的，我們才做這文飾工作；若脫離了主體需要的，這文飾工作就不成其為文飾工作了。所以我們運用外國的辦法，要特別注意。比方，小學教育有干涉教育，有放任教育。外國小學教育有許多採取放任教育，就是小學生讀書，不要干涉，他自己愛讀就讀，愛玩就玩。他們的理由是小學生如果干涉他，使他頭腦不能發展，反而傷害他，所以不能採取干涉教育。可是我們自古以來，在發蒙的時候「用說桎梏以往，吝」（〈蒙〉卦初六），把他手鐐腳梏脫掉，讓他這樣發展會不好的，小孩子會學壞的，所以自古以來，兒童教育多半採取輔導的。有些人主張兒童教育採取放任，這種說法，值得我們考慮，因為我們國情與外國不同，如果一味學外國，採取兒童放任制度，是不是收到好效果，還大有問題。所以我舉這例子來說明，一味搬運外國的東西，是值得我們警戒的，這是我們學〈賁〉卦的第三個意義。

貳、彖辭（即卦辭）

〈賁〉：亨。小利有攸往。

接著報告卦辭，卦辭就是兩句：「賁，亨。小利有攸往。」第一個講「賁，亨」，剛才講〈賁〉卦是由〈泰〉卦來的，〈泰〉卦的上爻居二，二爻居上，就變成〈賁〉。〈泰〉卦的上爻下來，二爻上去，這是陽去化陰，陰來化陽，陰來文陽，陽去文陰，陰陽互相文飾，所以交通的現象，足見〈賁〉卦卦氣非常的通，所以講「賁，亨」，亨者，通也，這是「賁，亨」的第一個意義。「賁，亨」的第二個意義呢？為什麼要「文飾」呢？「文飾」是要「通」啊！不通我

們才文飾嘛！爲什麼要法制典章來文飾這個國家社會呢？因爲這一大群人的生活行動，如果沒有個規則，大家的行動就越軌了，你侵犯我，我侵犯你，就變成殘殺鬥爭，一蹋糊塗，無所依從了，所以一大群的人類生活在一塊，大家的生活行爲啊！當然要有個規範囉！於是法制典章，文飾工作，在這兒就需要了。這種法制典章，文飾工作是便於大家的生活行爲的，因爲大家生活行爲有這個法制典章的依據，於是大家生活行爲才能互相通暢啊！要不然，彼此侵犯就窒息了。因此文飾工作，目的是在乎通；如果文飾的工作，做得不通暢了，這個文飾工作就不對了。法令如毛，老百姓都不曉得怎麼辦了，這個就不是文飾工作，就是違背「賁，亨」的這個法則；「賁」是要「亨」啦！是要使大家都通行無阻才行啊！你弄得大家束手無策，不曉得怎麼辦？動輒得咎，那怎麼叫賁？那怎麼叫做文飾工作呢？所以法制典章啊！是爲了便於人行的，你弄到阻礙人的行爲啊！那就不對了，所以「賁」要「亨」，要通，不通就不叫做賁，這是「賁，亨」的第二個意義。總而言之，這個「賁，亨」有兩個意義：第一個〈賁〉卦的體象是通，陰陽上下相交嘛，是通。第二個〈賁〉卦的意義是在乎通，要通；不通，就不能算做賁。

　　第二句：「小利有攸往」是什麼意思呢？從裡面往外頭走謂之往，從外面向裡面走謂之來。「攸往」是指這個爻向外走的現象，我們前面說過，這個〈賁〉卦是從〈泰〉卦來的。〈賁〉卦〈彖辭〉裡說：「分剛上而文柔。」就是拿這個乾卦的中爻，分出去，化這個坤，文飾這個坤體。這個坤體本來是荒穢野蠻的嘛，現在分一點陽剛上去啊！它這個坤體啊！變成文明的坤體了，不野蠻了。可是「分剛上而文柔」，它是「分」啊！它不是整個的上去啊！它是分一點上去

文柔啊！分一點上去，而且居於外體的坤陰之外，外卦變成艮，艮爲少男，少陽，那麼它去文飾這個坤體，化這個坤陰啊！是從外表去化啦！不是化它的中心啦！沒有到五爻，而到上爻，到上爻，是外體的表面，陽剛之氣從表面上化這坤陰啦，化得很有限。陽剛之氣分一部分，它力量已經有限，而弄到外頭，化這坤陰，陰本來是「小」，現在從這坤體的表面來開化，文飾，那開化，文飾得當然有限，又是「小」，所以說「小利有攸往」，這「小」字，根據卦象是這麼來的。

蘇東坡反對漢儒這個〈賁〉卦從〈泰〉卦來的說法，他說：「學者徒知〈泰〉之爲〈賁〉，又烏知〈賁〉之不爲〈泰〉乎？」（《東坡易傳》）焉見得〈泰〉卦不是從〈賁〉卦來的呢？蘇東坡是古文八家的文豪之一，當然他的文章是做得很好，但眞正的學養還沒有到堂。他說這話，一般人還把他採用，他不懂這個道理。因爲卦就和字一樣，字有字紐，中國文字有四百幾十個字紐，就是根本的東西，以後就根據這根本的東西化出來的，也和西洋的字是根據廿六個字母化出來的一樣。那麼卦裡頭呢，也有主卦，那個三陰三陽的卦，都是從〈泰〉、〈否〉出來的，因爲〈泰〉、〈否〉分陰分陽，天地均衡之氣，於是乎才能夠化生很多很多的現象，沒有到了天地均衡之氣，它能夠化生這些個現象嗎？蘇東坡反對卦變的說法，他的意思，所有的六十四卦，都是從乾、坤化來的，中間沒有個兒子再化兒子的。但是這個說法不足採取的，因爲我介紹的《周易折中》裡頭，有蘇東坡這一則，所以我附帶的說明一下子。以上交代卦辭。

參、爻辭

初九：賁其趾，舍車而徒。

現在交代爻辭，初九：「賁其趾，舍車而徒。」過去講過卦的六爻，初爻是震卦，二爻是離卦，三爻是艮爻，四爻是巽爻，五爻是坎爻，六爻是兌爻。現在〈賁〉卦初爻是震爻，初爻與四爻相應，四爻又互震，震爲足，初爻居震下，有足趾之象，「趾」字的象，是從這兒來的。這「車」的象從那兒來的呢？二、三、四互坎，坎爲車，故曰車。《說文》：「徒，步行也。」徒步而行，是初爻到四爻，初應四，四爲震，震是向前行進，但初爲趾，所以是用腳向前行進，舍棄車，徒靠著腳向前行走，故曰「舍車而徒」。「賁其趾，舍車而徒」是什麼意思呢？在賁之初，要「賁其趾」，要文飾他的腳，爲什麼要文飾他的腳呢？腳趾是基本之行，文飾他的腳，就是說文飾的工作，走上來要從基本的行爲來文飾，文飾基本的行爲，在人類來講，就是穿衣、吃飯、走路要有道理。在賁之初，要「舍車而徒」，要放棄了車子而自己徒步行，這是最基本的文飾。爲什麼不坐車子而要徒步行呢？因爲文飾的基本的行爲，要樸而不華。舍車而徒行，就是樸而不華的意思。所以一個國家，在一開始做文飾的工作，奠定一切的基礎，要樸而不華，不能走到浮華的路上；一走到浮華的路上，這個國家就不好了，這是第一爻。

六二：賁其須。

須古通鬚，由三爻、四爻、五爻到上爻，這四爻有〈頤〉卦的體象。〈頤〉卦兩頭是陽，中間是陰，這四爻中間少了兩個陰，就是

〈頤〉卦的縮影。頤是嘴，二爻在〈頤〉卦體象之下生著，也就是在嘴下生著。在中國講，附著嘴巴上的叫髭，附著嘴巴下的叫鬚。二爻附著在嘴下的部位，所以有鬚之象，這是講象。「賁其須」是什麼意思？我們知道人的鬍鬚，無關於身體的得失，對於身體的健康不健康無關，把它去掉，於身體沒有妨害，還是一樣，所以無關於身體的得失，但它有威儀的表現，例如年紀大的，留了鬍子，就有一點長者的味道，它只是助長人的威儀，無關於身體本身的得失，它是附屬品嘛！附著在嘴的部分嘛！這二爻是柔爻，須是血之餘，是柔；二爻承著三爻，三爻是剛爻，柔無剛不行，二爻的柔，一定要附著三爻的剛才能動。所以賁其須就是說文飾工作要附著本體之上，不能脫離本體的，猶之乎須是附著頤嘴之上，不能脫離頤嘴，脫離頤嘴，這須就沒有多大用處了。在我們人事社會來講，法制典章是附著國家行政措施之上的，脫離了國家行政措施，這法制典章沒有用處的。也和那鬍子是長在人的嘴上，若離開那嘴，這鬍子有什麼意義啊！毫無意義。所以賁其須，就是文飾工作不能離開它的主體，這是第二爻。

九三：賁如、濡如，永貞，吉。

「濡如」是滋潤之貌，這「濡如」的象從哪兒來的呢？三爻互坎為水，水有滋潤之象，所以說「濡如」。「永貞，吉」就是永久的正確穩定則吉，這倒沒有象。「濡如」的意義，就像《詩經·小雅·皇皇者華》裡頭說「六轡如濡」那個「濡」的意義，「濡」是鮮澤的意思，就講那使臣的六轡粉飾的非常的鮮澤光彩。這個〈賁〉卦是講文飾的卦，第三爻得正居中，文飾工作鮮豔奪目，到了極點，這個時候，要永遠的穩定住，才能夠吉，否則就會為外在的浮華困擾死了。

所以我們居住在繁華粉飾的情況之下，要自己特別提心吊膽，戒慎恐懼，無論是個人的生活也好，國家社會的生活也好，當在繁華奪目，鮮豔動人，那情景之下，自己要把那意志拉回來，不要玩物喪志，不要為外在的浮華把意志消沉掉了，要永遠的穩定正確才能吉，這就是〈賁〉卦的精神所在。不能一往情深，一發無餘，文飾又文飾，浮華又浮華，浮華到最後，怎麼辦呢？比如講這個燈飾，現在已經浮華了，以後可能還要浮華，浮華到最後，核子彈下來，整個的消滅。所以他要我們文飾到著鮮豔動人、光采奪目的時候，要永遠穩定正確才能夠吉。

六四：賁如皤如，白馬翰如，匪寇婚媾。

「皤如」的象是從哪兒來的？四與初應，什麼叫做「應」呢？四居初，初居四，它兩個互相往來的情況，這叫做「應」。四爻和初爻又是「正相應」，初爻是陽爻居陽位，叫做得位，四爻是陰爻居陰位，也叫做得往，因此是「正相應」。「正相應」來往的情形，非常之親密，它可以互換的，因此四爻到初爻，初爻到四爻，四爻就變陽，四爻一變陽，於是乎二、三、四就互成巽，巽的卦色是白的，這「皤如」是什麼意思呢？「賁如」是文飾，「皤如」是本真，意思就是：還是文飾呢？還是還他本真呢？在這四爻就有徘徊不定的意思，為什麼呢？因為它已超過內卦離文的跡象，已經到了外卦的艮止了，應當反本歸真，不能再文飾了，如果四爻再文飾，文飾就太過了。所以謀國大君對於一件現象要衡量是不是文飾到了極限，如果到了極限，就不能再文飾了，再文飾，就要傷害到它的本來了。

第二個「白馬翰如」，乾陽稱之為龍，如果將陽爻和陰爻交錯起

來，這就不成爲龍，而成爲馬，四爻互成震，震爲乾卦的長子爲馬，四爻與初爻相應，二、三、四巽爲白，震爲馬，巽爲白，故曰白馬。震爲的顙，又爲馬足，也有白的象徵。「翰如」是馬跑得很快的狀態，馬跑得很快，就代表震，這震已經不是初爻的震，這震已經上來了：本來初爻是居於震爻，還在裡面，現在三、四、五互震，震爻已經出來了，就是馬疾行的狀況。

　　「匪寇，婚媾」，「寇」字的象從哪兒來？二、三、四互坎，坎爲寇，現在我們講的是四爻，四爻居坎，三爻是坎的主爻，四爻乘三爻，剛接近坎，坎有寇盜之象。在《易經》裡，凡是那個陽和那個陰不協和，相激相盪的，就叫寇盜。比方我們常見到怨偶，常常打架吵嘴要離婚，甚至彼此傷害殺害，這個就是寇盜。至於「婚媾」是什麼現象呢？四爻固然與三爻不協和，但四爻與初爻正相應，它兩個來往的情形，非常密切，它兩個是相輔相成的，所以是婚媾。爲什麼在「白馬翰如」底下講「匪寇，婚媾」呢？往年在作《易》時，有親迎之禮，婆家派人去迎接，娘家派人送。這迎接的，要騎著馬。兩漢以前，都是用馬；兩漢以後，才用轎子。馬有鞍，飾著彫，飾著花，這樣子迎接新娘子。遠遠的來，就像強盜來一樣，強盜來，也是騎著很多的馬，所以「白馬翰如」底下接著講「匪寇，婚媾」，說是白馬跑得很快，不是寇盜，而是婚媾，這就表示四乘三，它兩個固然是寇盜，但四捨棄三而應初，不是寇盜，而是婚媾，這是卦象。

　　這一段是什麼意思呢？我們文飾的工作，到了三爻「賁如濡如」，已經到了極限，到了四爻，就要反本歸眞，不能再向前文飾，再向前文飾，就超過本眞了，超過本眞，就有傷害了，因此講「賁如皤如」，「皤如」就是反白反素的意思。至於「白馬翰如，匪寇婚

媾」什麼意思呢？前面說過，初爻是震卦，是馬，三、四、五互成震，初、四相應，初爻的馬，走到四爻去了，這馬走得很快，所以講「翰如」。那爲什麼講「翰如」呢？這是反素的意思，反本歸眞的意思。初爻「賁其趾，舍車而徒」就是文飾的工作要著著實實的從根做起，不是空中樓閣的，虛浮無根，初爻既是著著實實的，樸而不華，所以它是「白馬」。四爻要「皤如」，初爻是「白馬皤如」，它兩個情投意合，所以「匪寇，婚媾」。四爻現在所乘的，固然是三，但四不是應三，而是應初，初不是「寇」啊！而是「婚媾」，和四相輔相成的。這裡頭含有二個意思：第一點，文飾工作，不能離開本來。第二點，文飾工作，不能捨難求易，不能圖便利，圖便利，就是寇了，三爻和四爻相近，就是寇盜，初爻和四爻隔得很遠，還要「白馬翰如」，表示文飾工作要捨易求難，不能圖便利。這什麼道理？比如「男女授受不親」，這是古禮，現在當然不必要，我們講這個精神，爲什麼「男女授受不親」？男的拿東西送給女的，還要放在地上，或放在桌上，不直接手交給手，直接手交手，不是方便的多嗎？爲什麼一定要放在地下或桌上，讓那個女的去拿呢？這不是麻煩嗎？但禮節就是不能怕麻煩，不能捨難求易，要捨易而求難，因爲多這麼一個轉折啊！可使得男女接近的機會比較少，使令男女關係不致太亂。比如，我們過去，喪事、婚事、國家大典，規定了很多的禮節，我們現在看起來太麻煩，但是必須如此。現在我們隨從美國的風氣，有很多地方，是捨難求易，處處圖方便。女孩子的褲子，也學男孩子前面開扣，甚至前面扣子也不扣，帶子也不繫，就是拉拉掛掛、鬆鬆稀稀的，這個愈圖方便，將來愈糟糕，所以中國過去女的不肯這樣做，它裡頭有個道理的—太圖方便，小孩子就那麼方便，褲帶不繫，扣子不扣，到了大了，就無所謂了，於是就變成很壞的風氣了。這表示四爻

第一個要反本歸眞，第二個要捨易求難，不能和三爻圖近便，一定
要照規則去做，和初爻相應，是按照規則做，和三爻相近，就是圖近
便，這是六四的說明。

六五：賁於丘園，束帛戔戔，吝，終吉。

「賁於丘園」，「丘」是什麼東西呢？是半山的現象，比地面
高，比山低，外卦爲艮，艮爲山，六五居艮山中間，有半山之象，就
是「丘」；艮又爲果蓏，木本的果子叫果，草本的果子叫蓏，木本的
果子像桂圓，草本的果子像蕃茄；其次，三、四、五互成震，震爲竹
木、爲蒼筤竹。半山上，有果蓏竹木，豈不是「丘園」嗎？

「束帛戔戔」，「帛」字的象怎麼來的？這卦是從〈泰〉卦來
的。〈泰〉外卦是坤，坤卦的上爻，到了二爻來了，內卦是乾，乾卦
的二爻，居於上爻，就成了〈賁〉卦。所以〈賁〉卦的外卦，本來是
坤，坤爲布。這個卦就是初、四正應，初、四正應，位置相換，二、
三、四互成巽，巽爲繩、爲絲。另外，五爻和二爻居應位，二爻與
初爻、三爻互成離，五爻一變，三、四、五又互成離，離居五，離又
是屬於夏天的五月，夏天是馬，蠶又稱五馬，故有蠶絲之象，豈不是
「帛」嗎？往年絲織品在先，棉織品在後，春秋以前，都是絲，春秋
以後，才有綿花，絲厚的，就叫帛，薄的，就叫絹，〈孔雀東南飛〉
那個戲裡的媳婦就是織絹，絹演變到現在，就是綢子，帛演變到現
在，就是緞子，雙股絲做的，就是帛，單股絲做的，就是絹，帛的價
值比絹大，往年絲織品是皇帝賞給臣子，或者四夷來朝的，「帛」就
是從這兒來的。

什麼叫「束帛」？五匹爲束，裡面三匹是玄色，就是本色，二

匹是薰色，就是彩色。這「束」的象是怎麼來的？是從六五這爻來的，六五爻的數目字是五嘛，所以講一「束」；當六五除外，是三個陽爻、二個陰爻，三個陽爻就是三玄，二個陰爻就是二薰，所以講「束帛」。「戔戔」，起碼有兩個意義，一個意義就是狹小之貌，一個意義就是裁製的意思，因為這一句底下有個「吝」字，「吝」是縮小的意思，施展不開的意思，因此我們採取第一個意思，戔戔，狹小之貌。「吝」字從哪兒來的？因為五居坤，坤為吝，施展不開，往內收縮，坤的氣化是一切形體的源頭，它造成形體慢慢向內收縮，由氣體變液體，液體變膠體，膠體變固體，慢慢往裡收縮，往裡收縮就是吝，所以坤有「吝嗇」之象。「終吉」，「乾知大始」，坤「代有終」，坤是最後有成果的，比如男女結婚，生了孩子，總是在女人身邊的多，坤有終，最後的結果是在坤，所以講「終吉」。這是幾個卦象的源頭。

那這一爻是什麼意思呢？「賁於丘園」，栽花種樹，文飾丘園，那是隱者之象，在家裡，不到朝廷裡去，為什麼有隱者之象呢？因為五爻與二爻相應，二互坎，五爻一變，也是坎爻，坎為隱伏，五是人位，二也是人位，人隱伏起來，有隱士之象。隱士文飾丘園，當然是這個文飾，是最樸而不華的一種文飾了。六五一方面與六二相應，是隱士，一方面又代表君位，「束帛戔戔」，就是王者致聘的意思，而聘禮只有五匹帛，五匹帛的聘禮是很菲薄的，很菲薄的聘禮，代表一種很菲薄的文飾，一種反本歸真的文飾。「賁於丘園」，這隱士自身在文飾丘園，這是很樸實的。總而言之，這二種文飾，都是「吝」，因為文飾工作，到最後，一定要反本歸真。所以任何法制規章的訂立，在訂立之後一定要反本歸真，這就是「賁於丘園」、「束

帛戔戔」。就是說這個法制規章是不是合乎我們社會所需要？這個法
制規章在行使之間，是不是有窒礙難行之處？是不是浪費老百姓的時
間與生命？這些都要檢點，要反本歸眞，然後這種文飾的工作才可以
說是眞正完整無缺陷；要不然動輒閉門造車，不爲民便，反爲民害。
所以「賁於丘園，束帛戔戔，吝」就是盡量縮小，盡量反本歸眞。
「終吉」，最後是吉的。這是第五爻。

上九：白賁，无咎。

「白」是素的意思，本質的意思。「白賁」就是說文飾工作最
後要反乎本質，爲什麼「白賁，无咎」呢？《論語‧八佾》上有講：
「繪事後素。」「繪事後素」是什麼意思呢？就是我們彩繪，一定先
要有本質，先是白紙、是白綢、白布，才能彩繪。爲什麼能彩繪呢？
重要的是要有白的東西，沒有白的，根本無法彩繪。所以文飾的工
作，一定要有本質才行；沒有本質，根本沒有法子文飾，所以講「繪
事後素」。同時，畫畫到最後，也要把它搞乾淨，最後那裡不對頭，
還是要拿白的給他粉飾，最後還是白的。上爻是艮卦，艮卦是「成始
成終」（〈說卦〉），文飾的工作，在開始要注重它的質素，最後還
是要注重它的質素。就是說法制規章爲什麼要訂立？爲了老百姓某一
方面的生活方便，才訂立的；假如這法制規章訂立出來，與老百姓生
活相反，不方便，那怎麼會要這個法制規章？所以開始訂立的時候，
要注重質素；那訂過以後，行滿若干的時間，還要反本歸眞，看它是
不是合乎百姓所需要的？是不是合乎社會生活所需要的？還是要注重
質素。要是能注重質素，就「无咎」，沒有毛病，所以說：「白賁，
无咎。」

　　孔子過去爲他自己占到這一卦，那時候，他的學生子張認爲這卦很好，是吉卦，有文彩，可是孔子愀然不樂，因爲質素好的，何取乎文彩呢？他所以不樂，好像是質素不好，其道不行，可是到最後，他占的卦，還是正確的，還是準得很，因爲孔子當時雖不得志於政治社會方面，可是後來他刪詩書、訂禮樂，傳爲萬世之法，還是文飾工作，所以他做的就是〈賁〉卦的工作，當時他雖不高興，面帶憂容，事實上，後來還是走在這條路線。以上交代〈賁〉卦的六爻。

肆、彖傳

彖曰：賁亨，柔來而文剛，故亨；分剛上而文柔，故小利有攸往；天文也。文明以止，人文也。觀乎天文，以察時變。觀乎人文，以化成天下。

　　繼續報告〈彖傳〉，彖曰：「賁亨，柔來而文剛，故亨；分剛上而文柔，故小利有攸往；天文也。文明以上，人文也。觀乎天文，以察時變。觀乎人文，以化成天下。」卦辭上講：「賁亨，小利有攸往。」〈彖辭〉上講：「賁亨，柔來而文剛，故亨。分剛上而文柔，故小利有攸往。」他把它拆開兩句解釋。「賁」爲什麼「亨」呢？是「柔來而文剛」。「柔來而文剛」是怎麼回事？過去提到這個卦是從〈泰〉卦來的。〈泰〉卦的外卦是坤，坤爲柔；〈泰〉卦的內卦是乾，乾爲剛。坤卦的上爻下來，而居於乾卦的中爻，所以是「柔來文剛」；乾卦的中爻上去，而居於乾卦的上爻，所以是「分剛上而文柔」。這「分」字要特別注意。這是漢儒一般的解釋。

　　到了宋儒，尤其是蘇東坡說「柔來而文剛」，由於這一卦裡頭

是離卦，外頭是艮卦。離是陰卦，是柔；艮是陽卦，是剛。乾卦生三子，長子是震，中子是坎，少子是艮，艮既是乾的少子，所以是剛；坤卦生三女，長女是巽，中女是離，少女是兌，離既是坤的中女，所以是柔。「柔來文剛，分剛上而文柔」，蘇東坡的說法是如此。這個說法是以內、外二體來說的，來知德也是以內外二體來說的，他說〈賁〉卦本來與〈噬嗑〉卦是反對卦，〈噬嗑〉卦的外體是離，是柔，離到了〈賁〉卦內體來，就是「柔來文剛」，〈噬嗑〉卦的內體是震，是剛，震上去，到了〈賁〉卦外體，就是「分剛上而文柔」，這是來知德和宋儒一般的說法。

不過我們還是採取前面第一個說法，「柔來文剛」，當然「亨」。比方，人事社會上，如果不是這些法制規章給我們作為行為的依據的話，那我們亂得一蹋糊塗的，大家生活搞不通，你搶我的，我搶你的，那就搞得不成話，因為有這些法制規章，給我們社會生活作一個文飾的根據，那我們社會生活有了軌道可循了，故「柔來文剛，故亨」。其次說為什麼「小利有攸往」呢？因為「分剛上而文柔」，不是整個的剛都上去，是分一部分的剛上去，在上頭變成艮卦。艮卦一陽在上，一陽在上是浮陽，這「柔」所得到的這「剛」，只是外頭的陽，是由外往裡頭滲透，不是由裡頭往外的。假使剛從裡頭往外，那麼可以將坤陰化得很好；從外頭往裡化坤陰，開化的作用比較小，所以講「小利有攸往」。第二個意義，剛上去發展陰，陰居小，所以講「小利有攸往」。下面「天文也」，是承「柔來而文剛，分剛上而文柔」而來，意思就是「柔來而文剛，分剛上而文柔」這是「天文」。「柔來文剛，分剛上而文柔，天文也」，表示宇宙間一切的自然現象，都是陰陽往來的，剛上文柔，因為一個坤體總是要陽

來支持它，可是不是整個的陽，普通都是一部分的陽上去了；柔來文剛，也不是整個的，不過它〈彖辭〉裡沒寫。宇宙間一切的自然現象既是陰陽往來的，所以講「天文也」，這是第一個意義。

　　其次，就這卦象來講，怎麼叫「天文」呢？因為這個卦的源頭是〈泰〉卦，〈泰〉卦三、四、五互成震，震是春天，二、三、四互成兌，兌是秋天，震春、兌秋，〈泰〉卦變成〈賁〉卦，初、二、三互成離，離為夏，二、三、四互成坎，坎為冬，離夏、坎冬，所以卦體內有春、夏、秋、冬四時往來這個現象，這是第一。第二，卦體內有日、月、星辰之象，怎麼有日、月、星辰之象呢？內卦是離，離為日，二、三、四互成坎，坎為月，外卦是艮，艮為星辰，為小石，所以這卦體裡有日、月、星辰之象。這〈賁〉卦和它的源頭〈泰〉卦比起來，有春、夏、秋、冬四季運行的狀態，而且有日、月、星辰之象，所以講「天文也」，這就表示四季往來也好，日月星辰也好，都是陰陽交錯發展的情況，所以講「柔來文剛，分剛上而文柔，天文也」，這是第一句話。

　　第二句話：「文明以止，人文也。」在自然現象，要剛柔往來，才構成自然現象的文明，但在「人文」呢？是「文明以止」。至於「文明以止」的意思是什麼呢？古書上有二句話可以援引來說明，《大學》上說：「止於至善。」《莊子·人間世》上說：「吉祥止止。」「止」是什麼意思呢？就是有著落的意思。比方，我們頭腦平時是空洞的，亂七八糟瞎想，可是現在研究《易經》，頭腦就有著落了，就安頓在《易經》上了，這是「止」的意思。那「文明以止」就是一切的文明文飾要有安頓著落。比方，衣服怎麼做，它有一定的章法；婚姻怎樣成功，它有一定的過程；國家怎樣組織，它有一定的次

序。人事社會裡頭，一切的生活現象，都有個著落，有個安頓，有個依據，不是亂來的，不是高興怎麼樣就怎麼樣，所以說「文明以止，人文也」。這兩句話「柔來而文剛，分剛上而文柔，天文也」、「文明以止，人文也」，一個是自然現象，側重在剛柔往來；一個是人事現象，側重在一切的文明，有個著落，有個安頓，孔子把它區別出來了。那麼我們運用天文、運用人文，怎麼辦？我們讀這個卦要有作用啊！因此下面接著講：「觀乎天文，以察時變。觀乎人文，以化成天下。」

「觀」字的象是從哪兒來的？本卦的主宰是離，離為目，有觀察之象。「觀乎天文」就是觀乎剛柔的往來。「時」字的象，剛才講過，這卦和〈泰〉卦合起來有春、夏、秋、冬運行的狀況，時而春、時而夏、時而秋、時而冬，氣候上有變化，所以講「觀乎天文以察時變」。這句話內容很多，過去兩漢的學者，就是從這句話體會出來，比方焦延壽、京房他們有〈卦氣圖〉、有〈稽覽圖〉，都是根據〈賁〉卦「觀乎天文以察時變」而闡揚占卜，就是用這些東西以察時變的，這些東西就是現在僅有的八種緯書，上次和各位報告的九三爻辭「賁如濡如」、六四爻辭「賁如皤如」就是講「時變」。大家都知道〈賁〉卦是講文飾的，九三居中得正，文飾工作鮮豔奪目到了極點，這個時候要「永貞」才能夠「吉」，如果繼續競尚奢華而玩物喪志，那就會招凶。六四「賁如」還是文飾，但是要用「皤如」，也就是用返璞歸真的本真來文飾。因為九三居內卦離火，為文明修飾，到了六四居外卦艮止，應當返本歸真，而不能再文飾，這就是〈賁〉卦的時變。就是說到某一個階段應該有某一個現象產生，也就是說某一時期某一類的動植物裡有反應現象產生，假使不產生這現象，這

就是乖戾之氣，裡頭就有問題，那個就是觀乎天文以察時變，過去諸葛亮看星斗，劉伯溫測氣候，也是觀乎天文以察時變，將來要給各位報告的是《皇極經世》，也是觀乎天文以察時變的一種。至於「觀乎天文，以化成天下」，這「天下」的象是怎麼來的？這卦本是〈泰〉卦，〈泰〉卦外卦爲乾，乾爲天，內卦爲坤，坤爲下，所以有「天下」之象。「化」字的象，從「天文」來的，前面說過，本卦和〈泰〉卦合起來，有春、夏、秋、冬四時變化的現象，有日、月、星辰往來運行的現象，所以講「化」。春、夏、秋、冬，日、月、星辰所以化地面一切的生物，所以講「化成天下」。「觀乎人文，以化成天下」是什麼意思呢？過去周公在作《易》的時候，特別注重禮，制成各種禮節。各種禮節，就是人文。各種禮節既經制成，那文明有個安頓了，有個著落了。天下根據這個人文成了一個自然風氣，自自然然的現在我們行之而不知其道者久矣。比方根據天文時變，到某一個時候，這個穀子才能生長，所以聖人就利用那個時候栽種收割，傳之於天下，使令天下都這麼做，所以現在子孫後代都這麼做。但爲什麼四月插秧，七八月割稻？行之而不知其道者久矣。又比方，一天爲什麼有早餐、中餐、晚餐呢？也是古人訂的，我們視爲當然，爲什麼要這麼做呢？當然裡頭有道理，這都是化成天下的跡象，所以說「觀乎天文，以化成天下」，這是〈象傳〉。

伍、大小象傳

象曰：山下有火，賁。君子以明庶政，无敢折獄。

「山下有火，賁」，這有兩種說法：一種說法，說是山上有草木

花鳥，底下有火，照著草木花鳥，是一種文飾之象；而且，山頭層巒疊起，高高低低的，就像雕塑一樣，所以它本身就有文飾的現象，這是一個說法。第二說法，這火在裡頭，假使高頭沒有東西把它掩蓋，這火燒燒就完了；現在火在裡面，高頭有山，山把它止住，它在裡頭燒，所以燒得比較久，「山下有火，賁」是這種現象，《周易集解纂疏》裡，就是主張這樣的。「山下有火，賁」就是《詩經・衛風・碩人》上講「衣錦褧衣」，就是說穿綢緞的衣服，外頭要罩青色的罩袍。為什麼呢？這個綢緞太鮮豔奪目了，所以外面罩一個青色罩袍罩起來，這就是文飾工作。

這第二個說法，說是火在山底下，山給它掩住了，使令它火焰不外露，就是表示〈賁〉卦固然是文飾工作，但文飾的不太過。「君子以明庶政，无敢折獄」，這卦本是從〈泰〉卦來的，〈泰〉卦外卦為坤，坤為眾、為事，所以講「庶政」。〈賁〉卦內卦為離，離為明，所以講「明」。前頭〈噬嗑〉卦講「利用獄」，這裡講「无敢折獄」，兩個相反的。為什麼？是因為〈噬嗑〉卦陽爻在四，而四是陰位，陽爻居陰位，位不正；三、四、五互坎，坎為獄；四爻居坎中，而位不正，所以「利用獄」；位置不對，所以要拿刑罰糾正他。至於〈賁〉卦三爻也互坎，坎為獄，但三爻居位正，以陽爻居陽位，得位，所以「无敢折獄」，不能夠處罰他。

以上是「君子以明庶政，无敢折獄」象的源頭，至於這一句是什麼意思呢？〈賁〉卦是文飾的卦，文飾的卦，文和實兩個是參半的，一方面注重實，一方面注重文，它把社會一切的生活現象，分條逐類的規定起來，規定是文飾，是〈賁〉卦的工作，所以講「明庶政」。但「折獄」是察情求實，要求得案情的實在，這樣處罰才不冤枉人

家。所以辦案子不是文飾所能濟事的，不是僅僅法律條文能把案子弄得清清楚楚的。要弄清楚，必須法官自己求案子眞實的情形，光是死的文字規定是沒有用處的，所以講「无敢折獄」。

初九象曰：舍車而徒，義弗乘也。

初爻是震爻，震爲馬，有乘之象，初爻上頭二、三、四互坎，坎爲車，所以合起來有乘車之象。初、四相應，初爻上去居四，二、三、四就互成巽，而三、四、五的震象就不在了，所以「義弗乘也」。「舍車而徒」就是不坐車而自己徒步走。爲什麼？「義弗乘也」。在這個初爻，他應該不能乘車的。初爻爲什麼不能乘車？因爲他在文飾開始，應該著重實實在在的，不能乘車太雕鑿，所以「義弗乘也」。

九二象曰：賁其須，與上興也。

這個比較麻煩，上次講過，高頭三、四、五、上這四爻有〈頤〉卦的體象。二爻在〈頤〉之下，有「須」之象。三、四、五互震，震爲起，有「興」之象。二爻是陰，三爻是陽，陰無陽不行，二爻一定要附著三爻，才能動。鬍鬚長在嘴之下，嘴動它才能動，鬍鬚自己不能動。所以孔子解釋「賁其須」就是「與上興」的意思。這意思也就是說文飾的東西，它自己沒有什麼作用。比方，鬍鬚吧，你把它刮掉了，也無傷於身體，它雖有助於人的威儀，但要附著他的本體——嘴，才能行動。國家社會的法制規章也是如此，一定要附著國家社會的需要，這個法制規章才能行，所以說「賁其須」是「與上興」的意思。

九三象曰：永貞之吉，終莫之陵也。

〈賁〉卦到了三爻：「賁如，濡如。」文飾到了極點，可是二、三、四互成坎，坎為陷，這三爻內外皆是陰，就是內外皆是文，有被文飾所陷溺的現象，就是有以文欺實的現象，所以叫「陵」。可是三爻「永貞」，永遠的守正，永遠的穩定在那兒，不要再去文飾了，那麼「終莫之陵也」，最後不會陷於文飾之內，而為文飾所欺負的。

六四象曰：當位疑也，匪寇婚媾，終无尤也。

六四是以陰爻居陰位，所以當位。當位者，過去在「易例」講過，某一材料居某一位置，恰好是那種人才應當做那種事，叫當位；不是那種人才而放在那種位置是不當位。四爻陰爻居陰位是當位。「當位疑也」，這「疑」字，因為二、三、四互成坎，坎為疑，所以講「疑」。「當位疑也」，雖是當位，他很疑惑，因為他正居內、外之間，脫離了離卦—文飾終極的領域，而進展到艮止的領域之內，徘徊兩者之間，所以「賁如、皤如」，一會而是文飾，一會兒反本歸真，有疑惑舉旗不定的現象，所以「當位疑」也。

「匪寇婚媾，終无尤也」，四爻不要三爻，而和初爻來相應，這不是寇盜，而是婚媾，所以說「匪寇婚媾」。本來文飾工作就要比較曲折，不是舍近而就遠，舍易而就難，不能隨便根據人的性情奔放向前的，孔子講「克己復禮」（《論語‧顏淵》），克制自己的慾念，而服從禮節，這是「逆修」，逆著自己的性子修。四爻「匪寇婚媾」、「舍近求遠」，就是「克己復禮」，「近」者就是自己的慾念，「遠」就是禮節。能夠「匪寇婚媾」、「克己復禮」，當然「終

无尤也」，最後沒有毛病，所以說「匪寇婚媾，終无尤也」。

六五象曰：六五之吉，有喜也。

　　六五講「終吉」，為什麼講「終吉」呢？這我們看〈否〉卦就知道，〈否〉卦到了「上九，傾否，先否後喜」，〈否〉卦為何「先否後喜」呢？因為〈否〉卦本來陽在外頭，所以講「先否」，現在陽恢復到裡面來了，所以講「後喜」。〈賁〉卦五爻，以陰居陽，失正。上爻是陽爻，如果五爻和上爻，位置倒換一下，高頭就是坎，底下就是離，成為火水〈既濟〉。五爻既經倒換，得正，成為陽爻，所以講「有喜」。這卦某一類構造現象，到了五爻，要與上爻交換，我們先聖已瞭解這個情形，如此交代下來。至於為什麼要交換呢？這有待科學的實證。

上九象曰：白賁，无咎，上得志也。

　　上爻與三爻居應位，三爻互成坎，坎為心志，上爻與五爻易位，外卦也成坎，坎為心志，所以講「上得志也」。上九「白賁」為什麼「无咎」呢？因為「上得志也」。其他各卦上爻好的比較少，可是文飾工作上爻比較好，什麼道理？因為文飾的現象，一定要看後來，後來要檢討，〈賁〉卦到了上爻說「白賁」，就是這個文飾的現象，已經過初、二、三、四、五各階段，行的怎麼樣？於是到了上爻「白賁」一反本歸真，來對照一下實際，如果對，那就是「上得志也」。

第二十三卦

剝卦

周鼎珩講　陳素素記錄

剝

坤　艮
下　上

—— 此係〈乾〉宮五世卦，消息九月，旁通〈夬〉，反對〈復〉。

壹、總說

佈卦的次序

現在我們接著交代第廿三〈剝〉卦，第一，講〈剝〉卦的卦序。為什麼在〈賁〉卦以後要繼之以〈剝〉？這〈賁〉卦，過去講過，是個文飾的卦，何謂文飾呢？比方，我們先民在原始開化的時候，茹毛飲血，裸體而居，沒有文飾，很野蠻，很不文明，所以生活感覺不方便，因此以後有衣冠之發明。衣冠一發明，我們人類和禽獸分開來了，就比禽獸高得多了，故衣冠就是文飾人的身體的。假使我們沒有這個衣冠，到現在還是個裸體的，那簡直不成樣子。所以有這

個衣冠文飾，人類彼此來往，就有很多的方便。至於社會生活，是一大群人在一塊生活，如果沒有法制規章，規定人與人之間應當怎麼樣，如用錢要還、不能殘害人家、晚上人家睡覺不能打人家門戶，人類必弄得互相不安，法制規章使人類社會生活有了次序，所以法制規章是國家社會文飾的東西。

這些文飾，衣冠之於身體、法制規章之於國家社會，是屬於陰，法制規章是死的，衣冠也是個死東西，所以文是多半屬於陰的方面。文飾既屬於陰，我們人類的性情，多歡喜偏極，歡喜渲染，比方，一個貪汙案子，本來很小，才幾萬塊錢，但第一人講：「上十萬囉！」第二人就講：「一、二十萬囉！」第三人就講：「好幾十萬囉！」到了第四人講：「上百萬囉！」愈搞愈大，人的習慣就喜歡如此，文飾工作既於人類生活很方便，於是大家拚著命的去文飾，衣冠文飾到現在，尤其是女孩子的衣冠，不成樣子，褲子比褂子還寬，那文飾不是過度了嘛？又比方，燈，各式各樣，將來啊！十年、廿年，如果不反其道而行，不知成什麼樣子？文飾既屬於陰，拼命擴大文飾，就陰盛，陰盛，就傷了陽。現在婦女化妝，弄到假睫毛、假鼻子、假頭髮，都是文飾過度。頭髮本來很好，弄一大堆假髮罩著，那頭負擔好重喔！他願意受那個罪；鼻子本來很好，非要墊高，結果鼻子不能動，一動，就冒水，那不都是文過其實嘛？所以文飾的陰的現象太過，他本來的東西就受損害，就是陰盛則傷陽，所以〈序卦〉辭中講：「致飾然後亨則盡矣。」本來人類的生活不方便，不通暢，有了法制規章，社會集體生活就方便通暢，故致飾本來爲著大家生活可以通暢，可是致文飾致過了，通暢的現象，反倒滯塞了，所以「致飾然後亨則盡矣，故受之以剝」。剝者，剝也。文飾的工作過度了，於

是陰盛傷陽，陰盛傷陽，就變成剝陽了，〈剝〉卦就是以陰剝陽的現象，因此在〈賁〉卦之後，就繼之以〈剝〉卦。

那麼陰盛剝陽的現象，怎麼樣子呢？我們再具體舉個例子，比方，我們過去先民們最初根本是沒有市場的。當時男的耕田，女的織布，假使我家裡有九個男的，只有一個女的，我這家耕田的人多，織布的人少，換句話說，我這一年的收入，糧食有多餘的，衣服不夠穿；你家裡呢？有九個女的，只有一個男的，那你家裡織布的人多，種田的人少，那這一年結果，布有得多餘，糧食不夠吃，那怎麼辦？我們互通有無，以我家多餘的糧食，換你家多餘的布，物物交換。但是這物物交換的生活狀態，後來發生困難。什麼道理？比方，我缺了糧食或缺了布，我曉得那家有糧食、有布，那時人口稀少，不像現在我們人口這麼密，十里廿里還找不到一家人家，又沒有電話，我曉得那一家有多餘的糧食、有多餘的布呢？同時，生活遇過愈複雜，不僅是吃糧食、穿布就夠了，又有油、鹽、醬、醋、茶，發展到這些生活，於是我又缺油、又缺鹽、又缺醬、又缺茶，那怎麼辦呢？我到那一家換呢？於是挑一擔糧食，就張家問一問，李家問一問，「你家有沒有油啊？」「你家有沒有鹽啊？」唉！這太不方便，於是我們先民就想法子「日中爲市」，我們大家約定，拿臺北市文化大樓爲中心，周圍一百里路，東一百里、南一百里、西一百里、北一百里，周圍一百里，都以這個地方做中心，我們大家缺的東西、多的東西，約一個日期，都在這兒集中。以往大陸還有這個，所謂「逢吉」，北方叫「廟會」，就是這「日中爲市的遺風」。或者一、四、七，或者二、五、八，或者三、六、九，或是初一、十五，大家把你多餘的米，挑到這兒來；我多餘的布，挑到這兒來；他多餘的油，也搬到這兒來，

因此在這兒集中換，就方便了，我缺油，我拿我的布，換他的油；他缺米，他拿他的油，換你的米，這樣子互換。從太陽還沒起山，開始走，往年個子大，大概走路比現在快一點，走一百里，到這兒中心，剛剛日正當中，把東西一換，馬上挑筐子回去，剛剛太陽下山，回家吃晚飯。在這時候，就是「日中為市」。這時候，過了一個相當的階段。大家過久了，又覺得這樣子物物交換麻煩，於是想辦法造「錢幣」。往年那「錢」，有所謂「刀錢」，有所謂「貝殼錢」，我們這「財」字，左邊是「貝」字，過去這「貝」字就是這「幣」，這「貝」就是「籌碼」。大家弄個籌碼，多少籌碼換一擔米，多少籌碼換一匹布，因此就不要布和米直接交換了，於是你多餘的東西，統統換了貨幣，再拿這貨幣來買東西，這樣子方便得多。要不然，挑擔子來，換不了，還挑回去，多麻煩啊！在貨幣裡頭，變更很多，最初是「貝殼」，所以我們「財」字、「寶」字底下，都是「貝」字。以後就是「帛」幣，這個幣底下是個「巾」字，這「巾」字代表什麼？代表「帛」，以「帛」為幣，因為我們過去穿的衣服是絲，就拿這絲織品剪，剪成一個錢幣的形式（現在我們錢幣的標誌，就是過去那貨幣剪的那個形式），中間一個眼，把它穿起來。好了，一擔米換多少幣，帶幣回去好了。綢子做貨幣，緞子做貨幣，以後不行了。為什麼不行了？它老鼠又咬，擱久了，又爛掉了。假使這綢子貨幣爛掉一半，這一塊錢還作用不作用呢？發生問題了，因此大家又想拿這個綢緞做貨幣不行，不能持久，我們要找一持久的東西，於是乎想來想去，想到金屬品，鐵幣啊！銅幣啊！金幣啊！銀幣啊！應運而生，然金幣、銀幣日久又覺太笨重，於是改印鈔票子，貨幣是這麼來的。溯其源，貨幣之所以產生是為著人類物物交換的不方便，換言之，為了人類生活的方便，故有貨幣之產生，所以這是一種文飾的工作，貨幣

本是死的東西，它就是代表交換的籌碼而已，可是久之，才智之士看貨幣可以交換，就集中貨幣，貨幣一聲集中，變成巨富，你們都要服從「我」，都要靠著「我」，因為「我」有貨幣啊！「我」可以控制你們的生活，這貨幣本為著人的生活方便，結果大家都鑽到貨幣裡面，去集中貨幣了，貨幣反倒窒礙人的生活，弄得這個地方殘殺的案子，那個地方搶奪的案子，還有印假鈔票子的，都是為著錢。其所以如此，就是因為文飾太過，文飾太過，反倒窒礙人的生活，所以孔子在〈序卦〉裡說：「致飾，然後亨則盡矣。」致飾太過，就通不了就繼之以剝，剝者以陰剝陽，所以〈剝〉卦就是代表陰盛傷陽的現象，即是文過其實的現象。

我們再拿生物界來看，樹上所以會結果子，是由於樹根裡的滋養品，那滋養品是個陽，陽慢慢往上長，把那果子充大，等到果子太大了，那陽不夠用了，陽不夠用，果子長不住就掉下來，就爛了，這就是剝的現象，所以在〈雜卦〉上講：「剝者，爛也。」比方說，我們房子，有人在裡頭住著，房子很好；假使這個房子丟個五年、十年，沒有人在那兒，把門封起來，這房子裡頭，非爛不可。人是陽，人在屋子裡頭，人就是屋子裡的陽氣化，所以房子可以藉人而存在；假使沒有人在裡頭住著，房子就是孤陰，沒有陽支持，就會倒，所以「剝者，爛也」。故剝就是代表一切陰傷陽的現象，〈剝〉卦所以安在〈賁〉卦之後，道理即在此，這是關於卦的次序，交代如此。

成卦的體例

其次，交代〈剝〉卦的體象。〈剝〉卦本來是〈乾〉宮的卦，是陰來消陽的卦，陰初消成〈姤〉，是〈乾〉宮一世；二消成〈遯〉，

是〈乾〉宮二世；三消成〈否〉，是〈乾〉宮三世；四消成〈觀〉，是乾宮四世；到了五消，就成〈剝〉，此時〈乾〉宮本身快剝完了，剩了一個孤陽空懸於上。我們曉得任何一個現象，它所以能夠成長，乃至於能夠發展，都是靠著陽在裡頭做它的生機；假使這個現象，它的陽快完了，到了五消成〈剝〉的，這個現象就存在不下去了，就要瀕於死亡的邊緣。比方，我們剛剛說樹上的果子，它內在的生機不足，陽氣化不足，於是就剝落了，這陽是它的生機，一切東西都靠著陽。我們人這個身體，也靠著內在的靈能；如果沒有了靈能，馬上這個身體就硬化了，就變成殭屍了。如果我們感覺走路兩個腿發顫，寫字手拿不住筆，看了燈，一個變二個，眼睛前頭發金花，那個現象就是剝啦，陽不夠了，趕緊要充電，不充電，就維持不久。就如馬達裡頭，電力不夠，轉不動了，轉不動，只有充電。人類陽不夠，只有補陽，益陽。〈剝〉卦就是這個情況，就是這個境界。這是第一個體象。

　　第二個體象，先儒有人懷疑〈剝〉卦是剝掉五個陽，只剩一個陽，像那花木已零落，裡頭生機不夠了，本來它是九月卦嘛，說它剝，還可以說；〈觀〉卦剝了四個陽，也僅比〈剝〉多了一個陽，怎麼倒還有可觀之處呢？怎麼還有「大觀在上」呢？至於〈否〉卦只剝掉三個陽，還有三個陽存在啊！怎麼就閉塞不通呢？這怎麼講法呢？這不是矛盾嗎？這個要分二點說明：第一，拿爻來解釋，〈乾〉卦代表乾陽的是五爻，九五「飛龍在天，利見大人」，這個五爻可以代表乾陽最大的主力，假使主力不亡，它還有辦法。〈觀〉卦雖說剝到四陽，而五陽─乾陽的主力還存在，所以還有可觀之道也。到了〈剝〉卦，它乾陽的主力，已經沒有了，所以它就剝落了，凋零了，這是拿

爻來講。第二，拿內、外二體來解釋，〈否〉卦是講內、外二體的，中國過去講卜筮的，是講「內貞、外悔」，內卦是貞、外卦是悔。那是什麼意思呢？內卦是主宰，是不動的；外卦是發展的，可以變動的，有懊惱的。可是只要內卦的主宰不壞，外卦就可以減少它的危機。現在〈否〉卦內卦的主體，已經爲陰剝完了，內在變成塊然死物，只是外卦的一個浮陽，所以它變成閉塞不通。換言之，它內在變成死的東西，是靜止的，外在向外發展，內、外兩氣連不起來，不能相通，所以它閉塞不通，這是拿內、外兩體來看的。至於〈遯〉卦也是拿兩體來看，〈遯〉內卦本來是陽，現在內變成艮，艮爲止，內在停止了，內在沒有力量了。以上就是解釋先儒的懷疑。

第三個體象，外體是艮，艮爲止；內體是坤，坤爲順。這是什麼意思呢？外卦的艮爲止，就是外在的狀態是停頓的；內卦的坤爲順，就是內在沒有主宰的能力。你叫它往東邊走，它就往東邊走；你叫它往西邊走，它就往西邊走。比方，這茶杯子，它是柔順的，我們把它擺到這兒也可以，擺到那兒也可以，它任人擺布。柔順就是這種性能，不是這東西硬的就不柔順，是講這個性能是被動的，自己沒有主宰能力的，你怎麼擺，它怎麼承受。內在既沒有主宰能力，外在又陷於停頓，這現象就是剝。外在陷於停頓，內在沒有主宰，這是陽不足。外在之所以不停頓而能向前發展，內在之所以不柔順而自己有主宰的能力，靠著陽，靠著一股子勁兒。我們七、八十歲的人，沒有勁兒，走不動路了，連路都走不動，還發展什麼呢？根本就不想發展。小孩子陽足，所以一天到晚蹦，過去記得我講過一次，如果你把眼睛一瞪，那小孩就不敢動，眼睛就垂下，不敢正視你，那他未來前途的發展就有限；如果你把眼睛一瞪，他還蠻不在乎，兩個眼睛大睜的，

毫不受影響，這就表示他內在的電流夠。那外在的停止，內在的柔順，就是沒有陽的關係，所以它構成一個剝。剝者陽不夠的現象。這是第三種體象。

　　第四種體象，外在的艮爲山，內在的坤爲地，地勢卑而山勢高。山勢雖高，而它的基礎是在卑的地勢上面。這就意味著凡是富貴在高位的人，他之所以富貴在高位，是靠著居低位的大眾；沒有居低位的大眾，他就不成其爲高。也就是說假如沒有卑的地平線，就顯不出山的高，假如沒有一般大眾，就顯不出富貴高位的高，何以故？過去我曾經講過，能夠指揮人的就是「貴」，「我」下一個命令動員，全國就動員，這就是「貴」啊！但沒有一般大眾聽「我」的驅使，聽「我」的指揮，「我」指揮誰啊！「我」「貴」從何來？至於「富」呢，什麼叫做「富」啊？能夠掌握物質，就叫做「富」，那鈔票兌換券是人爲的交換的媒介，是假的，眞正的「富」是掌握物質，但是物質從哪兒來呢？靠著一般大眾去生產，假使沒有一般大眾生產，「我」能掌握什麼物質啊？「我」又從哪兒「富」起啊！所以居高位的富貴，其基礎完全建樹在一般大眾身上，等於山的高位，完全建築在地平線上一樣的道理。因此我們居富貴，要知道爲什麼富貴？富貴從哪兒來的？其次，山勢高而險峻，地勢卑而平坦，我們古訓是「居高思危」，因爲居高都帶著一點危險性，所以往年講要有大德大才，才能居高位，才不怕。什麼道理？因爲他懂的多，涵養的大。這是第四個體象。

立卦的意義

　　〈剝〉卦的體象報告完了，我們接著說學〈剝〉卦的意義何

在？我們為什麼要學〈剝〉卦？學〈剝〉卦的作用何在？第一我們根據〈剝〉卦的體象，山勢高而險峻，地勢卑而平坦，所以居高位的，一定有危險，為什麼呢？因為〈剝〉卦的體象，只有一陽而孤懸於上，所謂位高而勢孤，位一高了，勢就孤了，所以過去做帝王的常常稱「寡人」，稱「不穀」，「寡人」就表示我沒有人，我是寡的，我是孤的；「不穀」就表示我不富。那意思就是說我們居富了，就想到不要富；居高了，就想到不要高，要想到自己的危險，而求其平坦。

　　何以求其平坦呢？〈謙〉卦和〈剝〉卦是往來卦，〈剝〉卦上九這一陽來而居三，六三這一陰往而居上，於是變成〈謙〉。變成〈謙〉，什麼意思呢？這一陽勁氣內斂，陽就不會傷勁了，所以根據這個卦象，我們居高位的人，不要居高，位置是高，但自己的作法要居卑，要在人之下。所以往年「王者師，霸者友，匹夫則僚下」，你想成就王業，把人都當先生待；你想成就霸業，見到人，都把他當朋友待；假使把人都當作自己部下，指使奴差的，任意驅遣的，那是個匹夫，不能成就大業。成就大業，一定要有這胸懷，自己本來位置高，要掉下來，居卑位，把人家當先生、當朋友，那麼你把人家當先生、當朋友，人家當然給你賣命啊！因此就有成就，自己那陽就不至於衰，就可以凝聚得住。所以我們學這一卦，居高位，就應當卑躬屈節的。不一定在政治上如此，在事業上也是如此，假使各位先生自己開一個公司，開一個企業，對於底下的人親切，把他當自己家裡人一樣地待；假使有智識的人，把他當老師待；沒有智識的人，把他當好朋友待。這樣子，你那企業公司所有員工，一定給你賣命。但你如果趾高氣揚的，騎在人家頭上，好像你來幫我的忙，我賞一碗飯給你吃。那一種態度，這企業公司一定壞。因此居高位的要想到高本來是

危險，但是其所以不危險，是〈剝〉卦與〈謙〉卦往來相通，要把上九那一陽掉底下來，到六三，不居高而居卑，就可以保持平安平坦，這是第一個我們學〈剝〉卦的意義。

第二，我們知道〈剝〉卦是以陰消陽，我們剛才講〈乾〉宮，陰初消成〈姤〉，二消成〈遯〉，三消成〈否〉，四消成〈觀〉，五消成〈剝〉，一直往上消，這趨勢是往上長的，這陰很盛。你如果任其發展，那一點點孤陽就完了。所以我們省察自己的環境或事業，好像是凋零了，剝了。這時要特別當心，我已經在凋零了，已經在剝落的時候了，那我就要保持我的陽，不能讓它自己一直線發展下去。把這一點陽剝完了呢，要再恢復，那就很困難了。宇宙間陽不會太絕的，可是要經過相當的期間，才恢復的來。陽剝盡了，就成〈坤〉。要經過一個階段、二個階段；三個階段、四個階段、五個階段、六個階段，到第七個階段，這一點陽，才能恢復，所謂「七日來復」，就表示第七個階段，陽才恢復得了。因為講陽，所以拿「日」字代表，〈臨〉卦講「至於八月有凶」，因為講陰，所以拿「月」字說。既然這一點孤陽，不要任它發展，如任它發展，等著恢復，那長的很，那費事了，所以要拉回來。拉回來有二個現象：第一個現象就是我剛才所講的，把它拉到三，上與三應。另一個現象就是五爻上去，上爻下來，到初爻的位置。不管你怎麼拉，拉回來，內斂住了，這陽都可以保持住，還可以保持一段很長久的輝煌的節奏。如果任他發展，要經過一段漫漫長夜的黯淡，才能恢復這一陽。比方，辦公司、辦企業，你假使凋零了，你千萬不能閉門，不管用什麼方法維持住了、內斂住了，還可以徐圖復興；如果公司根本上這一點點孤陽，任它發展完了，這公司就完了，你想東山再起，重起爐灶啊！難！難！難！所以

我們學〈剝〉卦第二個意義即在此。

貳、彖辭（即卦辭）

〈剝〉：不利有攸往。

現在我們接著講卦辭：「〈剝〉：不利有攸往。」攸者，往年在作《易》時，即等於現在的「所」字，是助字，是虛字眼。「不利有攸往」，即不利有所往。在易例中，凡是卦爻往前行進，往外走的，就叫做「往」；卦爻往裡走的，即叫做「來」。

這卦象初消成〈姤〉，二消成〈遯〉，三消成〈否〉，四消成〈觀〉，五消成〈剝〉，如再往前消則成〈坤〉，即剛才所說很長的黯淡的階段，不能再消了，如果再消下去，陽就絕了。陽絕了，當然還要復啊！那復很困難，要經過很漫長的階段。因此以陰來講，不能再往前發展了，陰已經太盛了，「不利有攸往」，再不能上去剝陽，再上去剝陽，就剝完了，這是就陰來講。其次就陽來講，我們拿〈乾〉卦來看，初爻曰「潛龍勿用」，二爻曰「見龍在田，利見大人」，三爻曰「君子終日乾乾，夕惕若厲」，四爻曰「或躍在淵」，五爻曰「飛龍在天」，上爻曰「亢龍有悔」。初爻陽還在潛伏的時候，二爻陽在地面上可以表現出來了，三爻說要往前走啊，要謹慎，要惕厲啊！能不能向前發展，就靠你用功夫，用力量了，要一天到晚孜孜不絕的往前發展才行，這三爻陽已是相當的旺了，它才叫你惕厲啊！四爻的陽已經更成熟了，或者可以躍進一步了，五爻的陽，成熟飽滿的不得了，所以五爻是乾陽的主力所在，到上爻曰「亢龍有悔」，太高了，太高了，就要跌下來。就陽來講，〈剝〉卦是上九那

個陽，上九那一陽，太高了，太高了，要跌下來，有懊惱了，所以不能再發展了，所以「不利有攸往」，這是就陽來講「不利有攸往」。所以就卦象陰、陽兩面看，都是「不利有攸往」。拿現在西方來講，現在西方太注重物質文明，一天到晚，在煙囪、機器裡過日子，人與人間的精神淡薄得不得了，老子住兒子的房子，還要付房租。這種完全以物質的慾望來滿足的現象，到了沒有辦法自己凝住自己，那就是陰盛剝陽的現象。如果還是這麼物慾行橫流，人情冷淡，還是這樣發展下去，那將來社會上發生怎麼殘殺鬥爭的局面，就很難講了，所以「剝，不利有攸往」，凡是以陰剝陽的現象，剝到相當程度，不能再讓它發展下去。這是卦辭，交代如此。

參、爻辭

初六：剝牀以足，蔑貞，凶。

　　現在交代爻辭：「初六：剝牀以足，蔑貞，凶。」這「牀」是什麼東西？「牀」後人解釋有二個現象之說法，究竟當時周公是用哪一個象呢？不知道，可是二個象都講的通。中國往年的牀，不像現在的牀，那不叫牀，那叫榻，而且還不是正當的榻，只是一面榻。往年的牀，高頭有頂，中間有牀身，底下有牀腳，牀有牀陛。古代的牀，人的生活在牀上站去一大半，牀不完全是睡覺用的，坐也是牀，來客也坐在牀上。所以西藏達賴喇嘛坐牀典禮，坐牀就是登基大典，牀是那東西。這牀的象從哪兒來的呢？第一說，〈剝〉卦本來是〈乾〉卦，乾為人，現在坤陰剝乾陽，只剩了高頭一個陽，底下全是坤陰，坤載物，乾陽的人臥在坤體之上，那是「牀」的象徵。同時，虞翻說

〈剝〉卦是從〈乾〉卦來的，〈乾〉卦初消成〈姤〉，〈姤〉卦內卦為巽，巽為牀，巽伏震，震為足，所以說「剝牀以足」，這是第一說。第二說，乾為人，人在坤體之上，有牀之象，同時，〈坤〉卦的初六曰：「履霜，堅冰至。」履者，足履也。故初六有足象，故曰「剝牀以足」。以上二說皆可以講的通，比較起來，第一說大方一些，曲折少一點。

「蔑」者，不能也。「貞」者，正也、固也。這一句話是什麼意思？是說〈剝〉卦剛剛才開始剝，從腳底下基礎剝起，也就是陰來剝陽，先從基礎的基礎剝起，所以「剝牀以足」。「蔑貞，凶」，如遇到初陰來剝陽，你不能很正確的穩定住就凶。它走來剝你的基礎，你看不見，在這時候，你如能很正確地穩定住，把持住，不為它動搖，則不要緊，否則就凶。這是初爻。

六二：剝牀以辨，蔑貞，凶。

「辨」有三種解釋，在朱子的解釋，是「辨」在上、下之間，牀之幹也。周公所以講牀，是拿牀形容人生活的一切憑藉，陰來消陽，事先把生活的憑藉消掉。比方，人老了，就是心臟或氣力不夠，人憑藉心臟，才可以動啊！才可以發展啊！把心臟氣力消耗掉，就發展不了。「辨」的第二個說法，「辨」在二指之間。第三個說法，「辨」在膝、足之間。總而言之，這三個說法，都是辨在上、下之間的意思，二指之間，也是在上、下之間，膝、足之間，也是在上、下之間，所以還是朱子之說，較爽朗一點。「剝牀以辨」，這個剝啦，就進一步啦，過去是「剝牀以足」，現在「剝牀以辨」，到了人坐的地方、人居的地方。牀腳距離人坐、人居的地方還遠一點，還有一層間

隔；這牀身子，人就睡在這個地方，坐在這個地方。把這個地方都剝掉，就沒有地方睡、沒有地方坐了，這是「剝牀以辨」。

「蔑貞，凶」，初爻牀腳固然是基礎，二爻牀幹還是基礎，人所憑藉在那兒生活的基礎，如剝到基礎，不能正確地穩定住，一定凶。這是第二階段。

六三：剝之，无咎。

一般的本子是：「剝之，无咎。」漢《易》有一種本子是：「剝，无咎。」「剝之，无咎」，就是剝了沒有毛病。就是說剝是消陽的，可是三爻與上爻相應，雖不正相應，而陰陽相應，三爻居上，上爻居三，就變成〈謙〉，它兩個是有應位相應的，就是兩個是可以交換的、可以和合的，既然兩個相應，怎麼會傷呢？三爻不但不傷這僅有的一點孤陽，而且還扶陽，所以无咎。

在這卦象，周公顯示我們遇到凋零的時候，在第一、二兩段要穩定正確，第三階段，真正到剝的時候，要扶陽，你能夠把陽再恢復，扶持得住，不去剝陽。假使國家居在物質生活過度擴張，人情淡薄，道德淪亡的時候，只有一個辦法，那就是扶陽。國家怎麼扶陽呢？有一個道理，孔子在六十四卦裡頭，十之八九，都說「君子以」，比方「天行健，君子以自強不息」、「地勢坤，君子以厚德載物」，都說「君子以」，就是「君子」把這宇宙法則引伸到人事社會，拿「君子」代表人類社會的陽剛之氣。就是人類社會的陽剛之氣，寄託在君子身上。那麼國家假使在零落的時候，只有養賢，把全國的君子聚集到一塊，那這個國家一定可以復興，起碼這個政府可穩定堅強得住。全國君子人才都在自己的掌握之中，那當然可以強嘛。因為社會的陽

剛正氣是靠君子來伸張的，所以孔子說「君子以」。

但話又說回來了，我們怎麼曉得那個是君子？那個是小人？請參考我那《易經講話》第廿九講〈對人的觀察〉，如一個人能合乎那好的條件，就是君子；如不合那條件，雖不是小人，也不夠做君子的。所以這六三是「剝之无咎」，它為什麼沒有毛病呢？因為它能扶陽。扶陽啊！就是養賢，就是網羅君子，這是就國家來講。在個人，比方，我們身體衰了，怎麼辦？我們剛才講的，〈剝〉卦和〈謙〉卦二個是相通的，三不剝陽而扶陽，到這程度，就告訴我們陽下來。陽下來，什麼意思？道家講「逆修」，我們過去講兒童氣化是左轉（天道左旋），結了婚，是右轉（地道右旋）。我們道家所謂的「逆修」，就是這上九的陽回來，勁氣內歛。年老衰了，要把陽剛之氣，收斂住，亦即恢復兒童期的氣化左旋，平時不動真性，這樣可以把陽衰的毛病救起一下子，這是就個人來講。

六四：剝牀以膚，凶。

膚者牀上墊的席子，「膚」字的象，從哪兒來的呢？四爻已經到了外卦了，外卦為艮，艮為膚，故曰「膚」。前面說「剝牀以足」、「剝牀以辨」，距離人身還遠，這一爻說「剝牀以膚」，已經剝到牀蓆子了，已經貼近人身了，故凶。另有虞翻等家說「膚」，講的是「人」，我們不取，因為按前第一、二兩爻來看，「剝牀以足」、「剝牀以辨」，所謂「足」、「辨」，都是指「牀」的部位而言，那麼「剝牀以膚」，句法與前二句並無二致，當然是指「牀」之膚而言囉。

六五：貫魚以宮人寵，无不利。

　　第一個講「魚」，這「魚」的象從那兒來呢？我們知道消〈觀〉五而成〈剝〉，〈觀〉五居巽，巽爲魚。爲什麼巽爲魚呢？因爲巽是陰鑽入陽裡面，它裡面還有很多的陽，故能浮得起來。凡那能浮的、能騰空的，裡頭都有陽。有陽的作用，才能浮、才能騰空，因此巽爲魚。普通以爲魚是涼的，其實魚是暖的多。〈剝〉卦外卦爲艮，艮爲手；巽爲魚，又爲繩，拿手拿繩穿這魚，所以叫「貫魚」。

　　「以宮人寵」，「宮人」代表妃嬪、貴妃、才人、媵妾，凡三宮六院統統叫宮人。爲什麼有宮人之象呢？〈剝〉卦在第三爻：「剝之，无咎。」三爻也是陰，因爲和上九的陽是相應的，不但不消陽，而且還應陽，所以「剝之，无咎」。六五也是陰，但它上承著上九這一陽，上九這一陽好像是皇帝的樣子，六五這一陰，好像是皇后的味道。「以宮人寵」，初、二、三、四爻都是陰，一大群都是女性，六五這一陰帶著這一大群的女性，來承上九這一陽。它是居陰之首，居坤陰的主位，〈坤〉六五：「黃裳，元吉。」故六五是坤陰主爻，底下這四爻呢，爲它所領導的，它領導著這四爻，來承上九這一陽，所以「以宮人寵」。六五是陰居人位，故爲宮人。宮人者，女性也。同時，這「艮」爲宮闕，人在宮闕裡面，所以有宮人之象。所以「以宮人寵」是上承九之陽，不剝陽，而有陰陽諧和之象。

　　「貫魚以宮人寵」就是一個、二個、三個、四個貫魚似的，按照次序去承陽，故「无不利」。〈剝〉卦所怕的，就是陰來剝陽，現在不剝陽，而和陽諧和，那當然好。拿國家來說，陰就是小人（宮人、太監之類），他對於君子不殘害，而且，它還扶助君子，能聽君子之指揮，這是「无不利」。也就是說國家衰的不得了的時候，幾乎存在

不住的時候，間或有壞人帶著壞人，來扶助好人，這就是六五「貫魚以宮人寵」。有這情況，當然沒有不好的道理。這是第五爻。〈剝〉卦只有三爻、五爻這兩階段可用，就是說我們剝的時候，要能運用機會，使得〈剝〉卦凋零而不凋零，衰頹而不衰頹，看到那壞的、那好的，有點諧和的時候，那小人能服從君子，能服從正氣的時候，這機會要趕緊抓緊，這就是轉危為安，變凋零為豐盛的樞紐。三爻、五爻，就告訴我們這道理。

上九：碩果不食，君子得輿，小人剝廬。

「碩」古讀「石」，「碩果不食」就是「石果不食」。艮為石、艮為果蓏，故曰「石果」。因為〈剝〉卦整個卦象與〈頤〉卦是相通的，〈頤〉卦本來是嘴，是吃東西的，但〈頤〉卦底下的震廢掉了，下巴殼子廢掉了，那就變成〈剝〉了。〈頤〉卦沒有下巴殼子，所以有不食之象，故曰「碩果不食」。這是講變卦的體象。

「君子得輿」，君子指陽講，上九這一陽是代表君子的，這一陽下居三，就變成九三，〈乾〉卦九三：「君子終日乾乾，夕惕若厲。」所以有「君子」之象。「君子得輿」，有的本子是「得車」，有的本子是「德車」。小的叫車，大的叫輿。這輿的象是從哪兒來？因為上九與六三相應，上九下而居六三，六三上而居上九，於是二、三、四互成坎，坎為輿。同時，坤是厚德載物，有輿之象。上爻睡到坤體的車子上面，也就是厚德載物的坤體，載著上爻，故曰「君子得輿」。

「小人剝廬」，在《易經》裡君子是代表陽，小人是代表陰的。所以講到君子，它本身就是陽喔，所以「碩果不食」，陽還存

在；至於小人，它本身就是陰，所以這陽就不存在了，小人就剝到底了，陽就變成陰。〈剝〉卦外卦為艮，艮為門闕，是個房子，陽變成陰，這房子就不存在了，所以說「小人剝廬」。我上一次講就是在衰落凋零的時候，無論是辦事業、治國家，要把那一點正氣撐住，正氣撐住了，就「君子得輿」，正氣撐不住，一剝到底呢，就「小人得廬」，連個房子都沒有了，房子沒有了，表示沒有藏身之地了。〈剝〉卦上爻是講車子、講房子，初、二、三、四是講床，所以講車子、講房子、講床，是用牀、房子、車子來形容生活之所憑藉。生活的憑藉是什麼？是憑藉這陽。人類一切生活的憑藉，是靠著這個陽。這陽剝掉以後，這生活就沒有憑藉了。比如，我們現在講道德，這道德如果一喪失了，社會寡廉鮮恥，那你的也是我的，我的還是我的，我高興怎麼做，就怎麼做。在這種情況下，人類社會還能存在得了嗎？所以這種陽啊！這種道德禮義！這種精神啊！是人的生活最關緊要的憑藉。就等於一個床、一個房子、一個車子，要把這個道德搞掉了，就是沒有牀、沒有房子，沒有車子，底下沒有坐的，高頭沒有蓋的，出門沒有代步的，如何生活呢？此所謂「小人剝廬」。

肆、象傳

象曰：剝，剝也，柔變剛也，不利有攸往，小人長也。順而止之，觀象也。君子尚消息盈虛，天行也。

現在交代〈象傳〉，「剝，剝也，柔變剛也，不利有攸往，小人長也。」這是第一段；「順而止之，觀象也。」這是第二段；「君子尚消息盈虛，天行也。」這是第三段。

　　第一我們先講「剝，剝也」。第一個剝字是指卦名講，第二個剝字是動詞，是解釋〈剝〉卦的，剝是剝落、凋落的意思，這是文字的解釋。那剝落是什麼現象呢？就等於那樹上長的果子，長得太熟了，陰太盛了，陽載不住了，陽載不住，於是在樹上存在不了，剝落了，就是那個境界，所以它後頭一爻叫「碩果不食」，最後一個果子不要吃掉，維持它存在。我們普通說「碩果僅存」，就是從這〈剝〉卦來的，表示地方上還有一個老成的人。第二，剝是「柔變剛也」。柔變剛，就是柔消剛。我們過去講這卦本來是〈乾〉卦，〈乾〉卦陰初消變成〈姤〉，二消變成〈遯〉，三消變成〈否〉，四消變成〈觀〉，五消變成〈剝〉，陰爻一直一直消滅這陽爻，所以「柔變剛也」，本來它是剛，柔把它剛變掉了。唐明皇在開元時，盛極一時，到天寶，楊貴妃一來，柔變剛了，他本來是雄才大略的英主，結果變成爛而無為，什麼事都不管，天天在家裡飲酒作樂，所以弄得天寶安史之亂，國家不保，幾乎唐室斷了代，柔變剛，就是這種情況。

　　「不利有攸往，小人長也」，「往」者，即向前進展，「有攸往」即有所進展，「不利有攸往」，即不宜於有所向前進展。為什麼不宜於有所向前進展？因為「小人長也」，「小人長」這一句話是從〈否〉卦來的，〈否〉卦裡頭說「小人道長」，〈否〉卦因為這陰把內卦乾陽消完了，裡面都是群陰在做主宰。拿國家來講，內卦等於國家的政府，外卦等於若干的行省、外州縣，內在小人在主宰，當然外州縣的陽也存在不了，所以〈否〉已經是「小人道長」，在〈剝〉卦裡，就是「小人長也」。但〈否〉卦裡還有「君子『道』長，小人『道』消」，還對稱，因為那時君子的道還有的存在；到了這個〈否〉極而〈剝〉，乾脆把「道」字除掉，所以「小人長也」。本來

還「小人『道』長」，比方過去軍閥時代，有的時候，他還有點道理，雖是小人，還有他的小人之理；到了以後亂了，像拳匪喔，這些亂七八糟的，那根本上無道了，那是亂搞。在這〈否〉極而〈剝〉的時候呢，是無道之小人，所以孔子乾脆就說「小人長也」，把這「道」字去掉了。這「小人長也」，就從這兒來的。

　　現在講「順而止之，觀象也」，這句話要費解。這〈剝〉卦，群陰一直往上消。高頭是艮，艮為止；底下是坤，坤為順，故曰「順而止」。止什麼呢？止這小人啊！這群陰不要再消陽了，把它旺盛的形勢止住。但如何的止住呢？要「順而止之」，這是根據卦象來的。這「順而止之」是什麼意思呢？莊子曰：「以指喻指之非指，不若以非指喻指之非指也；以馬喻馬之非馬，不若以非馬喻馬之非馬也。」（《莊子·齊物論》）那時有儒、墨之爭，孟子罵墨子：「楊氏為我，是無君也；墨氏兼愛，是無父也。無父無君，是禽獸也。」（《孟子·滕文公下》）墨子罵儒家仲尼之道，根本不行，兩家之事，很厲害，莊子就做了〈齊物論〉，說你們兩家都不要爭，沒有什麼爭的必要，因為你們兩家都是錯誤的。他這意思，是什麼意思呢？我們根據莊子這一段話來看，「指」是講「本質」，「馬」是講「數量」，「馬」是講籌碼的「碼」，不是騎的「馬」，此段的意思是說站在手指的立場上講那個不是手指的東西，講不清楚啊！你站在手指的立場來說明茶杯不清楚，所以要「順而止之」。這話怎麼解釋呢？就講小人之道，要順其情形而止之。小人害君子、害陽、害國家，你要順而止之，你不能站在相反的方面，對待的方面來講話。比如，警察抓到小偷，對小偷管訓：「你為什麼要做小偷呢？小偷這個事情做不得，年輕的人，應該振作有為！」一套大道理，固然是對，可是那

人做小偷，已經成了習慣，你對他講這些話，等於馬耳之風，他聽到感覺是手指的，那怎麼說得清楚？你站在儒家的立場上，說墨家如何如何，根本你不曉得墨家是個什麼東西嘛！你站在墨家的立場上，說儒家如何如何，反對儒家，你根本也不了解儒家。所以以正面的指來講反面的不是指，根本講厭煩，他聽不進去的；你跑到綠燈戶，和妓女講，婦女要貞操，那綠燈戶的妓女不是覺得你好笑嗎？「我就靠這個維生嘛！你向我講貞操，我吃什麼啊？」他罵你無聊，所以你愈講愈勸愈壞，所以愈管訓，出來偷的範圍愈大，就這道理。你站在正面，拿仁義道德、君子之道來說服小人，那怎麼說服得了呢？他本來就是小人嘛！那怎麼辦呢？那要站在小人的立場來說服他，那就說服得了。站在小人的立場，怎麼說服得了？比方，日本人在這兒管臺灣時，你在這地方小偷，我就在這地方，把你活活的打死；要不然，把你眼睛摳掉，下次看你還小偷不小偷，這就是站在小人的立場來說服小人。對付這些人，「你壞啊！我比你更壞！」所以世界自由民主國家，和共黨講道德，沒有用；對於共產黨，你在這兒顛覆啊！我就用大兵把你消滅，用核子武器給你毀掉，就沒有共產黨，那些小共產黨個個都竄了。你愈是和他談啊！他就愈上勁。所以對待這小人啊！用這些道理，順而止之，你順他的情形，就止住了。共產黨他自己種了嗎啡，全世界販毒，可是大陸上老百姓，沒有一個吸毒的。我們天天在那兒禁菸，禁到現在還在禁，間不到幾天，就抓到吸毒犯，臺灣一千幾百萬人口，吸毒的就打一萬人吧！二萬人吧！應當數也把他數完啦！怎麼天天還有吸毒的，就是我們的辦法，跟共產黨的辦法不同。共產黨是壞人出身，他懂，你壞我比你更壞，所以他對於吸毒的就講你不要買毒品，我們政府配著有毒品的，這是在共產黨初接手的時候，抽嗎啡的在政府裡領，領了以後，今天打一公厘，明天打二公

厘，後天三公厘，不到半年，給你打死了。打死了，怎麼辦呢？共產黨說他身上骨裡頭還有毒，不要給他搞糟蹋掉了，拿鍋給他煮，煮了以後，變成骨頭，骨頭拿去刮刮，那裡頭，還有嗎啡，骨頭上的嗎啡，再拿來打針。其餘的吸毒的，一看到著，那我死了，也刮啦，這嗎啡不能吃，大家自自然然的就不吃了，所以對待這些小人，順而止之，就要拿這些怪辦法，要不然，你搞不完嘛！你看！我們這些小偷一直到現在搞不完，還是小偷，愈搞還愈多，他就這個道理。所以小人剝陽啊！要順其情形而止之，我們站在君子的立場上，說得一大篇道理，說你這事不能做，那是廢話！你愈說他愈厭惡，他下次做得更厲害，所以孔子說：「順而止之，觀象也。」你要觀察它氣勢之所趨，這壞的分子是怎麼構成的，你就根據它構成的現象來消滅它，這樣就可以把它停止了。孔子不是文弱書生喔！孔子有多少方法很厲害喔！孔子在魯當司寇，才三個月，就把少正卯誅掉了，那不簡單囉！孔子是有辦法的人，所以「順而止之，觀象也」，是不是這樣子的？希望各位先生再研究。

　　第三句「君子尚消息盈虛，天行也」，「消息盈虛」可以從十二辟卦裡頭看出來：從陽息成十一月〈復〉卦、十二月〈臨〉卦、正月〈泰〉卦、二月〈大壯〉、三月〈夬〉卦、四月〈乾〉卦，這是由陽而息，息成六卦；從陰消成五月〈姤〉卦、六月〈遯〉卦、七月〈否〉卦、八月〈觀〉卦、九月〈剝〉卦、十月〈坤〉卦，這是由陰而消，也是消成六卦。這所謂盈虛消息，就是陰陽往來的意思。陰上長了，陽就消；陽長了，陰就消，互相來往循環。所以春天過了，就是夏天；夏天過了，秋天；秋天過了，冬天；冬天過了，又是春天，來往循環。白天過了，就是晚上；晚上過了，又是白天，來往循環。

這個盈虛消息，來往循環，是天體自然法則的運行。「君子尚盈虛消息」，君子是講陽，尚者就是尊重，意思就是君子尊重自然的運行。就是說這陽盛了，一定要消啊！陰一定要來；陰盛了，陽一定要回頭喔！宇宙間沒有陽絕之理，沒有根本上把陽都搞絕掉了，陰盛了，陽慢慢就要回頭，所以君子就尊重這個宇宙的運行法則。

　　所以對於一切社會國家政治的現象，要看情況趨向是如何。如果陰太旺，就是沒有道理的現象太多了，這陽快要剝盡了。我們曉得這很緊急，就應當扶陽，就應當力舉正氣。比方，社會上黑暗，沒有是非，馬上選擇幾件大事情想法子明是非。這樣子一反，於是乎民氣就漸漸收歛過來了，這是「君子尚盈虛消息，天行也」。運用這宇宙運行的法則，治理一切的社會現象，乃至自己自身。比方，我們自己也有盈虛消息的時候，假使我們四肢發冷、頭腦昏沉、腳底下走不動，手寫字有點發抖，就是我們陽快完了，就是剝的時候，就是凋落的時候，「尚盈虛消息」，就是這個時候，我們想法子自己扶陽。扶陽怎麼講？拿俗話來講，就是充電。那馬達沒有了電，他轉不動。我們人陽虛了，走路走不動了，也和馬達沒有電了一樣。馬達沒有電就充電，我們人沒有電，也要充電。馬達充電，是拿電流。我們人是怎麼充電？我個人看法，就是吐納調息可以充電。空氣裡頭有電波，多吃空氣裡頭的電波，來補足自己營養之不足。除掉國家而外，在我們自身，也有「尚盈虛消息，天行也」的道理，這是〈象傳〉交代了。

伍、大小象傳

象曰：山附於地，剝。上以厚下安宅。

　　現在交代〈大象〉，「山附於地，剝，上以厚下安宅」，「山附於地」，山你別看他高，但是它附屬在地上。地如果要裂，山就崩掉了；地如果要弱了，山就存在不了。所以山崩是根據地弱而起的，地底下的力量弱了，載不住了，於是山就崩掉了。所謂地底下載不住，就是那個陽不足，地底下土壤有黏性，那黏性，就靠著陽。人也是如此，人肚子裡，有這黏性，有這陽，所以控制住了；如果肚子裡冷了，沒有那個陽囉，就是拉肚子。地底下黏性不夠，山就崩掉了。我們大陸與臺灣有不同的地方，尤其大陸上中原那一帶土壤，力量很厚，那土，下雨、刮風，刮不倒的，此地土壤因為是亞熱帶地方，地層薄，所以土壤黏性不夠，山頭很容易崩的，所以「山附於地，剝」。

　　「上以厚下安宅」，什麼叫「厚下安宅」呢？就是說山是靠著地，山的基礎在地之上，地如果力量不夠呢，山就會崩。我們君子所以富貴在上者，是靠著底下大眾的支持，底下大眾如果不支持你，你那富貴在上的人，根本就是靠不住的，所以「上以厚下安宅」，君子就看這個象呢，厚下安宅。坤為「厚」，「下」者，坤地勢卑，卑者在下，所以「厚下」。「安」者，〈坤〉的卦辭：「安貞，吉。」故坤為「安」。「宅」者，艮為宮闕，故曰「宅」。「厚下安宅」這幾個字的卦象是如此。「上以厚下安宅」的意思是什麼呢？就是說君子富貴在上的人，應當把基礎打得很厚、很深，也等於房子做的高，底下地基一定打得很厚、很深，所居的房子才能穩定得住，在上的人，

一定要培植在下的，使令一般大眾基礎很厚了，於是你在上的就很厚，所以孔子的弟子有若說：「百姓足，君孰與不足？百姓不足，君孰與足？」（《論語・顏淵》）老百姓窮，你那高頭政府怎麼足？老百姓富了，你政府怎麼會窮嘛？因此過去我們中國傳統的政治道理，就是「藏財於民」，一切的國力藏之於民間，老百姓都富庶了，每個人都是精神抖擻，這國家自然就強，「上以厚下安宅」，就是這個意思。

初六象曰：剝牀以足，以滅下也。

其次，大致交代〈小象〉。「初六：剝牀以足，以滅下也」，陰消陽，從底下先消起，所以「剝牀以足」，就是拿牀腳來做比喻，以象徵從基礎上先消滅。

六二象曰：剝牀以辨，未有與也。

初爻的牀腳，已經剝掉了。三爻與上爻相應，二爻居初爻之上，三爻之下，沒有相應的，雖與五爻相應，但二爻本身是陰，五爻也是陰，沒有適當的搭擋，與者，就是搭擋的意思，所以二爻變成孤立的，沒有配合的，故曰：「剝牀以辨，未有與也。」

六三象曰：剝之无咎，失上下也。

六三為什麼剝无咎呢？因為上、下都是陰，可是六三呢，它不為群陰所困，它獨獨與上九的陽相應，來扶陽，它把上下的群陰甩掉了，所以六三之所以剝无咎，是由於失上下也，故曰：「剝之无咎，

失上下也。」

六四象曰：剝牀以膚，切近災也。

〈剝〉卦到了四爻，已經到了外卦，底下牀腳、牀幹都剝完了，剝到牀蓆子了。牀蓆子是與人身最密切的地方，人坐在上面、睡在上面，最切近不過。現在既經剝到牀蓆子，所以說「切近災也」。意思就是說人身在這個階段最接近災害，也就是人身距離災害非常之近。「災」字這個象從哪兒來呢？因爲三爻與上爻相應，於是四爻居坎，坎爲眚，眚者災害，故曰「災」。

六五象曰：以宮人寵，終无尤也。

〈坤〉卦六三說「有終」，〈剝〉卦有坤象，故曰「終」。這六五帶著群陰扶持上九這個陽，從底下初二、三、四一直領導著，一直扶持上九這個陽，並不是半途而廢的，所以最後不會有毛病。

上九象曰：君子得輿，民所載也；小人剝廬，終不可用也。

先講「君子得輿」的象從那兒來？「君子」指的上九這一陽，「輿」指的坤陰，上九這一陽爲坤陰承載住了，故曰：「君子得輿，民所載也。」這怎麼說呢？意思就是君子得到一個車子，而爲車子所承載，等於全體大眾都來擁戴他。全體大眾都來擁戴他，等於他得到一個車子，爲車子承裝住一樣。這「民」字的象，從哪兒來？坤爲民，故曰「民」。至於「小人剝廬，終不可用也」是什麼意思？小人因爲自己本身是陰，到了上九，把陽變成陰，把陽剝掉了。陽在

的話，外卦爲艮，艮爲宮闕，是個房子；陽變成陰，艮卦就不存在了，艮不存在，這房子就沒有了，所以「小人剝廬，終不可用也」。「剝」盡了，就爲「坤」，坤爲終，故曰「終」。把那一點存在的憑藉都剝完了，最後不可用，這是什麼意思？管子說「禮義廉恥，國之四維，四維不張，國乃滅亡。」（《管子・牧民》）一般人說「寡廉鮮恥」，怎麼會到「國乃滅亡」的地步呢？這是一般人對於道德文明，精神文明，沒有看得太清楚。事實上，這些東西如果不把它昌揚出來，如果大家都是寡廉鮮恥、無禮無義的，隨便亂來，那最後變成人比禽獸不如，互相殘殺，那人類就要滅絕了。所以看著表面上，寡廉鮮恥，暫時沒有什麼，可是久而久之，寡廉鮮恥的風氣，就愈大愈厚，這精神道德，整個崩潰，到最後就不可收拾。最後不可收拾，這社會就存在不了，人類就要滅絕。不要看著現在維持道德的風紀像是虛浮之談，事實上，這個非常重要，所以孔子說「小人剝廬，終不可用也」，意思是你別看目前喪失了生活之憑藉，大家不以爲意，大家不以爲什麼了不起，事實上，久而久之，「終不可用也」，最後非常的危險。

附錄：取象之根據及取例之範圍

　　上一次有位先生提出來問爲什麼有的是這樣子取象？爲什麼有的是那樣子取象？取象有取象的根據的，根據如下：

　　一、本卦卦象

　　二、旁通卦象

　　三、反對卦象

　　四、互卦卦象

　　五、變卦卦象

　　當時，周公取象的時候，如果只是就本卦卦象來取象，範圍太小，用的字就不夠，因為《易經》裡卦辭、爻辭所用的字眼，都是根據卦象來的，卦象沒有那個情況，他就不能用那些字。上一次說的，比如，那卦象裡頭，它氣化是集中的向前運行，因此他就在集中向前運行的境界之下，找這個字，但這個字要眾所周知的。假使你取的那些例子，人家不是習見習聞的，那你講的，人家不知道。以愚夫愚婦都知道這件東西，這件東西才能用，他想來想去關於集中運用的，在我們習見習聞的事例中，只有車子比較妥當。但是你講到車子，卦象裡頭，要有車子的象才行，卦象裡頭要沒有車子的象，你不能用車子。卦象裡頭有車子的象，只有坎卦、坤卦。坎是二個陰夾一個陽，好像一個東西裝在裡面的樣子；坤為地，厚德載物，也是載東西的。可是卦裡頭，要有坤卦、坎卦才行，假使本卦裡沒有坎卦，也沒有坤卦這卦象，那怎麼辦？因此他就把取象的根據，放寬一點，不僅是本卦的卦象，可以取，它的旁通卦、反對卦、互卦、變卦，都可以取，這樣範圍就廣了。例如，〈小畜〉的上爻講「尙德載」，三爻講「輿脫輻」，要有這象徵，才能用這幾個字，但風天〈小畜〉根本沒有車子的現象，三爻既不是坤，但是〈小畜〉卦裡頭，它把氣化蓄集向前走，硬有車子的境界在裡面，非用車子不可，可是本卦裡頭沒有車子的象啊！那怎麼辦呢？於是在變卦裡找車子的現象，我們易例講到那爻，那爻就有變的可能，上九一變，外卦就變成坎，坎有車子的象，所以「尙德載」，三爻呢，在旁通卦裡找車子的象，三、四、五互成離，離伏坎，坎為車。所以這取象要根據這五點，除了本卦卦象而外，其餘這四點都是都是幫助取象的；就是本卦找不到，找互卦，互

卦找不到，找變卦，反正這幾個根據都找遍了，還找不到這卦象，這字就不能用了，所以周公繫爻辭，取象，是這道理。第二個，他取的那些例子，比方，我們講到〈剝〉卦裡頭，又是牀，又是魚，又是房子，又是足，又是膚，這些東西，那麼他取例怎麼取呢？其範圍如下：

一、就個人自身之五官四肢以取例

二、就自然界之事物以取例

三、屬取例之事物以眾所周知者為限

如艮為手，震為足，是就吾人自身之五官四肢以取例。假使五官四肢不能說明這境界，那怎麼辦呢？他就就自然的事物取例子。但就五官四肢取例也好，就自然界的事物取例也好，有一個條件，就是任何取例的東西都以眾所周知為限。《易經》中所繫的卦辭、爻辭，都是譬喻，說龍，不是龍；說馬，不是馬；說鬼；不是鬼；說車子，不是車子；說女子，不是女子。就是拿那東西，比喻那境界。那例子要習見習聞的，大家才知道；如果那東西你講的很遠，在那時候講太空船，根本大家都不知道嘛！關於取象之根據及範圍交代如此。

第二十四卦

復卦

周鼎珩講　林鴻基記錄

復

震　坤
下　上

—— 此係〈坤〉宮一世卦，消息十一月，旁通〈姤〉，反對〈剝〉。

壹、總說

佈卦的次序

　　我們就開始報告〈復〉卦。〈復〉卦是〈坤〉宮的第一世卦，因為它本來是〈坤〉卦，就是乾陽初爻－乾元鑽入坤體之內，所以它是〈坤〉宮第一世卦。我們常講冬至一陽生，因為冬至就是地球來自寒極裡面的陽氣才剛剛生起來，因為陽氣才剛剛生起來，需要去扶持它，這是冬至一陽生的道理。冬至一陽生有什麼現象呢？這時人的火氣大一點，消化能力強，胃口比較健康一點，吃東西就可以多吃一點，冬至進補就是這個道理。夏至跟冬至相反，夏至一陰生，只有一

點點陽氣，消化能力就不夠，所以夏天人就比較瘦一點。

現在我們接著就說卦序。為什麼〈剝〉卦以後繼之以〈復〉卦？因為〈剝〉卦的上爻－「上九：碩果不食，君子得輿，小人剝廬。」意思是〈剝〉卦的最高一爻是陽，〈剝〉卦僅有一陽爻處在上面，僅有一陽爻，就稱為「碩果不食」。「不食」就是不吃掉，不吃掉就保存住了，不會消滅掉。掛在樹上的果實長足了，陰太盛了，裡面的生機不夠支撐它了，於是這果子就掉到地下去了；掉到地下去，就「復」成了，你不要把它消滅掉，保持住了；保持住了怎麼辦？因為果核落地了，果核裡面有一個東西，那種東西就稱之為仁。桃子裡面有仁，杏子裡面有仁，那些打杏仁豆腐的，就利用杏核裡面那點東西；花生裡面也有仁，花生有膜，膜裡面的那一點東西稱為仁。核內有仁，這個東西落在地上，它就長苗了，就重生了；所以〈剝〉卦這個陽雖是剝落了，你不要把它消滅掉，它剝落仍可以再度生芽長苗。〈剝〉卦剝極以後，上爻這個陽爻墜在地上，於是這個陽爻變成〈復〉卦的陽了。

所以〈復〉卦底下的這個陽，就是〈剝〉卦上爻「碩果不實」的那個陽；這〈復〉卦內卦就成了震，震，孔子說：「為反生。」（〈說卦〉）一個陽從地下反生。為什麼叫「反生」呢？從社會現象講，因為剝是壞極了，本來〈否〉卦已經很亂，〈否〉底下有三個陰爻，陰爻再息到五爻，於是變成〈剝〉；〈否〉卦已是小人道長，〈剝〉卦更是亂到極點，是非不分了；到了這個程度，陽氣代表正氣，正氣已經快消滅完了，沒有是非了，不講道理了，只有一點光亮，這個光亮非常小，這個光亮快埋沒掉；陽是光明的，陰是黑暗的，一路黑暗到底，只剩一點點光明，這一點光明已經被黑暗掩住

了，到了這個程度，社會亂到極點。亂極思治，大凡一個社會亂到極點，嫉妒猜忌啊！全盤幾乎要維持不下去了，於是大家就反了，覺得這麼下去怎麼得了呢！所以亂極思治；對於沒有正義感、是非感，漸漸的就覺得這個不對，於是就一陽反生，「反生」，反此現象而生。剝落是現在的現象，剝落的果仁生出芽了，就是反此剝落的現象，這叫「反生」。因此〈剝〉之後繼之以〈復〉，固然中間要經過〈坤〉卦漫長的階段，但還是能復，這就表示，正氣沒有滅掉，所以我們看到社會現象的亂，大家都憂愁不已，但是那是還沒有亂到那個地步；亂到那個地步，那好的東西，才要生出來。自自然然地，最亂的極點，最殘酷的人他都要懺悔，最後他生出懺悔的一念，那一念就是復。社會的混亂到極點，根據人類的經驗，社會的混亂，到了最後都要復，所以孔子看到〈復〉卦很高興，他在〈象傳〉讚美〈復〉卦：「復其見天地之心乎！」他讚這個卦，天地之心，最高境界；宇宙天地生機並不會被毀滅掉的，除非整個地球休克了，人類沒有體象了，這是卦序。

成卦的體例

接著，我們來交代卦體。〈復〉卦原來是〈坤〉卦，〈坤〉卦經乾元鑽入坤體裡面去了。〈乾〉卦的初爻，乾元也，〈乾〉卦的〈象傳〉裡：「大哉乾元，萬物資始。」〈坤〉卦的〈象傳〉裡面：「至哉坤元，萬物資生。」乾元，「萬物資始」，萬物開始是由乾陽最初一點東西資助的。乾陽最初一點鑽入坤體，這本來是氣化現象，氣化現象是先天的，先天的現象沒有辦法說明，我們就拿後天的現象來形容它。如看公雞母雞交配，我們常吃雞蛋可以看出來，受過公雞交配

的雞蛋，雞蛋打開了，雞蛋黃高頭一點白，那一點白，就是公雞精。雞蛋要孵出小雞來，一定雞蛋黃上面要有那一點白的公雞精；假使雞孵不出小雞來，把雞蛋打開來看，那裡面沒有公雞精附在蛋黃上。在氣化來講，浮在蛋黃之上那一點公雞精，就是乾元入於坤體；用雞來講，公雞精剛到了蛋黃裡面，那就是雞的生命剛剛開始，這是講「大哉乾元，萬物資始」。坤呢，〈坤〉卦在初爻的位置就把乾陽那個乾元初陽凝聚住了，就像雞蛋裡的蛋黃把公雞精凝住了；那個雞蛋在雞的裡頭是坤之始也，坤的開始。由雞蛋黃慢慢地生出小雞，小雞慢慢成為大雞，大雞又生蛋…，在雞的生命裡，雞蛋黃就是開始，等於〈坤〉卦裡最初爻那個位置，那個蛋黃把乾陽－公雞精凝住了；坤體初爻的位置，等於坤元的位置，就是處在坤元的位置，所以「至哉坤元，萬物資生」，它凝住了乾元，才能生出小雞來。「大哉乾元，萬物資始」，有那個乾陽公雞精，於是雞蛋才能孵小雞呀！才能開化了。但是光有公雞精生不出小雞，一定要蛋黃把那一點乾元凝住了，因此，「至哉坤元，萬物資生」，萬物才能生出來，這樣就清楚。這就是拿那個雞蛋跟公雞精做譬喻。

　　事實上，「大哉乾元，萬物資始」、「至哉坤元，萬物資生」是形容氣化，陰陽兩個媾併現象，但是先天的媾併現象，氣化流行於宇宙之間，很難形容出來，只可以拿「復」這類的現象來形容它，希望大家能瞭解那個境界，那個氣化，陽氣化。那麼陰氣化有什麼貢獻呢？陰氣把那個陽氣化那一點點凝聚住了，「至哉坤元，萬物資生」，大家體會這個境界，〈復〉卦就是這種現象。乾陽之初到了坤陰裡面，就像我們剛才講那個乾元鑽入坤體，也是一種亨；果核落地了，果核的仁在地下土裡於是再生，發出芽，發生苗出來，那就是復

的現象。本來果子剝落了，爛掉了，爛掉了再生長，復了。這個再生長發生什麼呢？發生了果核又生，那就是那一點「碩果不食」。在此地交代一下，仁就是生機，就是最初那一點生機，所以我們稱之爲仁；果子雖落，仁在其中，仁在裡面，因爲仁就是最初生機，所以我們孔孟學者常拿仁義來講，「仁者無敵於天下」（《孟子·公孫丑上》），仁就是那點生機，宇宙萬有的生機就是這個仁。孔子讚〈復〉：「仁者天地之心乎！」天地之心就是這個「復」，就是那個最初的生機。所以講仁義道德那個仁字，就是講最初的生機，要不然這個字解釋不出來。如果我們講仁愛，但仁不就是愛，愛字也解釋不出來這個仁字；仁字就是最初那個生機，那種生機是無窮盡的，看的雖小，發生的力量很大，所以「仁者無敵於天下」，這是〈復〉卦的第一個體象。仁字將來我們有機會再講。

　　第二個，〈復〉卦的卦辭裡面講：「反復其道。」「復」字之前加個「反」字，「反復」，我們現在常講這個人「反復無常」，就是從這裡來的。孔子在〈象傳〉講：「剛反動。」我們現在常聽講什麼「反動分子」，就是從〈復〉卦裡面的〈象傳〉「剛反動」來的。孔子、文王以及先鄭（鄭玄）都以「反」字來形容「復」字。〈復〉卦是「反」字，是什麼道理呢？〈復〉卦是坤、震成體，外卦是坤，內卦是震，震爲反生，反生就是死了以後再生。反生，比方我們戰爭平定了，就要復員，人在大病之後也要復元；戰爭平定以後就這個「員」，人患病以後就這個「元」；怎麼叫復員呢？戰爭的時候很亂，所有的人，做農也好，做工也好，做生意的也好，上學的也好，都拉去當兵；農人、工人、商人、學生都出去了，商者罷於市，工者罷於廠，農者罷於田，學生罷於校，於是農田荒蕪沒人做，工廠，工

廠停頓了，沒人做了，學校，學校關門了，沒人了，都戰爭去了，這叫動員。等到戰爭平定了以後呢，復員：學生回學校去了，工人回到工廠，農人再回到田裡做了，商人再回到市場做了，反戰爭時的狀態，反戰爭時的狀態，因此叫做「反」字。害病，身體就不健康，身體已恢復健康了，反復與疾病相反的狀態，就叫復元，復元就是反復疾病以前的狀態。因此，「復」字怎麼講呢？「無往不復」，我到外面去，反回來了，這是反復以往的狀態，所以先聖解「復」就是反復以前的狀態。那麼〈復〉卦呢？〈剝〉卦是一陽快被剝盡了，「反復」就是反復剝落的狀態，一陽復生，因此，「復」字之前加個「反」字。所以〈復〉卦就是〈剝〉卦的反對卦，反復剝落稱之為復，往聖解釋為「反」，這是第二個體象。

民國四十三年我在臺大開始講《易》，在那個時候，我們在那裡講，很多人在罵，這是核子時代，這個人陰陽怪氣，還在那裡講八卦，他就罵我，他罵我，我不罵他，我還是講我的，很多好朋友還勸我，何必把有用的生命用在這種沒有意義的地方呢？弄這個幹什麼？這就是五四運動以後產生的怪現象。那個時候，五四運動要打倒孔家店，孔子的東西，尤其是《易經》要丟到茅茨坑裡面去，這種東西怎麼不丟到茅茨坑？害人哪！那個時候，我們在北京不能講，現在呢？不單我們在臺灣講《易》，還有人在香港講，外國也在講：法國也在注重《易經》，德國也在講《易經》，美國也在研究《易經》。好了，我們中國人失掉自信，因為在堅甲利兵的威脅下，老是懷疑自己是不是對，連吃飯都懷疑了：中國飲食不營養，那個米飯裡頭都是澱粉，毫無營養，要吃，吃西洋菜！西餐，要不就是肉嘛！魚嘛！那個米有什麼養分呢？就是失掉自信了。可是現在外國也在研究這個東

西了，現在我們再度講《易》，大家不懷疑了，所以《易經》變成時髦的東西，好多人在講，好多人都在提倡《易經》了，不懂的也拿這個東西表示他的時髦，他的進步，這個就是反復現狀，這也是反過去剝落的，一直要丟到茅茨坑去了，現在大家喜歡講《易》囉！復了，這就是剛剛才生苗，長綠芽，是不是繼續復下去呢？有賴各位的繼續支持，把它發揚光大，所以以《易經》來講，現在就是〈復〉卦的時候。

　　第三點，〈復〉卦是十一月卦，〈復〉卦是在盛陰之下，十月陰勢很盛之下，微露初陽，這點陽氣力量很弱，所以孔子在〈大象〉裡稱之為「雷在地中」。坤為地，震為雷，這個初陽是在地球裡涵聚的一種雷。雷乃聚集陽剛之氣，陽剛之氣聚則為雷，散則為風，震、巽兩者是對待的，相反的，一個是聚集的，一個是分散的，巽那點陽到外頭是分散，震那點陽在裡面是聚集的，陽氣集中稱之為雷。陽一集中，外頭被陰包覆了，於是要奮發出來，於是「砰」的一聲發出來了，陰陽相搏成了聲，那就是雷，陽氣集中把陰突破了。雷在裡頭集中了，所以孔子讚為「雷在地中」，在地裡頭。雷本來要發動萬物的，雷本應發之於外，現在在地中埋藏起來，表示能量不夠，發動不出來。所以〈復〉卦初陽，它的力量還微弱，微弱的初陽，它的力量發動不出來，在這個境界之下，宇宙應培護它。譬如人在害病的時候，剛剛有點生機，氣機有點動了，有點通氣的現象了，那點氣機衝動了，我們要調護它；假使不調護隨便把它散失掉了，那就很麻煩了。如果氣機初動了，就把它那點初陽調護好，那麼就氣脈通暢了，於是就恢復健康。「復」就是氣機初動的那個陽，就像人類有時候遇到天人交爭的時候，要想做壞事，又想這壞事做不得，這種事不能做

啊！壞人是壞事做慣了，做慣以後，忽然一念之間想到壞事老是這樣做下去，怎麼得了呢？那一念非常好，如果好好的扶植它，調護它，如果扶持得好，這個人就放下屠刀，立地成佛，如果扶持不好，那一念就消滅了，而且消滅得更快。復就這一個念，所以初動微陽的這點生機，要扶持它。我們過去曾經談過，人的思想都是有淵源的，由這個地方就聯想到某個電影，由電影就想到電影裡面的主演明星，想到那個電影明星，於是想到他的髮型，於是想到做頭髮去。由電影想到做頭髮，你看這相差多少呢？這個就叫做思想淵源。這種沒有思想的憑藉，突然產生的一念，沒有經過聯想的過程所產生之一念，就是王陽明先生所稱的「良知」；突然之間產生仁慈的一念，那一點就稱之為「良知」，那一點生機就是仁在其中，生機在裡面發動那就是復，亦即微陽初動的契機，那一念王陽明叫「致良知」，「致」就是發揮出來，扶持這一點，這是第三種體象。

　　第四呢，〈復〉卦內卦是震，震為動，外卦是坤，坤為靜。那麼在這個體象裡面，靜中涵養著動，動在靜中，換句話說，就是以靜馭動也。這體象是什麼意思呢？就像我們白天在工作，工作以後就疲勞，晚上呢，睡眠了，睡眠以後疲勞就漸漸恢復了，恢復了健康。晚上睡眠是靜的，以白天操勞對待來看，晚上睡眠就是靜的。當然宇宙沒有絕對的靜的，這個靜是相對的，不是絕對的，絕對的靜就是死亡，沒有絕對的靜；那麼，好，白天的操勞，對待夜晚的睡眠就是靜，白天的操勞就是動的；可是動的，經過一夜的休息，於是第二天，我們又有動的精神了，精神又旺了，這是講我們人的生活多半是以靜養動，以靜馭動。因此，一個國家如果我們希望國富民強的話，一定是以靜養動。所謂靜，就是正常的睡眠，所謂睡眠，也不是不工

作，睡眠正是最有條理的工作，呼吸均勻，非常有條理。如果呼吸沒有條理，氣就搞亂了，就會翻身或醒來，這就是氣脈流動受阻。白天操勞，氣脈運行有妨礙了，所以白天有時候感到精疲力倦；操作反復進行，使令內在氣脈不大通暢，所以會疲勞。可是，晚上休息，整個靜止狀態，裡面氣脈運轉，它很自然，所以晚上如我們看到隔壁睡的，或夫妻兩個人晚上睡覺，你看到對方睡覺，熟睡的時候，你看到呼吸非常正常，非常地有節奏地，任何時候他都噝！噝！地，非常的好；假使這呼吸的節奏亂了呢，不正常，於是他要翻身了，或者醒過來了。呼吸節奏要很正常，人的氣脈是融和的；睡眠時才是氣脈順乎自然的運行，內在的力量才能光大；如果呼吸亂了，氣脈一定不勻了，呼吸亂了就不通暢了。因此，以靜養動，一定要這樣，這個動才能動得很強。我們〈復〉卦的體象就是以靜養動，裡面是動，外面是靜，所以裡面的動的力量才能夠大，由〈復〉的裡面的一陽變成二陽，二陽變成三陽。所以這個微陽初動那個契機要培養它，拿什麼培養呢？靜態的培養，〈復〉卦表現出來的，就是靜態的培養。因此，我們做功夫的人，常要培養氣沉丹田啊！像張唯中先生打太極拳，氣沉丹田；氣沉丹田什麼境界？就是這個現象：這個丹田底下，坤為腹，為伏，伏在肚子底下微陽初動，一點契機在肚子底下動，這就是氣沉丹田了；道家修煉結丹就是這個，就是扶持微動初陽的這點契機，肚子裡面這點微陽契機要扶養它，扶養住了，才可以結丹。

立卦的意義

其次，我們談到〈復〉卦的意義。我們為什麼學〈復〉卦？〈復〉卦有什麼用呢？第一個，我們知道，假使我們現在處在逆境中

間，很艱難的，很幽微的，在這種環境中間，當然是很沉悶的，正是在這種環境過程中，忽然好像自己感覺得有一點動的現象，固然是很苦悶，這個流轉的契機就是〈復〉卦的現象。我們假使遇著環境不好，偶然有一個契機在動，這個契機就是剝極了，要掌握住，要好好把握住。因為我們曉得一個人除了死亡外，總不會過不去，假使你在，除非自己亂七八糟，妄作非為，正常生活的過程，面臨這樣的環境，你總會遇到這樣的契機，這一點契機不要放鬆了；假使我們在幽微的環境中間，發現一種隱隱流轉的契機在動，這一點流轉的契機，我們不要放鬆了。可是我們曉得，有的時候契機一來，稍許忽略，這點契機就過去了，過去了再等第二個契機，就要相當時間，因此，我們在困難環境中間，遇著有流轉的契機，我們趕緊把握住。因為這種陽是微陽，所以我們要加意維護它。我們在正常的情況下，一定會遇到契機，我們學〈復〉卦的意義如此。

　　第二個，我們就拿養生來講，道家講參證的功夫，所謂調息、導引這一套的功夫。調息調久了，導引導久了，覺得丹田之內氣發暖，丹田之內發暖那就是復的現象。比方我們年紀很大了，氣力也衰了，陽也衰了，我們做點參證的功夫，把衰退的情形拉回來，使這個很衰微的陽再恢復過來，這就是行道家的功夫，行久了，他就覺得丹田有點暖發生了，那就是陽回來了。那一點暖氣，慢慢加熱，再加以勤修苦練，那就是道家的功夫。孔子在〈大象〉裡面告訴我們：「先王以至日閉關。」至日就是多至，〈復〉卦是多至一陽生，「至日閉關」就在陽生的時候閉關，所以現在佛家也好講閉關，道家也好講閉關。不是那個閉關，所謂閉關是什麼道理？所謂閉關就是把家庭內外一切雜務都停止了，在家裡休息。現在道家、佛家閉關是著相，弄在一個

房子裡枯坐，叫做閉關。過去閉關是不是這個樣子？孔子講的閉關不是這樣講的！我們看「至日閉關」後面的兩句話：「商旅不行，后不省方。」他的閉關是「商旅不行，后不省方」，根據這兩句話來看，閉關是禁止外部事宜。「商旅」是做生意的，做生意的不到外面做生意，「后」就是君王，君王不到外面視察，閉關自守。根據這兩句話來看，所謂閉關就是把一切雜務拋開，恢復自己的生機；國家也有閉關，就是「商旅不行，后不省方」，把一切的外務停止，與民休息，給老百姓休息的機會；中國歷史戰爭之後，就是講與民休息的多，休息一段時間，培養這個初陽，把它收回來，恢復過來，使之結丹；放棄一切雜務，什麼事情不想，什麼事情不管，專門調理自己的身心，這是儒家參證的功夫說，跟佛家、道家不同；我們〈復〉卦裡面的閉關並不是弄個房子，在裡頭，飯也不吃，水也不喝，不是那個味道。每個人都有生活，生活難免感染，閉關時候把這些生活都放棄了，使得自己頭腦裡面真空，排除一切雜務雜念，專門調理自己的身心。我們修習這個卦，就是在微陽初生之時閉關自守，放棄一切雜務，專門調理身心，這樣來調理，內在生機恢復得快；如果你有外務，這就不行了，也就是孟子說的：「求其放心而已矣。」（《孟子·告子上》）這是第二點。我們學這個〈復〉卦，就是應當要調理這點契機；丹田之內能有一點契機在動，那點初發契機我們要好好地給它培養。我們打開中國歷史，每一次在國家戰爭之後，動亂之後，朝廷會宣佈與民休息，什麼都不管，讓老百姓自由自在地恢復生機，恢復個二十年、三十年，國家就富強了，這是我們第二個學〈復〉卦的意義。

第三呢，〈復〉卦的意義，我們看樹，樹凋零以後，又恢復了

欣欣向榮的樣子，它的關鍵在什麼地方？在求其內在的剛陽；樹在秋冬凋零了，爲什麼到春天又恢復欣欣向榮？在秋冬這個階段之內，一切的養分都集中在根荄上，儘管樹葉枯了，就像剛才講的閉關一樣，把外部通通丟掉，一意修養自己的身心，不消耗自己的營養，把所有的營養都用在培養根基，於是春天來了，它發出芽來了，樹是這樣的。人在疾病之後，如何恢復健康呢？也是求內在體力的培養，因此我們看樹木的恢復欣欣向榮，也就瞭解人由疾病恢復健康，都是求之在內部的根荄，內在的乾陽，不是外求的。甚至國家社會衰敗、衰微，怎麼樣使它富強呢？健康起來、健全起來呢？怎麼由生病、衰微恢復到健康、富強康樂？怎麼做？就要復，怎麼樣復法呢？求之於內在，樹求之內在的根荄，人求之於內在的體力，那麼國家呢？怎麼樣由衰趨盛，由亂趨治？求之於內在，怎麼樣求之於內在？那就要求之於君道，什麼叫君道？君道要做什麼？所謂君道，就是主宰者把自己的綱紀樹立起來，不是外求的，求之於老百姓不行的，求之於自身，自己綱紀樹立起來，自己健全起來，把自己主宰的範圍，綱紀樹立起來，百姓必群起而效之，「喔！他們主宰者是這樣、這樣的」，全國聞風而嚮之，自然就好了，國家就富強了，無須向外求的，你不能怪別人，也不用怪別人，專門要把自己主宰的範圍這綱紀樹立起來，的的確確地做，老百姓自然聞風而嚮，所以我們說這個〈復〉卦，國家由亂而治，由衰而盛，怎樣的復？不遠而復，不是求之在遠，這個道理不是從遠的地方著手，求之很近的，從根荄著手，從內在的自己健康，從內在的自己體能著手，國家呢？就從綱紀著手，從不遠處著手，這是第三點，國家如何由衰而求盛，由亂而求治？不假外求，就在重整君道！

貳、彖辭（即卦辭）

〈復〉：亨。出入无疾，朋來无咎。反復其道，七日來復。利有攸往。

卦辭第一句：「復，亨。」第二句：「出入无疾，朋來无咎。」第三句：「反復其道，七日來復。」第四句：「利有攸往。」

第一句：「復，亨。」它的象是從那裡來的？乾元的初陽鑽入坤體的初位，坤體的初位凝住乾體的初陽，這樣的話，〈乾〉卦的初陽與坤體的初位就乾坤相交，乾坤相交，天地之氣就通了；十月剝陽，天地不交，天地之氣經過漫長的黑暗，乾陽來交坤了，天地相交所以就通了，通就亨。如人在有病的時候，氣脈不通，現在漸漸恢復生機了，生機一恢復，氣機已經流轉了，當然氣脈就通暢了，氣脈一通就痊癒了，這是第一個。

第二句：「出入无疾，朋來无咎。」我們從十二辟卦看，由〈復〉到〈乾〉，是由〈復〉變成〈臨〉，由〈臨〉變成〈泰〉，由〈泰〉變〈大壯〉，再由〈大壯〉變成〈夬〉，由〈夬〉變成〈乾〉卦，由〈乾〉卦初爻一變，就變成〈姤〉，〈姤〉再變成〈遯〉，由〈遯〉變成〈否〉，由〈否〉變成〈觀〉，由〈觀〉變成〈剝〉，再由〈剝〉變成〈坤〉，這叫十二辟卦。辟者，是大也，辟字在這裡作大字解釋。十二辟卦，這是一年十二月的月氣，在十二辟卦之中，陰陽來往，譬如說，一陽來了，〈復〉了，二陽就變成〈臨〉，三陽就變成〈泰〉，四陽變成〈大壯〉，五陽變成〈夬〉，六陽純陽變成〈乾〉；純陽之後，陰又來了，一陰變成〈姤〉，二陰變成

〈遯〉，三陰變成〈否〉，四陰變成〈觀〉，五陰變成〈剝〉，純陰變成〈坤〉，陰陽往來就叫出入，有出入的現象，這是拿十二辟卦來講。「疾」，「疾」是什麼意思呢？坎為「疾」，坎為疾病，十二辟卦裡沒有出現坎，沒有〈坎〉卦，因此說「无疾」。其次，就本卦來說，怎麼叫做「出」呢？怎麼叫做「入」呢？由〈剝〉卦的上九一陽「碩果不食」反生於下，生到坤底下，陽入於坤，這就叫「入」；陽漸漸地往外跑，漸漸地往上升，一陽變二陽，二陽變三陽，漸漸往上升，這個就是「出」，震為「出」。「入」坤「出」震：陽鑽「入」坤體以後，變成震，震就「出」了，往外動，往外「出」，有通行之狀。「无疾」，「疾」者妨礙，「出入无疾」，一「出」一「入」，「出」、「入」於坤沒有妨礙；很自然地「入」於坤，「出」於震，陰陽相交，天地相交了，相交就通暢。「出入」無有阻礙，等於人恢復健康，氣脈調和了，上行下行它都通暢無阻則「无疾」。

「朋來无咎」，「朋」表示不是單來的：兌為「朋」，兌卦有「朋」之象。「朋來无咎」，初陽升二，〈復〉卦的一陽變成二陽，就變成〈臨〉，臨的內卦是兌，陽氣漸漸長，到了三爻又互成兌，到四爻於是又互成兌，五爻也互成兌，一路往上走，皆成兌象，兌為「朋」，所以說「朋來」。陽不斷地來，就是陽旺，旺，陽漸漸生長，就成兌卦的現象，當然沒有毛病，那有什麼毛病呢？所以說「朋來无咎」。孔子說：「復，小。」（〈繫辭下傳〉第七章）又說：「臨者，大也。」（〈序卦〉）這個〈復〉卦，到了二陽，兩個陽比一個陽多了，但是不是這樣解釋。〈復〉卦是一陽升到了二，還是這個陽，這不是第二個陽，只是升到二，這個陽大了，並不是另外有個陽哦！「朋來无咎」，增加它的勢力了，不是另起爐灶，還是這個東

西，不是兩個頭腦，由另外一個陽加強。內卦一變成二，由震變兌，就是變成朋了。我們講三陽開泰，不是三個陽，是表示這個陽結成體了，整個陽體就完成了，「三」是表示整個完成了，〈復〉卦體整個完成了；所以我常常講，〈復〉卦變成〈臨〉卦，表示陽升到二，這個〈復〉卦的一陽雖然微弱，但現在〈臨〉卦的二陽變大了，還是這個陽，這陽加到這個體，加了氣，所以大，單單是〈復〉卦的初陽還是小，微陽初動而已，不斷上升就大了，不是另外有個陽。升到二，就力量來講，已經大了。

第三句：「反復其道，七日來復。」「反復」兩個字，我剛才已經解釋過了，「其道」，「道」指乾陽來講的，乾陽來往有其途徑。十二辟卦：十一月〈復〉卦、十二月〈臨〉卦、正月〈泰〉卦、二月〈大壯〉卦、三月〈夬〉卦、四月〈泰〉卦、五月〈姤〉卦、六月〈遯〉卦、七月〈否〉卦、八月〈觀〉卦、九月〈剝〉卦、十月〈坤〉卦。那麼我們〈復〉卦是十一月卦，十一月冬至一陽生，〈姤〉卦呢，恰是它的反對卦，〈姤〉卦是五月卦，五月夏至一陰生，夏至是「午」，冬至是「子」，從夏至一陰生，於是慢慢地它就復，經過一個階段（一陰）、兩個階段（二陰）、三個階段（三陰）、四個階段（四陰）、五個階段（五陰）、六個階段（整個的陰），到第七個階段，復了！這叫「七日來復」。為什麼講「七日」？自陽來講就講「日」，就陰來講是講「月」，「至于八月有凶」（〈臨〉卦卦辭），為什麼講「八月」？「八月」是指陰，指受到陰的戕傷來講；這個「七日」是指陽講的，到了第七個階段，這個陽就恢復了。「七日來復」，「來」，卦氣由內而外謂之「往」，由外而內謂之「來」，往裡頭走，「來」了就「復」。

　　「反復其道」，「道」指乾陽來講的，乾陽它有軌道的，「反復其道」，反復乾陽的軌道哪！「七日來復」，這個〈剝〉卦一陽剝盡了，於是就變成〈坤〉，變成〈坤〉呢，〈坤〉不是經過六個階段嗎？到了第七爻才〈復〉，所以講「七日來復」。這是卦象，意義呢？「反復其道，七日來復」，這很有道理喔！凡是一個現象，由相反的兩個階段往返，一定要經過七個階段，這是我們《易經》裡頭的法則，特別的法則，不易的。我們拿人身體來講，以傷寒病（腸熱症）來講，你沒有法子醫，只有調理，好好地調理，腸熱症經過七個階段就好了，便恢復了健康；要經過太陽、陽明、少陽、太陰、少陰、厥陰六經，六經都走完了，才能恢復健康。根據《易經》鐵的法則，什麼東西都是七個階段，比方，日曆紀日也是七日，到第七個，回頭了；五音加兩個變音也是七個。現代科學恰好給我們證明，聲、光、電、化都是七個階段，所以「七日來復」。我們中國怎麼發明了這個法則！凡是來往循環一定要七個階段，這最高的科學境界。

　　第四句：「利有攸往。」內卦為震，震為行，走路，又為足，又為出，走出去了，「有攸往」是從這裡來的。「利有攸往」這句話是表示這個陽已經恢復了，陽恢復就表示正氣伸張了，正氣伸張宜乎向前發展。正氣愈伸張愈好，宜乎向前發展，這就造訴我們在生機恢復的時候，宜向前發展。好，卦辭算交代了，現在接著講爻辭。

參、爻辭

初九：不遠復，无祇悔，元吉。

　　初爻是陽爻，因此稱之為初九。「不遠復」，因為〈剝〉卦的

一陽，進入坤體的初爻而構成復，不復則已，假使要來復，一定要經過初爻，這個坤體的初爻是最基礎的、最接近的，才開始的，所以說「不遠」；在復之始就復，當然就「不遠」，「不遠」就表示不是很遠的地方，是復的開始。第二個，外爲遠，內爲近，外卦是遠，內卦是近，現在我們在內卦的初爻，當然「不遠」嘛！很近嘛！當然「不遠復」。

「无祇悔」，這「祇」字，是大也。「悔」是懊惱，懊惱是損傷的意思。〈復〉卦初九這一爻就是〈剝〉卦上九「碩果不食」來的，〈剝〉卦上九「碩果不食」就變成〈復〉卦初九再生之仁；〈乾〉卦的上九是「亢龍有悔」，上九本來「亢龍有悔」，可是現在變成再生之仁，它已經之震了，所以「无祇悔」，沒有大悔。

「元吉」，「元」這個字，因爲初爻是乾元，乾元陽一直來，所以「元吉」。意義呢？大吉也。這一爻著重在「不遠復」，「不遠復」剛才在卦體解釋過，就是說「復」，不遠求，要本身來復。《論語・顏淵》講「克己復禮」，一個人要恢復自己的自性，一定要克制自己，如何復禮呢？要克己，先把自己的人欲去掉，克服掉，這樣自己才能恢復到禮。復不遠，就從自己本身做起。那麼，我們剛講一個國家要強盛，要復到強盛，不遠！由衰而強盛，不遠，要恢復國家富強途程並不遠，要從主宰者、統治者自己本身綱紀做起，就是那樣開始，控制你自己，把自己控制好，復禮才能復，從不遠之處復，老百姓自然聞風而嚮。我們要做好人，要做個希聖希賢的話，不遠復；本來是平常人，我們要復到最高的程度，不遠復，那就要克己復禮，從自己本身做起，漸漸、漸漸地往上走，就可以達到復禮。初爻是復之開始，所以「元吉」，沒毛病！就是大吉。

六二：休復，吉。

「休」，有息止的意思，《說文解字》：「休，息止也。从人依木。」又有庇蔭的意思，《說文解字》：「庥，休或从广。」；《爾雅・釋言》：「庥蔭也。」在這裡，「休」是美的意思，《爾雅・釋詁》：「休，美也。」「休復，吉」是什麼意思呢？〈復〉以初爻為主，初爻是一念之初，才開始恢復的那一點生機；二爻在初爻之上，接近生機之所在，能與初爻互相合，故美。以爻象來講，二爻距離初爻不遠，初爻乃生機所在的地方，譬如桃仁、杏仁、花生仁，稱之為仁者，就表示生機之所在。桃核裡面的那一點仁，把它栽在地下，就能成苗，再成桃樹，這就靠桃仁的那一點東西發展起來的，所以仁字是生機之所在。二爻呢！恰巧在初之上，接近生機之所在，所以這個很美，因此，二爻「休復，吉」。

六三：頻復，厲，无咎。

「頻」字通「瀕」，《說文解字》：「瀕，水厓。人所賓附，頻蹙不前而止。从頁从涉。」為什麼呢？取象三爻一變成坎，坎為水，有水邊之象，坎又為險，水邊危險，不敢前進，這叫「頻」，這是一個說法。第二個說法，「頻」，頻數也。為什麼呢？這是取象於震。〈復〉內卦是震，震為動，三爻居於震之上，動之極也；動得很厲害，就是頻頻的動，動之又動，因此，這是取象於三爻動的現象，這是第二個說法。「頻復」，是復而不固，復而又復，復得很不穩固。本來復的很好的一念，所謂良知，恢復了，又給失掉了，沒有了，再給它恢復，又沒有了，那就是復得很不穩固。我們採取第二說。這是取象於震之三爻，動之痕跡，復而又復，復得不穩固，這就因為三爻

距離初爻太遠；比方壞人要變好人，內心有一點點的念頭，這點念頭就是「人心惟危，道心惟危」（《尚書・大禹謨》）的那一點善念，那一點善念老是抓住了，又失去了，抓不穩；因爲三爻距離初爻太遠了，不像二爻和初爻很接近，所以復得很美，三爻距離初爻太遠，就像顏子讚美孔子：「仰之彌高，鑽之彌堅，瞻之在前，忽焉在後。」（《論語・子罕》）看著就在前面，忽然又跑到後面了，抓不穩，就是形容這種情況。

「厲，无咎」，「厲」，是危險。常常感覺危險，那就沒有毛病。在復的過程，自己感覺很恐懼，很危險，復得很不穩固，就會戒愼努力，那就「无咎」，不會有毛病；而如果你不感覺危險，你還是無所謂，那就眞有毛病了。

六四：中行獨復。

四爻居於五陰之中，外面兩個陰，裡面兩個陰，它居中，所以說中行獨復，不爲群陰所溺。四爻與初爻相應，初爻是生機之所在。四爻擺開群陰的拖累，而獨與初爻之仁念良知相應，這是鄭玄的說法。

另一個說法是什麼呢？董仲舒《春秋繁露・循天之道》說：「陽之行，始於北方之中，而止於南方之中；陰之行，始於南方之中，而止於北方之中。陰陽之道不同，至於盛而皆止於中，其所始起皆必於中。中者，天地之太極也。」他解釋這個〈復〉四爻，他認爲〈復〉卦的初爻恰好是冬至一陽生，冬至那天恰好是冬之中：冬天有九十天，冬至那天恰好在第四十五天，所以〈復〉卦的初爻，陽居於冬至之中；陽起於冬至，息於夏至，夏至恰居夏天之中，陰生於午中，而止於子中，陰陽來往，運行於中。居中運行，開始居冬至之

中，末了居夏至之中，所以「中行」指陰陽來往皆居中；四爻獨應，四爻與初爻相應，陰陽來往，冬至與夏至相應，一個居於午中，一個居於子中，陰陽運行居於其中，這叫「中行」。不理群陰，與陽獨來往，所以「獨復」。什麼叫做「中行」呢？「人心惟危，道心惟微，惟精惟一，允執厥中」，堯傳給舜，舜傳給禹，禹傳給湯，湯傳給文、武、周公、孔子，一脈相傳，這是《尚書‧大禹謨》裡講的。這十六個字心傳，說明宇宙的道心是微弱的，隨時有雜念進來，而人心是危險的，要精純地把握住。這十六個字就是中國道統之所在。「中行」，是恰到好處之進行，「獨復」，而都能與道心相應。道心就是仁念，拿王陽明的話講，「獨復」就是恰到好處的致良知。此乃以性理之學，說明「中行獨復」。如果講自然現象，花草樹木到此爻就恢復生機，稱之為「獨復」。

六五：敦復，无悔。

五居坤，坤為土，坤有厚德載物之象，厚即敦厚；五爻一變，就互成艮，艮為土，是城牆之土，堆得很高的土，篤實之象。坤代表厚，艮代表篤實，「敦」的象是從這裡來的。「敦復」是什麼意思？「敦復」就是擇善固執之意義，五爻不像二爻近初爻，又不如四爻是與初爻相應的，二爻與四爻這兩爻復得很方便，很美；三爻距離初爻遠，已經復的不穩固了，五爻距初爻更遠，距良知仁念更遠，但是它居坤卦之中，它有敦厚篤實之象，自己又很敦厚，拿理家性理之學、孔孟之說來講，即是「反身而誠」（《孟子‧盡心上》），要求自己，裡面有誠意，自能成功。五爻距離初爻太遠了，那就要反身而誠，很固執地，一點考慮都沒有。如果「敦復」，就「无悔」，沒有

毛病；如果你不篤實，就有毛病了。

上六：迷復凶，有災眚，用行師，終有大敗，以其國君凶，至于十年不克征。

我們學這個〈復〉卦，第一要領，要注重初爻；第二要領，要注重上爻。各爻都在復，二爻是休美的復，因為接近，馬上就復；三爻呢，復而不固，頻復，還是不斷地復；四爻獨應，與四爻互相呼應，所以中行獨復；五爻是擇善固執，敦厚篤實的復；上爻迷復，是迷而不知復，就像一個不好的孩子，不好的青年，散宕得不得了，不曉得自己跑到哪兒去了，在人生的過程中，找不到自己，喪失了自己，不曉得自己反想，一直往前糊裡糊塗地過。「迷」，是從那裡來的呢？因為「迷」為迷，陽明陰暗，坤是暗的，陰是暗的，有「迷」之象。上六是暗到極點了，迷迷糊糊的，「迷」是從這兒來的，這是第一個。第二個呢，坤體的卦辭：「先迷後得。」先迷是〈坤〉卦不得乾陽來指導它，它的行動就迷路，不曉得怎麼走了。沒有人指導它往那兒走，所以就不可能施行。坤陰有「迷」之象，「迷」是從這兒來的。因為上六距離陽太遠了，五與二相應，四與初相應，三與上相應，二與初相近，唯獨六距離陽太遠了，距離初的這一念仁太遠，所以「迷復」，不想恢復了；就像太保、不良青年，墮入邪道，迷惑自己了，這是「迷」的境界。「有災眚」，有災難。上居坤為「有」，上與三相應，三居陽位，三變正成坎，坎為「災眚」，所以「有災眚」。

「用行師，終有大敗」，上居坤，坤為眾，眾為「行」，因此有「行師」之象；坤又為「用」，故「用行師」，就是這麼來的。

「終有大敗」，「終」，〈坤〉卦〈文言〉曰：「坤…代有終。」〈坤〉三爻曰：「无成有終。」同時，上六又居〈復〉卦之終，所以稱之爲「終」。「有」呢，坤爲「有」。坤爲「敗」，坤爲死喪，坤又爲衆，衆人死喪，故有「大敗」之象。所以說「終有大敗」。「國君」，〈復〉的初爻是震，震爲侯，侯乃百里侯，是國君，所以說「國君」，這是從卦象來的。「至於十年不克征」，「至」，〈坤〉卦〈彖辭〉裡講：「至哉坤元。」坤爲「至」，所以說「至」。「十」，坤爲土，土數十，坤納癸，癸數十；天干：甲、乙、丙、丁、戊、己、庚、辛、壬、癸，癸居第十位，所以講「十」。「年」代表階段。「不克征」從那兒來的呢？〈復〉通〈姤〉，〈復〉內震爲行，變〈姤〉則內巽爲不行，那就表示沒有法子再往前進了，所以叫做「不克征」；往前進就變成〈姤〉，震就消滅了，所以「不克征」，這是講卦象。

至於意思呢？〈復〉卦到了最高的一爻，因爲距離初爻太遠了，就「迷復凶」，喪失了自己恢復的能力，不曉得自己恢復，拿人來講，就是不知伊於胡底，不曉得自己搞些什麼，自己找不到自己了，當然「有災眚」，到處有災難，災害就產生了，重重疊疊地來。「用行師，終有大敗」，這種迷失自己的人，這種不知伊於胡底的人，不曉得自己在弄些什麼東西，遇事非常衝動，衝動去興師動衆，在這種情況下，當然一定會大敗。行師要有國君的命令，〈復〉之國君在初，上爻離初太遠，自己一時衝動，隨隨便便，莽莽撞撞，興師動衆，當然最後要受國君的刑法懲罰。引起國君處刑罰還不得解決，「至於十年不克征」；卦辭上說：「復，…七日來復。」這個「十年」乃針對「七日」來講，「十年」距離「七日」太遠了，十年都沒

有法子恢復生機，運行不得，動不了。這個六爻主要是告訴我們，假使遇到迷復的時候，不只是太保、不良少年會，我們自己有時候也會迷復，有時時代看不清楚，機運看不清楚，衝衝動動地決定就這麼做！事實上是搞錯了。我們應當檢討自己的過去，多多少少都有迷復現象的經過歷程，所以對任何事象，我們要看清楚，把握初爻，那個發生生機的那一點，假使這個事象，這個最初生機把握不住，莽莽撞撞在那邊衝動，就必然有災眚。

〈復〉卦就初爻、上爻，這兩個爻最重要。

肆、彖傳

彖曰：復，亨。剛反動而以順行，是以出入无疾，朋來无咎。反復其道，七日來復，天行也。利有攸往，剛長也。復其見天地之心乎！

「復，亨」，一復就通了。國家打仗動員了，多少路走不通了！多少法令禁止的囉！多少場所不能去了！復員呢，就恢復過去的狀態了；生意照常恢復了，工廠照常開了。復就亨，這是第一個。

第二個「剛反動而以順行」，「剛」就是指〈復〉卦的陽剛初爻；陽剛怎麼講「反動」呢？「反動」是表示陽剛之氣，本來剝極了，陽剛沒有了，沒有了就反復以上；〈剝〉卦最上的一陽，經過坤陰以後，反身以下；好比果子爛掉了，爛掉以後果子落在地上，再生芽，再生長，反動就是這種現象。陽是主動的，反是由下而動。我們現在講「反動，反動」，這兩個字就是從這兒來的。「而以順行」，

這個意思就是逆來，順行，反生以後，陽往上走，陽是向外的，於是陽向外走，順著走，所以叫「順行」。意思是什麼呢？「反動」，反對現狀而動。好比湯武革命，反復夏桀商紂本來的現狀而動，把現階段現象打破。再拿生病來講，好是怎樣好呢？就是要反病態，應當與病態相反，反復病態，才能恢復健康；假使還繼續是病的狀態，就會死亡，怎麼能算好？必定要反復本來，才會健康。可是反復病態，必定要有力量，必須有陽剛之氣才能反，湯武有陽剛正氣，才能把夏桀商紂的暴亂反過來。「反動」是要把那不好的現狀，撥亂反正，轉危為安。可是把現狀反過來以後，還是擺著，那不行！接著要「順行」。好比湯武革命，把夏桀商紂不好的現狀打破，成功以後一定要「順行」，也就是按照正常的道理往外推進順行。我們把中國歷史打開來看，自古開創天下的，從漢高祖一直到滿清為止，開始打天下、創天下的，多半是逆取的，要不然劉邦的江山是怎麼來的？漢朝打天下他是逆取啊！取來以後就要順守：根據正道一步一步向前走，不能再讓它亂了；打天下者能以馬上得之，不能以馬上治之；不能以武力再統治，以武力再統治，一定垮的。

　　「剛反動而以順行」這句話，就是我們《長短略》裡的〈反復略〉，〈反復略〉，就是根據這個卦來的。很多事情，當然在創始的時候，都是要反現狀的，可是到最後，我們要拿正常的道理把它弄好、建設好。譬如拆房子、做房子，拆房子是反現狀，反動的，房子不好，我們拆毀重做，再做，就要順行了。拆房子，要把建材一片一片把它扒下來，再做，就要一片一片把它釘上去了。所以，「剛反動而以順行」，這句話很重要。

　　「是以出入无疾，朋來无咎」，「出」是什麼意思呢？〈復〉卦

的內卦是震，震爲「出」，是指陽剛已經反生於下，而漸漸往上長；「入」是什麼意思呢？是指剝極了，一陽再入於坤體之下。陽剛之氣入於坤體之下爲「入」，陽剛之氣再往外走爲「出」。「疾」，坎爲「疾」，坎爲災害，這一卦裡沒有坎，所以說「出入无疾」，「无疾」，沒有妨礙，一路通到底，這是「出入无疾」。「朋來无咎」，有兩個解釋，第一個，陽剛之氣息成〈復〉後，再息成〈臨〉；〈臨〉的下卦爲兌，兌爲「朋」，這是「朋」的意思；陽氣升到二爻來了，沒有毛病，所以叫「朋來无咎」。另一個說法呢，坤爲「朋」，陽剛之氣是自然的力量，坤陰本來是傷陽的，但是陽剛之氣如果是正常的，坤陰來了也沒有妨礙，坤陰之氣無奈它何，即使坤陰來了，還是正常的出入，這是「朋來无咎」的第二個說法。我們拿人事社會來講，「朋來无咎」就是一本陽剛之氣—正氣，一念之仁，一本乎人性，往前走也好，往內縮也好，沒有毛病，在任何坤陰之下，仁者無敵於天下。〈復〉卦乃至誠之仁，至誠不管在任何場合都能將人感化，即使對我們不好的，對我們仇視的，我們至誠，就能化敵爲友，最後他們覺得自己不對，一轉念之間，阻礙的力量，於是變成幫助的力量，頑石點頭，沒有不化的；除非他是白癡，或者是沒有知覺的，否則沒有不化的，所以吉無不利。

「反復其道，七日來復」，「反復其道」，反才能復，撥亂反治，把亂反掉才能治。「道」呢，震爲大塗，塗爲「道」，「道」者路也。「反復其道」，這陽經過坤陰，才能「反復其道」。「七日來復」，七個階段，這是陽經過的階段，陽經過坤陰六個階段，到了第七個階段才能來復，這是自然的法則。這有兩個道理：第一個道理，從十一月一陽生於子，十二月二陽生於丑，正月三陽生於寅，二

月四陽生於卯，三月五陽生於辰，四月六陽生於巳，到五月〈姤〉，一陰生；從十一月到五月，共七個月，經過七個階段，這就是「七日來復」。其次，由〈剝〉卦到〈復〉卦，剝極成〈坤〉，經坤陰的六個階段，再到〈復〉卦初爻，爲第七階段。從十一月到五月，是從卦氣來講，從〈剝〉卦到〈坤〉卦，經過七爻變〈復〉卦，這是拿卦象來講，都是宇宙運行之法則。「七日來復」意思是對一件現象，不好了，我們要反復它，就要理解要經過七個階段的道理，將它畫成七個階段，根據宇宙運行的法則，仔細衡量這現象運行階段怎樣變化，配合階段來進行；如果沒弄清楚，把第三階段誤爲第四階段，那一定失敗；如果階段不夠，或者前後顛倒，把這個階段看成另一個階段，即喪失機宜，將會失敗。所以古代宰相必須通曉《易》理，他是不管小事情的，而他必須知道：「反復其道，七日來復，天行也。」的道理，也就是自然以及人事社會現象階段到了，要把它把握住，這樣才能反復過來。

　　「利有攸往，剛長也」，「剛長」與「剛反」要兩個對待來看。「剛反」是剝極了，一陽反生於下；「剛長」是經過反生以後，一陽，二陽，三陽……六陽，陽漸漸往上長，往上息。「利有攸往」卦辭的解釋是宜乎發展。爲什麼宜乎發展呢？因爲陽剛之氣是代表君子之道，君子道長的時候，那是陽剛之氣正在發展的時候，當然「利有攸往」。天地正氣正在發展，這個時候，你不往前發展，要什麼時候往前發展？這點就是人心已漸漸由壞變成好了；我們看人心，可以從過去抗戰以及大陸失陷的民心之所向看出，各位中間年紀較大的，一定可以看出來。假使人心之所趨向善良正義，「剛長」之時，就要抓住民心，輔助其向前發展，這個就是「利有攸往」。假使人心趨向

善良正義，「剛長」之時，不「利有攸往」，這個善良正義就要給抹煞了，這時民心就完了。「剛長」，要「利有攸往」，要發展它！

「復其見天地之心乎」，「復」是「天地之心」，「天地之心」是什麼？天地以生生爲仁，以化生萬物爲心。「天地之心」從哪看？從老百姓看。民心之所趨，即天心之所趨，孟子說：「天視自我民視，天聽自我民聽。」（《孟子‧萬章上》）天視怎麼視？天聽怎麼聽？看老百姓的趨向跡象，老百姓向著我，做，老百姓背著我，不做。看天心就從民心，民心在仁，仁即生機所在。假使我們至情至性，肝膽照人，一心一意爲了國家，這樣，老百姓沒有不感動的。假使自己有私心，那就另當別論了。天心就看民心！「復」乃至性一念初長，這是「天地之心」，乾元之所在，意思表示，宇宙間陽剛之氣是不會滅的；這一念就是「天地之心」，不會滅的。這就告訴我們，要有作爲就要把握人心善良的那一念。這件事情大家都說對，連老太婆都說對，沒有受教育的也說對，這就是民心之所在，也就是天心，這是最高標準，要把握住。這是〈象傳〉。

伍、大小象傳

象曰：雷在地中，復。先王以至日閉關，商旅不行，后不省方。

「雷在地中，復」，太空打了一次「雷」，在西洋科學家講，等於地球上多出了一萬噸的肥料，地面上的萬物都長起來了。雷是生長萬物的，但是雷要生於地。這卦與〈豫〉卦相通，豫，我們說過：「雷出地奮。」豫是在太空打雷，這「雷」才能產生作用，於是和樂萬物，萬物生長了。「雷在地中，復」，「雷」在地中隱藏，它是

微陽，還不能產生作用，所以我們要維護它，這是從象講「復」的作用。孔子將這種現象引伸到社會現象，「先王以至日閉關」，在這個「至日」，這個節骨眼，「閉關」，「商旅不行，后不省方」。

　　「先王以至日閉關」，「先王」，乾爲坤「先」，乾爲「王」，所以稱「先王」。「至」是指冬至，〈復〉卦是居於冬至的節令，所以說「至日」；「閉關」，闔戶謂之坤，闢戶謂之乾，闔戶是閉關，闢戶是開關，〈復〉卦的卦本坤體，所以是「閉關」。「商旅不行」，〈復〉卦通〈姤〉，〈姤〉內卦是巽，巽是利市近三倍，利市三倍當然是商了，因此，巽爲商旅，可是〈姤〉變成〈復〉後，〈姤〉內巽體不成，商旅不見了，所以「商旅不行」。「后不省方」，「后」，坤爲「后」，坤爲土，〈坤〉卦五爻代表坤體，五居帝位，但是陰爻，是土，所以稱「后」；「方」，坤爲方，五變成坎，坎是隱伏現象，看不見，所以「后不省方」。六十四卦裡，只有〈復〉卦，既稱先王，又稱后，異於他卦。這個「先王以至日閉關，商旅不行，后不省方」的意思，是指〈復〉卦卦象一陽初生，剛剛開始，陽非常微弱，這就是十六字心傳所講的，十六字心傳，第一句話「道心惟微」，第二句話「人心惟危」，第三句話「惟精惟一」，第四句話「允執厥中」，這就是中國的道統。「天心」，那點很微弱的道心，就像冬至一陽剛剛發生，這個很微弱的陽，很脆弱的，要閉關，要養護，不要消耗它，這個時候還不能發用。道家講「閉關」，就是根據這個來的。因爲微陽剛開始，不能消耗，所以先王就制訂規則，「至日」這天「閉關」，不能消耗。怎麼「閉關」呢？「商旅不行」指在下而言，「后不省方」指在上而言。在下呢，「商旅不行」，工商停業，關起門來，休養生息；在上呢，「后不省方」，帝

王不到外面巡察，以免把這點微陽消耗掉；自上至下，維護微陽，維護這點道心，維護這陽剛之氣，使不失散，大致就是這樣的講法。

初九象曰：不遠之復，以修身也。

為什麼初爻講「修身」呢？因為坤為「身」，但坤身是陰，是死的，這身體並不好，需要這一陽來開化它，故有「修身」之象。「修身」的意思就是克己復禮，「不遠復」是修身而復。

六二象曰：修復之吉，以下仁也。

「修復」是什麼現象呢？〈復〉卦初九是剝落後生之仁，微陽初生在下，二在初上，所以說「以下仁」也。

六三象曰：頻復之厲，義无咎也。

「頻復」是復而又復，以此奮厲自守，依照大義來講，應該是沒有咎的，不會有毛病的。

六四象曰：中行獨復，以從道也。

「中行獨復」為恰到好處的運行，獨與初相應。「以從道也」，乾為「道」，四與初相應，所以說「以從道」也。

六五象曰：敦復無悔，中以自考也。

「敦復」是敦厚篤實的復，擇善固執的復；「考」，是考成。「敦復」是至誠的，反身而誠，擇善固執，自己靠自己。五居外卦之

中，內在自己來考成。

上六象曰：迷復之凶，反君道也。

「君」，心君，常言：「心君泰然。」這個心君乃主宰的意思。「迷復」是不知復的道理，不曉得初陽的復。「迷復」離初爻太遠了，它拋棄了初陽的根本，而迷糊地復，中心毫無主宰，喪失自己，這就是「反君道」也。

國家圖書館出版品預行編目資料

周氏易經通解. 第三冊／周鼎珩遺著；陳素素
　等記錄. －－初版.－－臺北市：五南圖書
　出版股份有限公司, 2022.12
　面；　公分
ISBN 978-626-343-385-4（平裝）

1.易經　2.注釋

121.12　　　　　　　　　　111014855

4X1Z

周氏易經通解（第三冊）

作　　　者 — 周鼎珩遺著、陳素素等記錄

校　　　對 — 鄭宇辰

發 行 人 — 楊榮川

總 經 理 — 楊士清

總 編 輯 — 楊秀麗

副總編輯 — 黃惠娟

責任編輯 — 陳巧慈

封面設計 — 姚孝慈

出 版 者 — 東吳大學中國文學系

編輯出版 — 五南圖書出版股份有限公司

地　　　址：106台北市大安區和平東路二段339號4樓

電　　　話：(02)2705-5066　傳　　真：(02)2706-6100

網　　　址：https://www.wunan.com.tw

電子郵件：wunan@wunan.com.tw

劃撥帳號：01068953

戶　　　名：五南圖書出版股份有限公司

法律顧問　林勝安律師事務所 林勝安律師

出版日期　2022年12月初版一刷

定　　　價　新臺幣420元